PRIMERA GENERACIÓN

PRIMERA GENERACIÓN

La carga invisible de ser pionera

ALEJANDRA CAMPOVERDI

Planeta

Traducido por: © Laura Paz Abasolo
Créditos de portada: © Dana Li / Hachette Book Group
Adaptación de portada: © Genoveva Saavedra / aciditadiseño
Fotografía de la autora: © Brie Lakin
Fotografías de interiores: Cortesía de la autora
Fotografía de portada: Cortesía de la autora

Bajo el sello editorial PLANETA M.R.
Avenida Presidente Masarik núm. 111,
Piso 2, Polanco V Sección, Miguel Hidalgo
C.P. 11560, Ciudad de México
www.planetadelibros.us

Primera edición impresa en esta presentación: septiembre de 2025
ISBN: 978-607-39-2792-5

Impreso en los talleres de Corporación en Servicios
Integrales de Asesoría Profesional, S.A. de C.V.,
Calle E # 6, Parque Industrial, Puebla 2000, C.P. 72225, Puebla, Pue.
Impreso y hecho en México - *Printed and made in Mexico*

Para los primeros y únicos:

Se les ha asignado esta montaña
para demostrarles a otros que puede moverse

Y para Abi

Seremos siempre conocidos por las huellas que dejamos.

—Proverbio dakota

ÍNDICE

aka Lista de canciones

PRÓLOGO

LA PROMESA

Les voy a ser sincera.

Esta fue la promesa implícita que le hice a un auditorio lleno de alumnos de la Universidad de Harvard en la *Graduación Latinx* de 2016. Al acercarme al podio de mi *alma mater* había planeado hacer comentarios del tipo «Yo lo logré, así que ustedes también pueden». Pero al estar frente a cientos de rostros expectantes en idénticas togas negras, muchos de ellos con la leyenda PRODUCTO DE INMIGRANTES estarcida en letras blancas sobre la parte superior de sus birretes, de pronto una parte de esa narrativa se sentía injusta e incompleta. Mi instinto me dijo que el momento requería algo más verdadero. Por respeto. No eran solo estudiantes, después de todo. Estaban rompiendo ciclos.

Esos jóvenes acababan de pelear por abrirse camino en la escuela, guiados exclusivamente por la *posibilidad* de tener una mejor vida que la de sus padres. Personificaban una firme tenacidad y una fe ciega en el sueño americano. Y sin embargo, al haber estado en sus zapatos más de una década atrás, sabía que muy probablemente no habían recibido validación por muchos de los retos singulares que habían enfrentado. Es posible que los hubieran perdido de vista o minimizado como sacrificios en aras de una causa mayor. También estaba muy consciente de las difíciles realidades agazapadas en las alas de estos graduados al lanzarse hacia sus vidas y carreras. Colgaban en el aire entre nosotros como ancestros mutuos no identificados. ¿Cómo podrían ayudarles mis palabras de aliento si no señalaba los fantasmas?

Después de todo, no es fácil ser lo que yo llamo un *primero y único*: los que somos la «primera generación» o la «única» persona en nuestra familia, comunidad o grupo social demográfico en cruzar un umbral. Algunos de nosotros somos estadounidenses de primera generación, estudiantes universitarios de primera generación, profesionales de primera generación. O somos la única persona de color, la única mujer o la única persona LGBTQ+ en la mesa o en la habitación. Las fronteras específicas que rompemos son distintas, pero lo que nos une es una familiaridad compartida con un cúmulo particular de experiencias, desafíos y expectativas que vienen con el territorio. Lo que yo llamo la *carga del pionero*.

Mi vida hasta ahora ha sido un acto equilibrista sobre el borde milimétrico de una paradoja. En tacones. Fui una niña que estuvo en la beneficencia pública, fui asesora de la Casa Blanca en la administración del presidente Barack Obama, fui novia de un pandillero y fui candidata al Congreso de Estados Unidos. He viajado en el Air Force One y en coches robados. Aparecí en la revista *Maxim* y me sometí a una doble mastectomía. Reconozco lo increíblemente afortunada que soy de tener acceso a estas oportunidades académicas, profesionales y de salud. Y estoy agradecida por la perspectiva extra y la empatía que acompaña el vivir una vida de extremos contradictorios. Es algo hermoso ser primero y único, ser de los que rompen patrones generacionales bien arraigados para convertirse en los sueños más grandes de sus antepasados. Y también tiene un precio.

Ser primero y único en Estados Unidos requiere un equilibrio delicado para sobrevivir al lugar de donde vienes mientras actúas como si pertenecieras a donde quieres ir. Tener éxito en lo primero no facilita lo último. De hecho, entre más efectivo eres para sobrevivir, más se agranda la distancia a cubrir. Pero en realidad, los primeros y únicos no estamos cruzando un puente. Nosotros *somos* el puente: dolorosamente estirados entre el lugar de donde venimos y el lugar al que esperamos llegar.

La carga del pionero es el costo *emocional* de la movilidad social y económica. Es el impuesto que pagamos por convertirnos en ese puente proverbial. Concebí la frase porque hasta ahora he visto en extremo poco de lo relacionado con experiencias emocionales de los primeros y únicos en su totalidad. Algunos aspectos reciben mucha atención, mientras que otros rara vez se reconocen públicamente, a pesar de ser comunes, normales y hasta esperados. Y ahí está el problema. Cambiar un paradigma es una labor aislante y aterradora, y rara vez mencionamos esa parte. En cambio, nos enfocamos en el baile de la victoria.

Aquel día, parada en el podio de Harvard, para mí habría sido sencillo compartir la versión pulida de mi vida, muy bien empacadita en siete palabras: de la beneficencia a la Casa Blanca. Pero usar una forma abreviada tan sobresimplificada habría sido incompleta en el mejor de los casos y engañosa en el peor, y con demasiada frecuencia nos condicionan a hacer eso mismo. Estar tan agradecidos por nuestras oportunidades y ser tan protectores de nuestro frágil nuevo estatus que no dejamos espacio para preguntas, dudas, ni para nuestra propia humanidad. Pero no es razonable crear la expectativa de que cualquiera de nosotros puede navegar por la movilidad social y salir ileso.

Claro, las circunstancias de ser primero y único varían, desafían las categorizaciones simples y evolucionan con el tiempo. Y los ocho componentes de la carga del pionero que identifico en las siguientes páginas —extraídas de conceptos e ideas de la psicología, la sociología y mis experiencias personales— no pretenden, de ninguna manera, ser exhaustivas. Sin embargo, al explorar temas ubicuos que he visto aparecer en repetidas ocasiones en la vida de los primeros y únicos, espero provocar un diálogo que ha estado pendiente desde hace tiempo. Supongo que muchos de nosotros nos hemos enfrentado en algún punto a una o más de estas dinámicas:

- La carga emocional y los patrones de comportamiento que nos heredan nuestros ancestros, nuestras *herencias invisibles*.
- La tendencia de los primeros y únicos a asumir el papel de un adulto —fungir como el traductor de la familia, el intermediario con el doctor, el que llena los formatos, el diccionario o el psicólogo—, convirtiéndose sobre la marcha en un *niño parentalizado*.
- Lo extenuante que es realizar el *acto equilibrista bicultural*, navegando por diferentes culturas, etnias, clases

sociales y comunidades, para convertirte en todo para todo el mundo.

- La impredecibilidad de nuestro acceso a oportunidades y jerarquías sociales, que a veces se siente como un juego de *serpientes y escaleras sociales.*
- El aislamiento de nuestro *ajetreo solitario* conforme la brecha entre las experiencias que compartimos con nuestra familia y nuestros seres queridos se ensancha, y ellos se pueden identificar cada vez menos con nuestra incesante determinación por avanzar.
- El miedo que acompaña el tomar riesgos económicos y profesionales sin ninguna red de seguridad, similar a *saltar de un acantilado con los ojos vendados.*
- La inadaptación que podemos sentir al penetrar espacios, lugares de trabajo y sistemas de los que tradicionalmente nos han excluido, y cómo estos mismos sistemas, con independencia de nuestra confianza en nosotros mismos, refuerzan activamente nuestra inferioridad percibida, lo cual nos conduce a experimentar el *síndrome del impostor plus.*
- La responsabilidad de demostrar que los sacrificios de nuestra familia valieron la pena, así como la conciencia de tener más seguridad financiera que nuestros seres queridos, lo que puede llevar a sentir *culpa de la escisión.*

Estos eran solo algunos de mis puntos de referencia emocionales cuando di mi discurso en Harvard ese día.

Después de la ceremonia los estudiantes se formaron para compartir sus historias personales, muchos de ellos con lágrimas en los ojos. Reconocí el dolor junto con el orgullo en sus rostros porque yo me veía así el día de mi graduación. Antes de ese momento no me había dado cuenta de hasta qué grado las emociones conflictivas que había sentido eran en realidad un fenómeno prevaleciente. Lo habitual es que quienes se abren camino tengan que limpiar los escombros por su cuenta.

Así, pues, ¿por qué todavía se nos vende una narrativa unidimensional de lo que se necesita para alcanzar el sueño americano? Desde que estamos en la *elementary school* aprendemos sobre los precursores que, con sus ascensos de la pobreza a la riqueza, hacen añicos toda limitación. Lee los perfiles de los primeros y únicos en los más altos niveles del gobierno, el entretenimiento, los deportes o los negocios, y sin duda encontrarás narrativas aparentemente lineales que desafían las probabilidades. Es uno de los motivos por los que solía pensar que yo también tenía que ser perfecta para ser exitosa o siquiera merecedora. Pero tengo muchas cicatrices; me he tropezado múltiples veces. Y no me sirve fingir lo contrario, ni a mí ni a nadie que venga después de mí.

Superar las expectativas ya es bastante difícil: vivimos en una época en la que se incrementa la inequidad de salarios y disminuye la movilidad social. Hay tan solo un 7.5 por ciento de probabilidades de que un hijo de padres que se ubican en el quinto inferior de la distribución de la riqueza alcance el quinto superior. ¿Cómo cambiamos eso? Podemos empezar armándonos con la verdad. No con una versión color de rosa salida de la Disneylandia de la movilidad social, sino la realidad vivida que muchos de nosotros enfrentamos. De otro modo, ¿cómo vamos a saber que no estamos solos, que no estamos rotos y que nuestras experiencias compartidas son de esperar? Ser visto es un poderoso regalo, y los primeros y únicos merecemos todas las oportunidades que podamos obtener.

En mi propio ascenso desde el 5 por ciento inferior de las latinas asalariadas hasta el 5 por ciento superior, algo me quedó muy claro: el dolor y la pobreza pueden atravesar generaciones, pero reconocer tu viaje entero puede ser un acto radical de curación. Es lo que me llevó a examinar mis propias experiencias —como una mujer mexicoamericana, criada por una madre soltera en Los Ángeles— con nuevos ojos. Volví sobre los pasos de mis versiones pasadas y seguí su trayecto como si fuera un mapa, deteniéndome en encrucijadas cruciales a lo largo del camino. En el proceso descubrí que la historia de mi vida —de nuestra vida— no se puede contar pulcramente en un currículum ni con viñetas. Y esa es la intención de este libro: no centrarme en las viñetas bien ordenadas, sino iluminar los espacios *entre* ellas.

Es por eso que la promesa que te hago es la misma que le hice a la generación 2016 de Harvard: te voy a ser sincera. Porque estoy comprometida a corregir la narrativa endulzada y estereotípica de la movilidad social y el sueño americano. Porque creo que, al mostrarnos nuestras heridas, todos seremos un poco más libres y estaremos un poco menos solos. Y porque el primer paso en cualquier viaje emocional es reconocer la verdad. Reclamar esas partes de nosotros mismos que sacrificamos para poder sobrevivir.

La idea de identificar el tejido cicatrizado emocional de ser primero y único no pretende desanimarte; al contrario, es esencial. Porque no podemos sanar de lo que no podemos nombrar. Nuestra más grande esperanza es asegurar que no nos estemos preparando para una vida con éxitos públicos y aislamiento emocional. Podemos y debemos hacer espacio para todo. El dolor junto con el orgullo. El trauma junto con la esperanza. La culpa y el éxito.

Mis queridos primeros y únicos: a lo largo de nuestra vida hemos abierto brecha y picado piedra para otras incontables personas. Ahora es nuestro momento… de sanar.

CAPÍTULO 1

FAST CAR

A los cuatro años imaginaba que era Cenicienta. Pobre, pero solo temporalmente. Desconocida, pero a punto de ser descubierta. Me perdía en esta fantasía siempre que mi abuela y yo barríamos las hojas de la banqueta enfrente del desgastado edificio donde vivíamos. Le daba un propósito a cada inútil pasada de la escoba.

Me pasé muchas tardes en esa banqueta pública. Iba siempre detrás de Abi (así le decía de cariño) al bajar la escalera desde nuestro departamento en el segundo piso, imitando cada movimiento que hacían sus arrugadas manos, mientras los autos pasaban zumbando y el sol californiano nos quemaba la nuca. Cada una tenía su escoba, de esas baratas con palos de madera y cerdas de plástico que puedes encontrar en cualquier tienda de la esquina. Solo que la mía era pequeña y rosa. Hasta muchos años después no me di cuenta de que eso se consideraba una de esas cosas que «te hacen «saber que eres mexicoamericano». Como oír música de Juan Gabriel a todo volumen, celebrar Navidad el 24 de diciembre o preferir el pan dulce a las donas.

Vivíamos en un descolorido edificio beige sobre un boulevard con tráfico pesado en la frontera entre Santa Mónica y Venice, apretados entre un autolavado y un estacionamiento. Pero teníamos una devoción por esa banqueta como si fuera nuestra. Abi sentía un orgullo extremo por ese lugar. Mantenía nuestro hogar impecable, y ni se inmutaba por el hecho de que fuéramos siete embutidos en un departamento de tres recámaras. ¿Qué podía ser mejor que tener a su esposo, a cuatro de sus seis hijos adultos y a mí, su única nieta, bajo el mismo (aunque pequeño) techo?

Apenas de cuatro pies de estatura, con el cabello blanco corto, ojos cálidos y un cuerpo llenito que yo describía con cariño como «mi almohada», Abi se tomaba en serio su papel de matriarca de la familia. Podía resolver cualquier problema con sus oraciones diarias a la Virgen, sus tortillas de harina hechas a mano o un tazón de su famoso caldo de pollo. Y vivía para ayudar; a su familia sobre todo, pero en realidad a cualquier persona débil o vulnerable. El indigente que se paraba frente a mi *elementary school* recibía un termo de café cada mañana. Una vez, a la mitad de la noche, al escuchar a una mujer gritar afuera de su ventana, Abi agarró su escoba y salió corriendo por la puerta sin dudarlo. Correteó en camisón por toda la cuadra al hombre que estaba golpeando a nuestra vecina, agitando la escoba en el aire como si fuera una espada.

Todavía la puedo ver preparando el té de mi abuelo, asegurándose de que la infusión llegara al punto ideal de saturación antes de transferir la ya agotada bolsita de té a su propia taza de agua caliente. Era una mujer que había considerado seriamente volverse monja y sin duda habría acabado dirigiendo un convento, de no ser porque soñaba con tener hijos. Llevaba gracia y orden adonde fuera. Una lástima que los dos enormes y frondosos árboles que flanqueaban el portón de la entrada nunca cooperaran.

A pesar de hacer nuestro mejor esfuerzo barriendo regularmente las hojas secas y las ramitas hasta formar pilas ordenadas, cada día nos levantábamos para encontrar una banqueta recién cubierta de hojas. Nunca logramos hacer ningún progreso duradero… y así también se sentía en el interior de nuestro hogar. Nunca parecía haber suficiente dinero ni comida ni tiempo, sin importar qué tan duro trabajaran todos. Para distraerme de las hojas y de nuestra vida, escapaba a mi propio mundo de fantasía.

Es posible que solo fuera una niña tímida en bata, pero mientras barría con Abi la banqueta llena de chicles, era una princesa de Disney esperando su zapatilla de cristal. Cuando era Cenicienta, no me importaba barrer la banqueta. Agarraba con más firmeza el palo rosa; mi escoba se movía más rápido.

—Gran trabajo —decía Abi, volteando a ver mis cuadros de cemento gris recién barridos—. Ahora de este lado.

Yo feliz. Trabajar duro siempre era parte del cuento de hadas; era como yo me ganaría mi destino. Un día sería parte de algo que en verdad importara en el mundo, y entonces yo también tendría importancia. Solo tenía que luchar un poco más para llegar, eso era todo. Barrer con un poco más de fuerza. Un día llegaría al gran baile, igual que Cenicienta, y me convertiría en la persona que estaba destinada a ser.

~

Veinticinco años después, al fin llegué al baile, en un vestido que el propio Walt Disney habría aprobado. Estaba de pie en la entrada de un auditorio neoclásico recubierto de oro, en el corazón de la capital de nuestra nación, usando un vestido de noche de diseñador con treinta yardas de vuelos negros de tafeta y pliegues que caían en cascada hasta el piso. La última vez que me había puesto un vestido la mitad de hermoso que ese fue en mi baile de graduación, pero mi mamá lo devolvió a Nordstrom al día siguiente (las etiquetas recolocadas con mano experta). Ahora, rodeada de columnas adornadas con hoja de oro y sonriendo tan fuerte que me dolían las mejillas, la realidad era un millón de veces mejor que cualquier fantasía de mi infancia. Asistía al baile de investidura del presidente Obama.

Volteé a ver a la sofisticada multitud y pensé: «Lo logré. Ya estoy aquí». A la mañana siguiente empezaría mi nuevo empleo en el ala oeste de la Casa Blanca, trabajando para un presidente que acababa de hacer historia después de una campaña sin precedentes, de la cual yo había formado parte. Es más, sería la asistente especial de la primera mujer de color en servir como subjefa de gabinete en temas de política en la Casa Blanca. Pasé la noche mezclándome con presentadores de la CNN, miembros del Congreso y estrellas de Hollywood, mientras sostenía una delgada copa de champaña y me pellizcaba para despertar. En algún rincón de internet hay incluso una foto de mí junto a Larry Page, de Google. Tenía veintinueve años.

Por varios motivos, puede ser que yo fuera la persona con menos probabilidades de estar en ese baile, y eso lo hizo todavía más especial. Cinco años antes estaba trabajando como mesera y ganaba el salario mínimo. Dos años después de eso, me endeudé con préstamos estudiantiles de seis dígitos para graduarme de la universidad. Y el año anterior al baile había sobregirado mis tarjetas de crédito para pagar mis gastos mientras trabajaba en la campaña de Obama. Pero ahora por fin tenía una oportunidad para actuar en aras de un cambio significativo al más alto nivel y luchar por mi comunidad en el proceso. Tendríamos un asiento en la mesa más poderosa. Era todo lo que había soñado con hacer y más de lo que había soñado ser en la vida.

A pesar del glamour de la noche y de haber dormido solo cuatro horas, no podía esperar para que comenzara mi primer día de trabajo. Me despertaron las mariposas en el estómago antes de que sonara la alarma. Parada frente al espejo del baño, alistándome, pensé de qué maneras estaba a punto de cambiar mi vida. Después de años de ser subestimada, sentía como si me adentrara en mi propio poder personal, como mujer y como profesional. Al alisar mi saco negro y mi falda de tubo, me di cuenta de que bajo mi emoción también había una sensación de alivio. De ahora en adelante, era probable que yo tuviera la clase de carrera con la que pudiera mantener a mi familia si alguien pasaba por un mal momento. Era una meta que me había puesto desde niña.

Caminé hasta la Casa Blanca, siempre de frente por la 16th Street NW, y con cada paso mis nervios crecían. Me habían advertido que trabajar en la Casa Blanca era como beber de una manguera de incendios: un ritmo frenético, jornadas de dieciséis horas, un estrés aplastante y muy poco sueño. Traté de consolarme pensando que, por haber trabajado sin parar desde que era adolescente, estaba acostumbrada a empleos brutales. Pero nada me hubiera podido preparar para lo que estaba a punto de experimentar. Ni la campaña, ni siquiera Harvard.

Me presenté en el edificio de oficinas ejecutivas Eisenhower antes de las 8 am para que me dieran la orientación y mi credencial. Es difícil imaginar un edificio tan imponente como la Casa Blanca misma, pero el Eisenhower está al lado y posee una grandiosidad en sí mismo. Construido a finales de la década de 1880, tiene más de 550 habitaciones y diez acres de suelos de baldosas. Es donde labora la mayoría del personal de la Casa Blanca, dado el poco espacio que hay para oficinas en el interior de la Casa Blanca misma.

Me entregaron una identificación azul marino con una *W* blanca; tenía que ver con un símbolo de estatus muy codiciado, pero yo aún no lo sabía. No había lidiado con campañas ni había trabajado antes en Capitol Hill, como muchos de mis nuevos colegas. La campaña presidencial de 2008 había sido mi primer trabajo en la política, impulsado exclusivamente por mi fe en el entonces senador Obama. Antes de ese día, solo había visto la Casa Blanca una vez, a lo lejos, a través de una enorme reja de metal negra.

Al atravesar las instalaciones para encontrar mi oficina, cada instante se volvía más surreal que el anterior. Mi primera parada fue en el puesto de control del Servicio Secreto, en la entrada de la parte baja del ala oeste. Un hombre uniformado con la cabeza rapada me miró de arriba abajo mientras yo hacía mi mejor esfuerzo por no parecer sospechosa.

—¿Identificación? —dijo, con un tono de molestia porque no la traía colgada al cuello.

—Ah, sí. Lo siento —revolví la pila de fólders que traía en el brazo buscando el cordón que acababan de darme.

—Necesita traerla colgada en todo momento.

—Así lo haré. Perdón —respondí, pasando la identificación por mi cabeza hasta dejarla bocarriba.

Cuando asintió y me dejó pasar, me quedé ahí parada durante unos segundos, estupefacta. ¿Eso era todo? ¿Ya estaba adentro?

Entré al ala oeste y caminé hasta el vestíbulo, pasando la sala Roosevelt y el retrato de Franklin Delano Roosevelt, cuyos ojos me miraban fijamente. Doblé la esquina y me paré en seco frente a una puerta ancha que revelaba una vista amplia de… la oficina oval. Justo delante de mí estaba el histórico escritorio Resolute; vacío, pero imponente de todas formas. Me habían dicho que el aire era diferente en la oval, pero ni cómo saberlo. Yo contenía el aliento.

Más allá de la oval se encontraba un pasillo que conducía a seis oficinas, incluyendo las del jefe de gabinete, un asesor sénior del presidente y el vicepresidente. Era un pasillo angosto y poco iluminado, sin ventanas, pero era un espacio de primera por su localización. Te podrás imaginar mi *shock* cuando me dijeron que me iba a sentar ahí… a diez pasos de la oficina oval.

Mi jefa, Mona, ya estaba en su escritorio cuando entré. Al pasar la escuché hablando por teléfono sobre las cifras más recientes del crecimiento laboral y noté su impecable traje y sus tacones. Yo aspiraba a ser Mona: brillante y con una elegancia natural. De inmediato me prometí que nunca iba a volver a llegar a la oficina antes que yo. Me aseguraría de estar sentada en mi escritorio cuando llegara y seguiría ahí cuando ella se fuera a su casa. Y sabría todo sobre ella. Esa era la descripción más básica de un asistente especial de la Casa Blanca: mantenerte un paso adelante de las necesidades de tu superior. Desde juntas y materiales para informes, hasta lo que le ponía a la avena (azúcar morena y pasas).

Me senté en mi escritorio, lista para trabajar todo el día y validar su decisión de contratarme. Nos acabábamos de conocer días antes, en el aluvión de contrataciones justo antes del día de la inauguración. Después de esperar en DC por un mes, me habían entrevistado y me habían ofrecido ahí mismo la posición. Estaba nerviosa por cumplir sus expectativas. Pasé mi primer día tratando de anticipar los deseos de una extraña, averiguando cómo funcionaban los teléfonos seguros y dónde podíamos encontrar un poco de comida (la cafetería White House Mess), y conociendo nuevos colegas.

El ala oeste albergaba solo unos cuantos cientos de empleados en prácticamente dos cohortes: la gente de la que hablan los titulares de los periódicos y los jóvenes ayudantes que son sus asistentes, recién salidos de la campaña y convencidos de que pueden cambiar el mundo. Todos estábamos empezando al mismo tiempo, dejándonos poco tiempo para conocernos, pero me di cuenta de que ya habría amplias oportunidades para eso conforme nos asentáramos en el trabajo a lo largo de las semanas y los meses.

Al ver a mis compañeros trajinar alrededor, reuniendo artículos de oficina y arreglando sus computadoras protegidas, no podía creer lo afortunada que era por el hecho de que esos jóvenes pronto fueran mis amigos. Todos parecían de lo más confiados y expertos. Y yo no era la única fascinada con ellos. *Politico* informaba sobre las idas y venidas del personal de la Casa Blanca como si fuera DeuxMoi.

Para cuando mi jefa se fue a su casa ese primer día y yo ya había revisado cuatro veces que su material para el informe del día siguiente estuviera listo y sobre su escritorio, el cielo estaba completamente oscuro. Crucé las dobles puertas del vestíbulo del ala oeste y seguí un sendero a través del Prado Norte hasta Pennsylvania Avenue. Cuando llegué a la reja negra, algo me dijo que volteara. Bañada en luz blanca bajo la luna, la Casa Blanca era impresionante.

«Recuerda este momento —me dije—. Recuerda cómo te sientes en este preciso instante».

Al tomar en cuenta cada camino que me había llevado hasta ese punto, pensé en el arco del progreso en la historia de mi familia. Mi bisabuela trabajaba en una fábrica y era madre soltera en México. Mi abuela luchó por criar seis hijos en México, casi siempre sola y sin un peso. El primer trabajo de mi mamá en Estados Unidos fue fabricar alfombras para autos en Compton. Y ahora yo trabajaba en la Casa Blanca. Generaciones de primeros. Generaciones de únicos. Yo sería por la que todos esos sacrificios valdrían la pena.

La imagen perfecta del sueño americano, ¿cierto? No exactamente.

Cuatro días después, todo se vino abajo.

~

Mi vida terminó. Ese era el pensamiento que me daba vueltas en la cabeza mientras me volcaba por completo en un pánico que me hacía hiperventilar. Por fin lo tenía todo. Carrera, estabilidad y, sobre todo, respetabilidad. La última parte quizá no suene tan significativa, pero para una primera y única que nunca había sentido que pertenecía a los espacios que ocupaba, era el premio gordo de la movilidad social. Clase y pertenencia. Y lo tuve todo. Por cuatro días.

Era ya tarde en la noche y estaba acostada en la cama navegando en el teléfono cuando apareció una alerta de Google en mi bandeja de entrada. Durante la orientación en la Casa Blanca nos habían sugerido que, como empleados, generáramos una alerta de Google con nuestro nombre para enterarnos cada vez que alguien nos mencionara en los medios, y así nadie nos sorprendería. Corría el rumor de que la Casa Blanca también generaba alertas de Google con nuestro nombre para vigilarnos. No había esperado ver mi nombre en la prensa en ningún momento, mucho menos durante una cobertura omnipresente a nivel nacional en la primera semana de la administración. Y luego leí las palabras en el asunto del correo:

EL BOMBÓN *MAXIM* DE LA CASA BLANCA

Me enderecé de un salto en la oscuridad y jadeé. Di clic en el vínculo y la vi. Mi yo de veintitantos recargada torpemente contra una pared, con un corsé negro y el peor peinado y color de cabello de mi vida. La historia ya tenía cientos de miles de vistas y aumentaban rápidamente.

Bombón.

Me encogí al leer la palabra. Esto no estaba pasando. No ahora. No enfrente de todos mis nuevos colegas. Leí rápidamente el artículo; cada línea me hería más hondo.

Había fotos mías en *Maxim*, yuxtapuestas a fotos mías en vestido de noche en el baile de investidura. Y luego la puñalada trapera. El reportero que cubría la historia hacía referencia a fuentes anónimas que le habían dado detalles personales sobre mí, incluyendo un chisme que solo uno de mis nuevos colegas conocía. Alguien lo había hecho a propósito.

Justo cuando creía que las cosas no podían empeorar, llegué a la sección de comentarios. Me temblaban las manos al bajar el cursor con miedo; no los leí al principio, pero luego me quedé aterrada al ver cuántos había. Página tras página tras página. Sabía que lo mejor era no leerlos, pero me sobrepasaba el deseo autodestructivo de comprender cuánto se acababa de arruinar mi vida. Volví al inicio y empecé desde el principio. Los comentarios iban de mal en peor.

«Su abuela debe de estar muy avergonzada de ella», decía uno. Era lo peor que me pudieran decir.

«No hay manera de que no me despidan por esto», pensé. ¿Por qué alguien, ya no digamos la Casa Blanca, querría tener algo que ver conmigo? Si las fotos no eran suficientes para acabar conmigo, la mordaz insinuación a lo largo de la historia —de que no merecía lo que había logrado—, sí. Sentía que me habían proyectado todos los estereotipos sexistas al mismo tiempo. Bien podría tener una *M* escarlata pintada en el pecho. Estaba manchada.

No me avergonzaba mi tiempo como modelo, pero la narrativa era equivocada y faltaba el contexto. Inicialmente había empezado a modelar y a actuar mientras cursaba la licenciatura en la Universidad del Sur de California (USC). Aun cuando tenía becas, préstamos y ayuda financiera, eso no era suficiente para pagar la colegiatura, ya no digamos la renta, el gas y la comida. Así que trabajé. Mucho. Revisaba identificaciones en el gimnasio del campus y era *hostess* en Miyagi's en el Sunset Boulevard hasta las dos de la madrugada. Sin embargo, después de que me descubriera un agente de talentos, encontré una forma mucho más eficaz de pagar las cuentas. Actuar me dio una nueva y generosa fuente de ingresos; con la paga de un solo día de trabajo en un comercial de Pepsi con Ricky Martin pude comprarme una nueva computadora para la escuela.

Después de la universidad me costó mucho encontrar trabajo como periodista, pero seguí aceptando cosas de actuación y modelaje. Y entonces *Maxim* me llamó. Querían entrevistarme en la revista para presentarme como una «joven promesa», y mi agente insistió en que no podía dejarlo pasar. Accedí, pensando que tal vez me llevaría al éxito que necesitaba con tanta urgencia.

En Los Ángeles, a inicios de la década de 2000, aparecer en *Maxim* significaba que eras una «chica popular». Pero ahora, en Washington, DC, a finales de la misma década, cualquier muestra de sensualidad destrozaba tu reputación. Las mujeres inteligentes no podían —o por lo menos no debían— ser sexis. La sexualidad femenina y la inteligencia se percibían como inversamente relacionadas. «Cuidado con las "pasantes de piel"», había escuchado por todo DC, en referencia a mujeres jóvenes que usaban faldas entalladas o vestidos. No se les consideraba inteligentes y claramente no se les respetaba. No podía ni imaginar lo que la gente murmuraba de *mí* en ese momento.

Mi credencial de la Casa Blanca, en mi buró, de pronto llamó mi atención. Ahí estaba yo, sonriente, en una foto tomada menos de una semana atrás. Ya parecía un artefacto perteneciente a una vida pasada que nunca más volvería a tener. Una vida para la que me habían descalificado. Corrí al baño y vomité en el inodoro.

~

A la mañana siguiente caminé al trabajo en el frío glacial, con mi Ann Taylor más holgado, esperando lo peor. Imaginé levantar mi identificación hacia el agente del Servicio Secreto y ya no tener acceso a las instalaciones de la Casa Blanca. Tal vez alguien me encontraría en la puerta y la confiscaría ahí mismo, como si fuera una identificación falsa.

Y si por casualidad aún funcionaba mi credencial, entonces necesitaba encontrar la manera de explicárselo a Mona. Visualicé varios escenarios en mi cabeza. Si me llamaba a su oficina y me preguntaba al respecto, me aseguraría de que supiera que las fotos eran de muchos años atrás. Si me despedía en el acto, le rogaría que me diera un periodo de prueba. De cualquier manera, me disculparía con ella por la vergüenza de hacerle perder su tiempo durante una de las semanas más ocupadas de su vida. La presión de asegurar que la transición de la presidencia se diera sin contratiempos ya estaba por las nubes.

Se me metió la idea de que el presidente o la primera dama podrían enterarse del artículo, pero rápidamente la descarté cuando sentí una nueva oleada de náuseas atravesarme el cuerpo. Vomitar en la banqueta afuera de la Casa Blanca era donde yo pintaba mi raya.

Vi a lo lejos a algunos de mis colegas caminar hacia la reja del ala oeste. ¿Me estaban viendo? Imaginé a otros miembros del gabinete —los mismos que antes había visto como mis futuros amigos— chismeando y riéndose del artículo. La mayoría de ellos ahora me verían en ropa interior antes de siquiera darme la mano.

Intenté convencerme de que todo se calmaría pronto en un ciclo de noticias con historias mucho más importantes, pero las alertas de Google seguían sonando en mi teléfono. El *Daily Mail*: ¡CONOZCAN A LA NUEVA CHICA DE LA CASA BLANCA (QUÉ BUENO QUE CLINTON YA NO ES PRESIDENTE)! Perez Hilton: ¡SE ESTÁ PONIENDO CANDENTE LA CASA BLANCA! Hasta Fox News hizo una cobertura. Los golpes —y los artículos— no paraban.

De pie sobre Pennsylvania Avenue, en la reja de metal negro de la Casa Blanca, me pregunté si no sería ese el lado que me correspondía. Tal vez los comentarios tenían razón. Había soñado demasiado en grande. Eran las 11:59 y Cenicienta estaba a punto de convertirse en calabaza.

Le mostré mi identificación azul al agente del Servicio Secreto dentro del puesto de control y esperé. Transcurrió lo que sentí como varios insoportables minutos, y luego lo escuché —clic—, el inconfundible sonido de una barrera abriéndose.

Después de pasar al centinela de la Marina que montaba guardia en las puertas del vestíbulo del ala oeste, me fui derecho hasta mi escritorio, pasando la oficina oval, con los ojos pegados al suelo todo el tiempo.

Como había planeado, yo ya estaba ahí cuando mi jefa entró.

—Buenos días —dijo, y siguió hasta su oficina sin detenerse.

Esperé a que me dijera algo, cualquier cosa, a través de nuestra pared compartida, pero en vez de eso solo oí sonido de papeles. Pasó una hora. Luego otra. Se me ocurrió que tal vez estaba esperando a que yo iniciara la conversación.

—¿Tienes un minuto? —pregunté, sentándome nerviosa en la silla frente a ella.

Tenía abierta en su escritorio la carpeta de un informe de seguridad nacional altamente secreto. ¿En serio estaba a punto de mencionar algo tan ridículo como *Maxim*? Pero tenía que hacerlo. Ya me había vuelto tendencia a nivel mundial en Google.

—Claro. ¿Qué pasa? —dijo, cerrando la carpeta.

—Seguro viste el artículo, y quiero explicarte —dije.

Se me quedó viendo con una expresión vacía en el rostro y me di cuenta de que no tenía idea de lo que estaba hablando. Ese era el escenario para el que no me había preparado. Le conté todo lo más rápido que pude, con la cara ardiéndome de vergüenza. Ahí se acabó la grandiosa primera impresión que había planeado dar.

—Lo lamento mucho. No quiero ser una distracción para la Casa Blanca en un momento tan crítico —dije, preparándome para su respuesta.

Su expresión seguía inmutable. Se quedó callada un momento antes de inclinarse hacia adelante en su silla. Lo que dijo determinaría la trayectoria de mi vida.

—En lo que a mí respecta, se te juzgará por la calidad de tu trabajo. Punto. Haz tu trabajo y estarás bien —luego volvió a tomar la carpeta del informe.

Esa era mi señal.

—Muchas gracias —le dije, levantándome. Estaba demasiado atónita y aliviada para decir más. Estaba a salvo. Por ahora.

Por una parte se sentía como si me acabara de rescatar del precipicio. Ahora ya no había nada que yo no fuera a hacer para facilitarle el trabajo. Pero, por otra parte, seguía con la misma ansiedad.

Haz tu trabajo. Sonaba suficientemente directo, pero ¿en serio el trabajo sería suficiente?

En las semanas siguientes todavía tenía el nudo en el estómago. Nunca me había sentido tan aislada. Caminaba por los pasillos sola, comía sola, iba en metro sola. Era difícil que cualquiera de mis amigos comprendiera lo que se siente ser el objetivo de una embestida mediática a nivel nacional, así que, en buena parte, me sentí miserable sin decirle a nadie.

—Me dijeron que me mantuviera alejado de ti —dijo uno de mis colegas cuando estábamos parados en la fila para recoger nuestro almuerzo en la cafetería de la Casa Blanca. Por encima de su hombro, se abrió la puerta de la *Situation Room* (la «sala de crisis« de la Casa Blanca). Ahí estaba yo, a unos cuantos pies de uno de los espacios más poderosos en el mundo, y me sentía tan pequeña.

Yo había intentado convencerme de que el trato indiferente y las miradas críticas solo estaban en mi cabeza, pero ahí tenía la confirmación frente a mí. Alguien lo había llamado aparte para decirle que si lo veían conmigo daría una mala imagen de él. Y el rechazo no solo venía del interior de la Casa Blanca.

Pensé que, a pesar de la falta de aceptación en mi nuevo mundo, por lo menos podía contar con esa sensación de pertenencia a mi viejo mundo. Pero un par de semanas después, comiendo la lasaña Stouffer's de la caja en mi departamento, me di cuenta de que, al igual que muchos primeros y únicos, me sentía ajena tanto a mi pasado como a mi presente.

Desde que había empezado a trabajar en la Casa Blanca no había tenido oportunidad de conectar con muchos de mis amigos más cercanos ni con mi familia. Había decidido escribir un correo electrónico grupal para darles a todos la noticia de mi nuevo trabajo y decirles que pensaba en ellos. «Tal vez algunas palabras de aliento me harían sentir mejor», pensé. Minutos después de darle ENVIAR, recibí una respuesta de mi mejor amiga de quince años. Solo tenía una palabra y toda en mayúsculas: DESUSCRIBIR.

Se me cayó el estómago al suelo cuando lo leí. ¿Qué significaba eso? ¿Desuscribirse de mí? ¿De mi vida? ¿De nuestra amistad?

Alma y yo habíamos sido cercanas desde que nos conocimos entrando a la adolescencia a principios de la década de 1990. Nos habíamos visto atravesar la fase de pantalones holgados, cuando las dos andábamos con nuestros amigos de fiesta, a lo largo de nuestros días universitarios en la

Universidad del Sur de California (yo) y la de Loyola Marymount (ella). En muchos aspectos éramos opuestas: fuimos a escuelas rivales, tuvimos pocos amigos en común, ella era pequeñita y yo a los doce años me había vuelto una larguirucha de cinco pies con siete pulgadas… pero en las cosas que más importaban éramos almas gemelas.

Las dos éramos latinas, hijas de mamás inmigrantes; tuvimos crianzas similares y estábamos decididas a romper con cualquier trayecto predeterminado hacia el que nos hubieran dirigido nuestras infancias difíciles. Ella era mi referente, alguien que conoció todas mis versiones. Y a mí me gustaba creer que yo era el suyo, a su lado en los momentos difíciles de la *high school* y animándola en cada etapa desde entonces.

Releí de inmediato mi correo original. ¿Parecía que estaba presumiendo? No vi nada que pudiera provocar esa clase de respuesta. En las semanas anteriores había tenido entrevistas de trabajo, había empezado a trabajar y había lidiado con la tormenta mediática alrededor de mis viejas fotos de modelaje. Mi nota era más bien un *mea culpa* por desaparecer mientras estaba en crisis. Entonces, ¿qué estaba pasando? Lo único que podía explicarlo es que nuestras vidas finalmente se hubieran separado un paso demasiado lejos. Durante varios años había tenido la sospecha de que así era, pero no quería creerlo. O enfrentarlo.

Nuestra amistad había empezado a verse afectada cuando me fui a Harvard. Varias veces invité a Alma para que fuera a visitarme, esperando presentarle a mis compañeros y turistear por Boston juntas.

—No quiero conocer a tus amigos creídos —soltó un día finalmente por teléfono.

Alma nunca me fue a visitar en los dos años que estuve en Cambridge, y yo rara vez volvía a Los Ángeles. Después de eso evité mencionar cualquier cosa de la escuela o de mis compañeros cuando hablábamos. Dado que toda una parte de mi vida estaba, al parecer, prohibida, nuestras llamadas se volvieron gradualmente más incómodas y menos frecuentes. Me sentía confundida, preguntándome qué había hecho para provocar esa ruptura creciente entre nosotras. Ella nunca me dijo.

Yo estaba casi segura de que se había convencido a sí misma de que yo había cambiado. Es una indirecta exasperante que los primeros y únicos a veces escuchamos de nuestros amigos y familiares: «Cambiaste». Yo seguía siendo la misma persona por dentro, pero ¿no se supone que *todos* debemos cambiar a lo largo de nuestra vida? ¿Evolucionar y volvernos más experimentados? Entre más se alejaba ella, más traicionada me sentía yo.

No ayudó que tampoco recibiera el entusiasmo que una esperaría de su propia familia. Como a veces nos ocurre a los primeros y únicos, mi familia no sentía mucha curiosidad por mis logros. Les daba gusto que me estuviera yendo bien, pero fuera de la pregunta general: «¿Cómo va todo?», no parecía haber más interés por saber de las experiencias que estaba teniendo. No en la USC. Ni en Harvard. Ni siquiera en la Casa Blanca. Me dije que simplemente no estaban seguros de qué preguntar y se sentían como en terreno desconocido —y aún hoy sigo pensando lo mismo—, pero de todos modos me entristecía que me preguntaran por mi salud, con quién estaba saliendo o si estaba durmiendo lo suficiente, y nunca de los aspectos de mi vida por los que había trabajo tan duro.

En aquel entonces no entendía bien que para los primeros y únicos nuestro esfuerzo por recalibrarnos y sobrevivir en espacios nuevos se puede malinterpretar como abandonar a tus amigos, a tu cultura o a tu familia. Enfrentamos un rechazo dual —en nuestros nuevos ambientes y en los viejos—, por razones *opuestas*. Yo extrañaba a mi mejor amiga y quería decirle qué tan fuera de lugar e inferior me estaba sintiendo. Pero, irónicamente, no me dirigía la palabra porque lo más seguro es que pensara que yo me sentía superior. Quería que mi familia se emocionara al escuchar de mi vida en DC, pero fuera de mi mamá y de mi hermana, nadie parecía estar interesado.

Cuando el primer invierno helado que pasé en DC se alargó, me escondí en mi casa cada fin de semana y comí más lasaña congelada de la que me atrevo a admitir. Casi todas las noches me las pasaba acostada, despierta, con un insomnio inducido por la ansiedad. Releía los comentarios desagradables en línea. Tenía pensamientos suicidas. Sin importar cuánto intentara animarme, seguía sintiendo que no pertenecía en mi propia vida. Dicen que no debemos dejar que otras personas decidan quiénes somos, pero con cada día que pasaba se volvía un poco más difícil no hacerlo.

Aun así, seguí haciendo mi trabajo, con las palabras de Mona —«Se te juzgará por la calidad de tu trabajo»— resonando en mi cabeza. Llegaba temprano, cumplía mis objetivos, era amable y amigable, me mantenía alejada del drama, salía tarde de la oficina y por lo general mantenía la cabeza gacha. Así, un día tras otro, por meses. Mi jefa parecía satisfecha conmigo y eso era todo lo que en realidad me importaba.

Me dije que podía lograrlo por mi cuenta y traté de desentenderme del deseo de ser bien recibida o aceptada. Pero cada vez que me enteraba de una fiesta de cumpleaños a la que no había sido invitada o me dejaban fuera de sus salidas a los bares me sentía una paria otra vez. Y luego llegó un momento de amabilidad.

Había una joven que se sentaba en la oficina de junto, que en ocasiones venía buscando a su jefe o a hacerme alguna pregunta. Kristin era de Montana, tenía un cabello rubio rizado que se pasaba con cuidado detrás de las orejas, y cuando me sonreía yo sentía que era un acto genuino. Esperaba cada día sus visitas repentinas. Aun cuando casi no nos conocíamos, era lo más cercano que yo tenía a una amiga en el trabajo.

Una mañana, a finales de marzo, cuando el frío por fin empezaba a mostrar señales de terminar y los árboles de cerezo estaban a punto de florecer, Kristin se acercó de improviso a mi escritorio.

—Oye, ¿quieres que vayamos juntas por la comida? —dijo.

Primero pensé que estaba burlándose de mí, pero luego me di cuenta de que era sincera.

Me aclaré la voz antes de contestar.

—Sí, me encantaría —dije, tratando de parecer tranquila.

Tuve que usar toda mi fuerza para no saltar de mi silla y abrazarla llena de agradecimiento.

Caminamos juntas hasta la cafetería de la Casa Blanca, pasando por colegas que iban desde personal sénior hasta asistentes especiales. Estudié conscientemente a Kristin y traté de detectar si sentía alguna vergüenza por que la vieran conmigo, pero ella sonreía y saludaba a todos como siempre.

Cuando llegamos a la ventanilla para recoger la comida, donde el personal tomaba su almuerzo con prisa antes de volver a su escritorio a comer, no había ninguna señal de intranquilidad en su rostro.

—¿Y qué pediste? —me preguntó en la fila.

—Un sándwich de atún —dije, observando a una de nuestras pares de la oficina del jefe de gabinete, que había recogido su ensalada en la ventanilla y venía hacia nosotras.

—Hola, Kristin —pausa—. Hola, Alejandra —dijo, sonriéndonos al pasar. Era la primera vez que se dirigía a mí en público.

Cuando Kristin y yo volvimos a nuestras oficinas colindantes, con los platos de cartón en la mano, me dijo desde la puerta:

—Avísame mañana cuando vayas a bajar a la cafetería.

—Claro —dije, sintiendo la necesidad de abrazarla de nuevo.

La amistad de Kristin fue un salvavidas ese primer invierno en la Casa Blanca. Su solidaridad ayudó a desarticular el puño cerrado que se había alojado en mi estómago. Alguien más en mi posición quizá hubiera podido sacudirse toda esa indiferencia. Pero había metido el dedo en una llaga en mi interior, una que era vieja y familiar: el anhelo de pertenecer.

Lo había estado persiguiendo durante décadas; el fiasco de *Maxim* solo era el ejemplo más reciente —y más extremo— de mi fracaso. Venía desde mi infancia y de ese sentimiento de que ni siquiera encajaba en mi propia familia. Yo era diferente;

quería cosas diferentes. Me tomó muchos años darme cuenta de que, cuando eres primero y único, estás configurado para avanzar solo. Muchas veces no perteneces, por definición.

Muchos de mis pares fueron afortunados al poder atravesar nuevas experiencias en un grupo familiar, con otros que podían entenderlos y empatizar. Yo no tenía una red de personas que pudieran comprender ambas cosas, de dónde venía y adónde había llegado, ni que me ayudara a encontrar la razón por la que, siempre que «subía de nivel» después de algún logro —es decir, que superaba un nuevo límite de mi movilidad social o económica—, también parecía haber un costo emocional relacionado.

En ocasiones era un golpe bajo, como lo de *Maxim*, pero casi todo el tiempo era algo más sutil. Desprenderme de mi familia. La ansiedad. Las amistades perdidas. La tristeza. Las deudas. El adormecimiento. Una relación romántica desafiante. El insomnio.

Durante gran parte de mi vida, rara vez me detuve a asimilar qué era lo que estaba experimentando o cómo me afectaba. Sentía la presión de mantener el paso. Se dice que cuando patinas sobre hielo delgado, tu velocidad es tu seguridad. Y me lo tomé muy en serio; muchos de los primeros y únicos lo hacemos.

Pero ahora ahí estaba, en la cúspide del éxito —*la* Casa Blanca—, y mi dolor emocional también estaba en un pináculo absoluto. ¿Qué estaba pasando? Yo había sido la primera de mi familia en tener una serie de experiencias que podían ayudar a cambiar el curso de la vida. Se supone que me debía sentir libre y liberada. Entonces, ¿por qué me dolía tanto?

No entendí en aquel entonces que el dolor era una señal de esas partes de mí que seguían heridas. Podía trabajar duro y llegar muy alto, pero ningún éxito podía revertir el costo emocional de la movilidad social y económica. Para poder atravesarlo —encontrar mi paz y sanar—, primero necesitaba reconocerlo. Admitir cómo había estado lidiando con él. Este libro es mi intento de por fin desenterrar esos huesos. Acomodarlos sobre la mesa. Para mí y para cualquier otro primero y único que se esté abriendo camino con fuego, pero sienta por dentro cómo se quema.

Motivada por la idea de que la historia no se repite, pero muchas veces *rima*, decidí examinar no solo de dónde vengo, sino de *quién* vengo. Porque alcanzar parámetros sociales de éxito no sería suficiente para evitar que yo repitiera nuestros patrones ancestrales. Podía sentir la influencia de mi familia acechando sobre mi cabeza —aun cuando mis experiencias se alejaban más y más de la suyas— y no me conformaba con resumir sus vidas usando el concepto general de «migrantes en busca de una vida mejor». Había más ahí, y yo quería saber qué era. Así que empecé con una pregunta: ¿cuáles eran los ciclos generacionales que había nacido para romper?

Encontré una respuesta en la rima de mi propia familia.

CAPÍTULO 2

BORN ON THE BAYOU

Estaba en mi primer año de universidad cuando escuché el término *legado*. Conocía la definición tradicional de la palabra —algo recibido del pasado—, pero mis compañeros de clase la utilizaban con un sentido diferente para medirse entre ellos. Tal persona «era un «legado» porque venía de una larga línea de alumnos de la USC y la historia de su familia con la institución probablemente los había ayudado a entrar. Antes de eso, no pensaba mucho en las ventajas heredadas. De hecho, en realidad no pensaba para nada en herencias. Sin duda no sabía que los hogares blancos heredan cinco veces más riqueza que los hogares afroamericanos y más de seis veces más que los hogares latinos. Verlo con tal claridad me abrió los ojos a cómo nuestra vida se ve cotidianamente influida y alterada por las experiencias de nuestros antepasados. Me empecé a preguntar: si todos tienen un legado familiar, ¿cuál es el mío?

Muchas veces, rastrear la historia de tu apellido puede darte información sobre quién eres y de dónde vienes, pero mi apellido solo me dejó con más preguntas.

Acababa de llegar a LA después de un fin de semana con amigos en San Francisco, en 2018, cuando vi un mensaje en LinkedIn de una atractiva joven latina. Pensé que me pediría alguna clase de asesoramiento profesional o colaboración, pero entonces algo me llamó la atención. Su apellido era casi idéntico al mío, pero se escribía un poco distinto.

Leí el mensaje mientras recorría la terminal del aeropuerto, y de pronto mi euforia por el fin de semana quedó reemplazada por una aplastante expectación por algún nuevo drama relacionado con mi padre. Él —o un pariente lejano suyo— encontraba la manera de aparecer una o dos veces al año, y yo ya me estaba cansando de no tener más opción que recibirlos.

—Conozco a tu papá —escribió. «Al menos una de nosotras lo conoce», pensé.

A duras penas caminaba cuando vi a mi padre por primera vez, y desde entonces se había vuelto un hombre imposible de conocer. Nunca sabías cuándo iba a aparecer, nunca sabías *por qué* llegaba y nunca sabías cuánto tiempo estaría ahí. Era escurridizo.

De acuerdo con mi mamá, al principio eso era parte de su encanto. Cuando lo conoció en una pista de baile en Marina del Rey, California, traía placas de identificación militar colgadas de una larga cadena plateada que —gracias a que su camisa estaba abotonada a medias— tintineaban sobre su pecho al bailar. Era misterioso y presumido, como suelen ser los egoístas guapos.

Solo lo había visto unas seis veces en mi vida, cada una más confusa que la anterior. ¿Adónde iba y a qué se dedicaba? Nunca me dio una respuesta concreta. Nuestro vínculo más confiable era una esporádica llamada —luego, el esporádico GIF— que recibía en días festivos, siempre desde un número de teléfono distinto.

—Hola. Es tu padre —siempre decía, inseguro de que reconociera su voz. Tenía la cautela de un hombre acostumbrado a que le colgaran.

Pero yo nunca colgaba, aunque muchas veces deseaba después haberle colgado. Me quedaba en la línea y lo escuchaba quejarse de cómo lo querían fastidiar ahora, ya fuera la mamá de alguno de sus hijos, el gobierno o su casero.

—¡Me quiere demandar por pensión alimenticia! —gemía sobre sus diversas ex, sin captar lo extraño que era quejarse *conmigo* de tener que pagar la manutención de sus hijos—. A lo mejor si hablas con la mamá del bebé XYZ por mí, se calma —soltaba.

Tenía cero sentido que me quisiera involucrar en su drama, pero de todos modos me sentía responsable de cargar el estrés de mi papá, pensando que sería una «buena hija» si compartía parte de su carga. Por lo general me hablaba desde Sudamérica o Nueva York, siempre en alguna clase de problema y siempre buscando ayuda o apoyo. No fue hasta que entré a los treinta que me cayó el veinte: él nunca me preguntaba por *mi* vida. Nuestra relación era enteramente unilateral. Las contadas veces que me armé de valor para enfrentarlo, rápidamente me cambiaba el tema, por lo general para mencionar despreocupadamente que ya tenía otro hermano o hermana.

Que este hombre siguiera teniendo tantos hijos cuando no estaba ahí para los que ya tenía me parecía incomprensible. En mi último conteo, tenía alrededor de diez medios hermanos de por lo menos seis mujeres. Concibió a una de mis medias hermanas cuando yo tenía dos meses de nacida. Al escribir estas palabras, una nueva media hermana me acaba de contactar por Instagram. Así que, cuando recibí el mensaje de esa mujer en LinkedIn en 2018, pensé que debía ser otra hermana perdida.

—¿De dónde conoces a mi padre? —le pregunté en una llamada por WhatsApp, cuidando no compartir mi número telefónico con una completa extraña.

—Bueno, el papá de tu papá… tu, eh, abuelo… se casó con mi mamá y me tuvieron a mí… así que supongo que tu papá es mi medio hermano. ¡Y eso quiere decir que soy tu tía! —dijo en un tono divertido. A mí me habían dicho que mi abuelo paterno había muerto antes de que yo naciera—. Quería hablar contigo porque tu papá llegó a la casa pidiendo dinero. Nos contó de ti y de todas las cosas que has hecho. Y de cómo te crio y la excelente relación que tienen. Te busqué y… supongo que quiero saber si todo eso es cierto.

Sentí cómo la indignación me constreñía el pecho. Ya era bastante malo que mi padre entrara y saliera de mi vida a cada rato, pero ¿ahora estaba tergiversando nuestra relación como si eso le sirviera de carta de recomendación para pedir dinero?

—No, en realidad no es cierto. Él no me crio y no tenemos una buena relación —le dije. Sabía que no debía haber aceptado la llamada.

Se disculpó torpemente, y estábamos a punto de colgar cuando no me pude contener.

—¿Y le dieron el dinero?

—Noooo. Ay, no. Tu papá y su papá no tienen una muy buena relación. No ha sido lo mismo desde, ya sabes… —hizo una pausa y bajó la voz—: lo del nombre.

Yo no tenía idea de qué estaba hablando.

—Ya sabes, cuando tu papá empezó a usar el apellido Campoverdi… Estaba metido en no sé qué problema, pero tu abuelo se enojó mucho cuando lo hizo.

Lo dijo de forma tan casual que obviamente no se dio cuenta de que acababa de revelarme que mi apellido era falso. Fui más consciente que nunca de lo poco que sabía sobre mi padre. No conocía ni siquiera algo tan simple como su verdadero nombre.

Supongo que no debí sorprenderme. Con los años se había cambiado el nombre de pila y los apellidos varias veces. La última vez que supe, estaba usando el nombre de Verdi. Pero siempre pensé que Campoverdi era el real. Resultó que este apellido no tenía historia y no tenía linaje; era insignificante.

—Okey, bueno… —fue todo lo que se me ocurrió decir.

Tan pronto como le colgué a mi recién descubierta tía, de inmediato llamé a mi mamá.

—Bueno, sabes que tu papá me mintió sobre su verdadero nombre cuando estábamos saliendo, ¿no? —dijo, con su acento mexicano adornando cada palabra.

—Creo que sí. Cuéntamelo otra vez —pedí, negando con la cabeza.

—Me dijo que su nombre era Willy —se rio—. ¡No me dijo cómo se llamaba de verdad hasta *después* de que tú nacieras!

—¿Y eso no te pareció, no sé… un *red flag*, mamá?

Las mujeres en mi familia no parecían notar algunos de los focos más grandes y más rojos con los hombres. O quizá sí los veían, pero no querían reconocerlos. Este fue el primero de varios patrones que surgieron cuando empecé a desenredar el pasado de mi familia en un intento por comprender mi presente. Por más que me quisiera considerar independiente, comprendí que había entrado a este mundo dentro de un contexto. Una constelación de legados que ya estaban en movimiento.

Piénsalo así. Para estar vivos hoy, cada uno de nosotros venimos de 2 048 antepasados en línea recta en undécimo grado, 1 024 en décimo grado, 512 en noveno grado, 256 en octavo grado, 128 en séptimo grado, 64 en sexto grado, 32 en quinto grado, 16 tatarabuelos, 8 bisabuelos, 4 abuelos y 2 padres. Hay miles de personas en el linaje de cada una de nuestras familias, y sus experiencias emocionales nos dejan huella.

Supongo que, al final, lo que correspondía era que yo nunca fuera una Campoverdi. En más de un sentido, pertenezco a mi bisabuela materna, a mi abuela y a mi mamá. Soy una continuación de sus legados. Soy Medellín.

~

Antes de nacer, las vidas de las mujeres Medellín sentaron las bases para los legados familiares que me transmitieron. Estas herencias invisibles son parte de nuestro derecho de nacimiento. Sin embargo, mientras que algunas personas «son legados» de universidades prestigiosas o clubes, los primeros y únicos frecuentemente provienen de ciclos de inestabilidad y adversidad. Eso no desacredita ni minimiza los legados positivos que recibimos de nuestras familias, pero, por naturaleza, ser primero y único suele indicar que hubo un esfuerzo por *alejarse* de algo. Y ese patrón muchas veces está escrito de la forma como nuestro cuerpo lee nuestra secuencia de ADN.

Resulta que el linaje matrilineal se parece a una muñeca rusa: el óvulo que alguna vez nos creó se formó originalmente dentro del feto de nuestra propia madre cuando ella estaba en el vientre de nuestra abuela. Tres generaciones convivieron en cuerpo, sangre y espíritu durante un momento en el tiempo. La epigenética —el estudio de cómo los comportamientos y el medioambiente pueden causar cambios en la expresión de nuestros genes— ha explorado cómo los traumas se pueden heredar de una generación a otra, trátese de inseguridad económica, discriminación, negligencia emocional o cualquier clase de penurias. Las investigaciones señalan que las batallas de nuestros ancestros a veces los alteraron a nivel celular, y que nos pasaron esos cambios, con lo que nuestra salud mental y física se ven afectadas. Incluso las emociones que experimentaron nuestras madres al estar embarazadas de nosotros. Esta idea me impactó cuando aprendí de genogramas en el posgrado.

Era 2007; yo estaba en el segundo semestre de mi primer año en la Escuela de Gobierno Kennedy de Harvard. Sentada al fondo del salón con gradas de estadio, escuché al profesor presentar a nuestra catedrática invitada de ese día, una psicóloga que trabajaba en liderazgo. Creo que nunca puse más atención en clase que en el transcurso de esa hora.

Con un pizarrón blanco, la mujer mapeó el genograma de Hillary Clinton para ilustrar cómo las generaciones de mujeres en su familia habían experimentado el trauma de la traición debido a la infidelidad. No podía creer lo explícitas que eran las conexiones cuando examinabas la dinámica de las relaciones familiares a lo largo del tiempo. Era como interpretar un lenguaje visual de tus ancestros. Conforme la catedrática describía el proceso, yo iba anotando todo para poder recrearlo con las generaciones de mi propia familia.

Un genograma es un diagrama de nuestro árbol genealógico, pero en lugar de mostrar solo el orden de nacimientos y la estructura familiar, mapea la dinámica relacional entre los miembros de tu familia. Divorcio, hostilidad, indiferencia, traición, desconfianza, abuso, control. Una ilustración de las herencias *emocionales* de tu familia, a lo largo de las generaciones.

Después de la clase me acurruqué en un rincón tranquilo de la biblioteca de la Escuela Kennedy, saqué una hoja blanca y escribí cronológicamente el nombre de cada miembro de mi familia en lo que parecía un organigrama. Cuando me topé con una experiencia o una dinámica que parecía repetirse entre las generaciones, usaba un Sharpie negro para dibujar una línea que conectara a cada persona involucrada. Y ahí estaba, tan claro como el agua. Mi bisabuela. Mi abuela. Mi mamá. Yo. El genograma de nuestra familia revelaba varias líneas de plumón negro que nos conectaban directamente a las cuatro.

Tres generaciones de mujeres en mi familia habían sido principalmente madres solteras. Tres generaciones de mujeres en mi familia habían luchado por pagar las cuentas cada mes. Y luego la línea más gruesa, un hilo central que trenzaba los demás: tres generaciones de mujeres en mi familia que habían estado en relaciones emocionalmente tumultuosas con hombres caóticos.

Ahí, plasmada en el papel, lisa y llanamente, estaba una de las herencias invisibles de mi familia. Enamorarse del hombre equivocado había desviado la vida de cada una como consecuencia. Fluía como un río subterráneo en mi familia: una corriente subyacente que nos jalaba desde hacía casi *cien* años. Se remontaba hasta mi bisabuela María Elena, que nació en 1907, en el estado mexicano de Sonora.

~

De acuerdo con mi tío abuelo, *hermosa* era la palabra más utilizada para describir a María Elena, pero por las pocas fotos en blanco y negro que he visto, la palabra que yo usaría es *intensa*. De joven no parecía sonreír mucho en las fotos, donde sale con la mirada baja o viendo al infinito con sus ojos oscuros. La mayoría de las mujeres de aquel entonces se dibujaban lunares falsos en el rostro, usando un punto de delineador de ojos negros, pero el lunar bajo el labio inferior de María Elena era real. Si lo sabré yo. Heredé su característico lunar exactamente en el mismo lugar.

María Elena fue educada en el catolicismo y tuvo una crianza de clase media predecible hasta que llamó la atención de un encantador banquero mexicano que le llevaba diez años. Tenía nada más dieciséis años cuando Alfonso empezó a perseguirla con declaraciones excesivas de devoción eterna. Su bombardeo amoroso surtió efecto. María Elena se enamoró tremendamente de su sofisticación y sus fedoras, y a mediados de la década de 1920 se casaron y se mudaron a Nogales, Arizona, donde él encontró trabajo como gerente de un banco.

Poco después empezó a beber.

Alfonso tenía el hábito de llegar a su casa ebrio, pegar de gritos enojado y lanzar cosas por toda la casa. Desafortunadamente, mi bisabuela ya estaba embarazada de su primera hija cuando se dio cuenta. Alfonso nunca le puso una mano encima, pero el abuso verbal y emocional mantuvo a María Elena en un estado constante de miedo a lo largo de su embarazo. A doscientas millas de su familia, en otro país, debió sentirse completamente atrapada cuando el hombre de sus sueños resultó ser una pesadilla. De lo más humillante y desesperanzador.

Una noche, Alfonso llegó a casa más intoxicado que de costumbre y gritando con tanta violencia que a María Elena le dio miedo que las fuera a lastimar a ella y a la bebé. Aun cuando se encontraba en su último trimestre, se fue de su casa esa misma noche y viajó al día siguiente para quedarse con sus padres, que estaban temporalmente ubicados en Los Ángeles, cumpliendo un cargo diplomático del gobierno mexicano. Alfonso la siguió a LA para rogarle que volviera, pero ella se negó. Él era el amor de su vida, pero eso ya no importaba; tenía una bebé que proteger. Pronto perdieron contacto y Alfonso se volvió a casar poco después.

Se necesitaban agallas para elegir una vida de madre soltera a los diecinueve años en la década de 1920. Tendría que encontrar empleo y enfrentar el estigma de ser una joven divorciada, pero estaba dispuesta a hacer eso y más si significaba que su hija estaría a salvo. Esa hija, mi abuela María Louisa, nació poco después, en 1927. Se volvió la primera ciudadana de Estados Unidos por nacimiento en nuestra familia.

~

María Louisa —Abi para mí— nació en LA, pero creció en Tijuana, México. Estaba apenas en pañales cuando terminó el trabajo de los padres de María Elena para el gobierno mexicano y la familia entera atravesó de regreso la polvorienta frontera. Sin embargo, en la década de 1930, la frontera entre Estados Unidos y México era porosa. Abi creció con un pie en cada país, asistió al colegio en ambos lados de la frontera y hasta trabajó en una fábrica de Estados Unidos durante la Segunda Guerra Mundial. Cada mañana, Abi se subía a un camión escolar amarillo que transitaba por la frontera de San Ysidro y viajaba hasta San Diego para ir a clase en Sweetwater High. Hablaba un inglés fluido, sin ningún acento, gracias a su educación binacional.

Abi adoraba dos cosas: a su madre y toda clase de arte. Cuando no estaba en la escuela, dirigía a los niños del vecindario en sus obras de teatro originales, cosía sus vestuarios, hacía muñecas de papel, escribía poesía, dibujaba, devoraba libros y veía películas estadounidenses en el cine del vecindario. Estaba obsesionada con Mickey Rooney, Judy Garland y Shirley Temple. Sin embargo, muchas veces pensaba en su papá; se preguntaba dónde estaba, cómo era su nueva vida y si alguna vez pensaba en ella.

Cuando Abi tenía doce años, María Elena encontró trabajo en una fábrica en Tijuana y le gustó al exitoso dueño. Se casaron poco después, y Abi pasó del hogar de sus abuelos a un estilo de vida más elevado. Los chicos del pueblo ya la buscaban mucho para salir —gracias a su cabello rizado, su rostro en forma de corazón y su personalidad dulce—, pero ahora que podía costear vestidos nuevos a la moda y guantes blancos, su popularidad aumentó.

Apenas con veinte años, Abi ya estaba comprometida para casarse con Paco, el hermano de su mejor amiga, que además resultaba ser su vecino de al lado. En general, era todo lo que ella quería: confiable y seguro, con cabello negro azabache y un bigote muy a la moda. Tenía ya la vida perfectamente trazada. Viviría cerca de sus padres y criaría a su propia familia al lado de los hijos de su mejor amiga. Pero lo que Abi no sabía es que había heredado una poderosa predisposición que estaba a punto de darse a conocer.

Bernardo traía una camisa blanca desabotonada hasta el abdomen el día que Abi lo vio por primera vez en las calles de Mexicali, México, mientras vacacionaba con su familia. Él era solo seis años mayor que ella, pero no se parecía a nadie que hubiera conocido. Nacido y criado en Alemania por su padre mexicano, hombre de negocios, y su madre alemana, Bernardo hablaba cuatro idiomas y había estudiado en Chicago. Cuando su familia se mudó de Alemania a México, ya era ingeniero civil titulado. No obstante, su sofisticada crianza y su intelecto no menguaban su energía errante. Tenía el espíritu de un pillo callejero en el cuerpo de Clark Gable.

El día de verano que se conocieron, Bernardo alcanzó a ver a Abi en la calle y la siguió varias cuadras en su coche, hipnotizado por el balanceo de su pelo, el contoneo de su falda y la confianza con que movía los hombros. Cuando entró al lugar adonde iba —al cine local, a una de sus adoradas matinés—, Bernardo estacionó el coche, compró un boleto y se sentó justo en la fila de atrás de ella. Para cuando terminó la película ya tenían planes para ir juntos por un helado. Una semana más tarde —después de un torbellino de citas con chaperones a caballo y en una embarcación con el nombre MARÍA escrito con rosas en el toldo—, Abi y su familia regresaron a casa de sus vacaciones y encontraron a Bernardo en la entrada de su casa, hincado en una rodilla. Había llegado antes que ellos, decidido a que Abi fuera su esposa. Ella rompió su compromiso con Paco y ahí mismo aceptó la propuesta de matrimonio de Bernardo.

No pasó mucho tiempo antes de que Abi se enterara de que Bernardo tenía el hábito de beber y desaparecer.

Cada vez que eso pasaba, ella sabía adónde ir. Buscaba en los tugurios locales uno por uno, hasta que lo encontraba, y luego lo llevaba a casa. Debió haber sido doloroso para mi bisabuela ver que Abi iba por el mismo agonizante camino que ella. Pero si acaso alguna vez llamó a mi abuela aparte para advertirle, Abi no la escuchó. En la foto de su boda, mi abuela lleva puesto un vestido de satín blanco con cuello alto y los ojos le brillan de alegría. Con los años, cada vez que alguien le preguntaba a Abi de su relación con mi abuelo, yo siempre la escuchaba decir lo mismo: ella lo amaba «pasara lo que pasara» y se quedaría con él «hasta el final». Y así fue.

Incluso cuando apostó y perdió el rancho ganadero y de caballos que había heredado y se tuvieron que mudar a un galerón de concreto sin luz ni agua caliente atrás de la casa de su hermana en la Ciudad de México. Incluso cuando Abi dio a luz a mi mamá y a cinco hijos más, y él desaparecía durante meses, dejándola criar sola a los niños, sin tener idea de cuándo volvería y sin que él le mandara dinero. Incluso cuando la falta de ayuda, recursos y tiempo puso fin a sus dibujos, a su escritura y a su lectura. Incluso entonces.

Si fue el romance lo que condujo a mi bisabuela y a mi abuela a los brazos de hombres problemáticos, fue el sueño de mi mamá de venir a Estados Unidos lo que puso en movimiento su propio legado de nacimiento.

Para Cecilia, mi mamá, bailar era vivir. De niña no siempre era la mejor estudiante en su salón, muchas veces se iba a la cama con hambre y sus zapatos de charol tenían hoyos en las suelas, pero cuando bailaba se olvidaba de todo y brillaba como una estrella. Una vez me dijo que su recuerdo más doloroso de la infancia fue cuando le dieron el papel principal en el espectáculo de baile de su escuela primaria, pero no pudo costear el vestuario. Le dieron el papel a alguien más, que tenía el dinero. Después de eso se convenció de que la única forma de cumplir su sueño de convertirse en bailarina profesional —o, para el caso, cualquier sueño— era ir *al otro lado.*

Dado que mi abuela había nacido en Los Ángeles, mi mamá técnicamente tenía doble nacionalidad, mexicana y estadounidense, y la sola proximidad de una realidad alternativa la torturaba. Algunos veranos visitaba a mis bisabuelos en San Diego, donde tenían una casa gracias a una apuesta afortunada en el Frontón Palacio de Tijuana. Ella no quería nada más que vivir en esa tierra mágica de jardines muy cuidados, albercas y Pizza Hut.

De adolescente, en la década de 1970, mi mamá podía ver físicamente Estados Unidos desde su casa en Tecate. Abi volvía a casa después de dar clases de inglés a los trabajadores de la Cervecería Tecate y veía a mi mamá irse en su bicicleta, a través de los matorrales, colina arriba, hasta la frontera, cargando su radio de transistores barato. Una vez en el linde, elevaba la radio sobre la cabeza hasta que agarraba la señal de las estaciones estadounidenses. Se quedaba así por horas, escuchando a Janis Joplin, los Rolling Stones y los Beatles, hasta que le temblaban los brazos huesudos.

«Born on the Bayou», de Creedence Clearwater Revival, era una de sus canciones favoritas para cantar; no importaba que no entendiera una palabra de la letra que salía de su propia boca. Estaba tan concentrada en su sueño americano que incluso había apartado ropa especialmente para el día que al fin se fuera al norte. Guardado de forma segura en el fondo de su único cajón, tenía un primoroso suéter con cerezas rojas bordadas. Sin usar y cuidadosamente doblado.

Cuando mi abuelo empezó a tomar trabajos cuidando los botes de hombres de negocios ricos en Marina del Rey, mi mamá lo vio como su oportunidad de irse. Haría lo que fuera para irse a California, les dijo a mis abuelos. Trabajaría donde fuera. Cuando cumplió dieciocho años, accedieron a dejarla ir con una condición: tenía que trabajar en una fábrica de alfombras para coches manejada por su tío para que él le pudiera echar un ojo.

Cecilia llamaba mucho la atención en Tecate —siempre usaba la misma chamarra de cuero negro y decoraba sus jeans con cristales y tiras de terciopelo negro— y además era inocente y demasiado confiada, una mala combinación que preocupaba a mi abuela. Mi abuelo le aseguró a Abi que mi mamá iba a trabajar largas horas en un empleo bien supervisado, y luego llevó a Cecilia a cruzar la frontera en su desgastado Chevy Impala bajo la lluvia torrencial. Hacía mucho tiempo que los limpiaparabrisas del Impala se habían roto y estaban permanentemente atascados a la izquierda, así que mi abuelo amarró una cuerda en la punta de uno de los limpiadores y mi mamá la jalaba continuamente a través de la ventana del pasajero... todo el camino desde Tecate hasta Compton. Cuando por fin la dejó en el departamento de su tío, seguro tenía el brazo entumido, pero estaba feliz... y llevaba puesto el suéter de las cerezas, las uñas largas y pintadas de un tono rubí a juego.

Los hombres con redes en el cabello y guantes de plástico que la miraban en la fila de la fábrica quizá no respondían a la imagen que tenía Cecilia de Hollywood, pero su perspectiva cambió en el momento en que recibió su primer sueldo. Se gastó todo en unos pantalones acampanados de pana de Montgomery Ward que estaban de moda. El chisme del nuevo guardarropa de mi mamá llegó hasta México, y no pasó mucho tiempo antes de que sus tres hermanas, maleta en mano, aparecieran en la entrada de la casa rodante a la que se había mudado.

Un anuncio de trabajo en el *Los Angeles Times* para ensamblar cajas registradoras atrajo a las cuatro hermanas a Santa Mónica, pero en ese momento no tenían idea de que se estaban mudando cerca de la playa. Cuando mi mamá caminó con la brisa hacia el malecón y vio el gris azulado del océano Pacífico por primera vez, sintió que al fin había «llegado». Las hermanas encontraron un departamento juntas donde el aire olía a mar, tapizaron las paredes de su habitación clavando recortes de revistas de modelos hombres y se compraron patines blancos con ruedas fosforescentes. Tuvieron el perfecto departamento de solteras… hasta que Abi ya las extrañaba demasiado y anunció que ella y mi abuelo las iban a seguir del otro lado de la frontera y se iban a mudar a su departamento. Atraídas por la cocina de Abi y el prospecto de pagar menos renta, todos se fueron a vivir juntos a un pequeño departamento en Marine Street, en una transitada intersección donde Santa Mónica colinda con Venice.

Las hermanas Medellín todavía no hablaban inglés, pero no dejaron que ese pequeño detalle las detuviera. Les sacaron jugo a todos los ángulos posibles, exprimiendo hasta la última gota de las oportunidades disponibles para ellas. Fue un *Sex and the City* latino: la tía Nannette, con sus pómulos altos; la tía Sofía, con su figura de reloj de arena, y la tía Elizabeth, con su sedosa y larga cabellera oscura. Compitieron en concursos de belleza y los ganaron: Nannette fue coronada Miss Baja California en 1979 (¡viaje y hotel gratis!). Trabajaron en ventas en lo que ahora se conoce como el Paseo Marítimo de Third Street (¡descuentos en la mejor ropa!), y salieron en el periódico local sin ningún motivo aparente (el pie de foto simplemente mencionaba «Bellezas mexicanas»). Hasta fueron extras en la película chicana de pandillas *Walk Proud*, posando en playeras sin mangas mientras unos vatos en *lowriders* pasaban enfrente en la secuencia inicial de la película.

Para Cecilia todo iba de acuerdo con el plan, y había llegado a Estados Unidos lista para su *close-up*. Aprovechó toda oportunidad de estar en el escenario, se unió a varias compañías de danza y entretenía a los turistas como parte de las bailarinas en patines de la famosa Venice Beach Roller Skate Dance Plaza. Siempre con sus shorts de mezclilla y su distintivo tono de labial magenta.

Los fines de semana, las cuatro hermanas se peleaban el espacio frente al espejo del baño antes de salir a bailar en minivestidos de rayón y sombras de ojos muy marcadas. Fue una de esas noches cuando «Willy», un hombre con uniforme de la Armada y una expresión presumida tras su bigote recortado, se acercó a Cecilia en la pista de baile. ¿El nombre del club nocturno? Destino.

Cecilia bailó toda la noche con Willy, atraída por su exotismo (era un ecuatoriano criado en Queens) e impresionada de que pudiera aguantarle el paso con sus movimientos de disco y salsa. En los meses siguientes, la bañó de cenas caras, pieles, joyería y ropa. Si bien los regalos que le daba nunca tenían etiquetas, mi mamá se convenció de que no eran cosas robadas. Los elegantes trajes de tres piezas que usaba en sus citas obviamente eran costosos y hechos a la medida, así que creyó que era el neoyorquino exitoso que él decía ser. Aun así, él nunca le presentó a ninguno de sus amigos y reiteradamente evadía preguntas personales siempre que ella lo cuestionaba sobre su pasado.

Después de salir por más de un año, Cecilia no podía quitarse la idea de que algo no estaba bien con Willy. También más o menos en ese tiempo se dio cuenta de que estaba embarazada de mí. Cuando le dio la noticia, Willy ofreció casarse con ella y llevársela a Nueva York a vivir con él, pero su instinto le dijo que irse sería un error. Les dijo a mis abuelos que prefería ser una madre soltera que vivir sola del otro lado del país con un hombre en el que no confiaba. Pero mi abuelo era muy tradicional. Si estaba embarazada, era su deber casarse con Willy y mudarse a Nueva York, le dijo.

La idea de dejar LA y a su familia estando embarazada aterraba a mi mamá. Los nervios acabaron con su apetito y empezó a perder peso cuando debía estar ganando kilos, lo que solo la preocupó más, pensando en la salud del bebé encima de todo lo demás. Desarrolló depresión perinatal e insomnio; muchas veces se acostó junto a mi abuelo por la noche para rogarle entre lágrimas que le permitiera quedarse.

Él se negó, así que acudió a la Virgen María. Le pidió que le hiciera el milagro: un hijo que naciera sano *y* la bendición de su padre para quedarse en LA. «Virgencita, protégenos», decía.

Rezaba con tanta fuerza y tan seguido que ya era usual despertarse con el rosario todavía enredado en la mano. Incluso empezó a usar todo el tiempo una pequeña medalla de oro de la Virgen en una cadena al cuello, como ofrenda a Dios.

Finalmente, cuando estaba en su último trimestre, con una enorme panza de embarazada, mi abuelo cedió. Enseguida empezó a comer, subió de peso y pudo dormir. De hecho, semanas después, mientras se devoraba con Abi una pila de *pancakes* en Norms Diner, entró en labor de parto. De inmediato se fueron al otro lado de la ciudad, al hospital Cedars-Sinai (porque Cedars aceptaba los seguros de Medicaid de California) y Abi estuvo a su lado cada segundo de las treinta horas de parto.

Cuando al fin nací —sana—, mi mamá declaró que la Virgen sí le había hecho el milagro. «Una niña milagrosa» —proclamó, arrullándome en sus brazos—, «destinada para algo especial». Cuando me llevó del hospital a la casa, fue a ese departamento de tres habitaciones donde vivían mis dos abuelos y las cuatro hermanas Medellín.

Cada pulgada del departamento estaba ocupada, desde la sala, con bicicletas apiladas, hasta el barandal del balcón, donde colgábamos a secar la ropa. Mi mamá bromea con que de bebé nunca me soltaron: solo me pasaban de unos brazos a otros. Tal como las herencias invisibles de nuestra familia.

~

Sentada en la biblioteca de la Escuela Kennedy con el diagrama de cuatro generaciones de mi familia en la mesa frente a mí, vi mujeres jóvenes con grandes sueños al inicio de su vida. Y luego vi cómo las relaciones con hombres impredecibles les arrebataban sus oportunidades. Eligieron muy jóvenes, muy rápido y muy impulsivamente. Y, sin duda, eligieron algo muy similar. Me di cuenta de algo bastante duro: yo también. En lo profesional, había sido la primera generación de mi familia en cruzar varios umbrales. Pero hay una diferencia entre cambiar las circunstancias externas de tu vida y hacer las paces con tu vida emocional interna.

Al dirigirme a mi casa por Harvard Square al atardecer, tuve que admitir que muchas de mis decisiones pasadas respecto a los hombres habían sido las mismas que las de mi bisabuela, mi abuela y mi madre. Ahí estaba, una mujer supuestamente empoderada pero que en ocasiones había continuado con el legado familiar de tolerar maltratos de hombres carismáticos. Lo que se me había inculcado en el pasado —y que se había quedado grabado en mí— me había conducido, inconscientemente, a repetir los mismos patrones. El otro lado de «Lo saqué de mi mamá». Por más que quisiera que las herencias invisibles de mi familia terminaran conmigo, también era abrumador ser la responsable de romper con todas las herencias negativas generacionales.

Por suerte, noté otro tema recurrente en la familia que seguía muy de cerca el de las relaciones complicadas. Cuando se veían contra las cuerdas, las mujeres de mi familia mostraban una tenacidad inquebrantable. Una abandonó a su marido abusivo estando todavía embarazada, una crio a seis hijos con casi nada y una eligió criar a su hija sola y no al lado de un hombre que le había mentido. Yo también había heredado un legado de fortaleza y sabiduría generacionales. Al llegar a la puerta de la casa de dos pisos que compartía con cuatro de mis compañeros, sabía que las líneas que me conectaban con las mujeres de mi familia también me habían llevado a Boston. Para desarraigarme y mudarme lejos de casa en busca de algo mejor. Para terminar relaciones que estaban basadas en el control y no en el amor. Elegirme a mí, sin importar a quién ni qué perdía, ni qué tan doloroso fuera en ese momento. Así como ellas.

Al final, adquirir información sobre mis herencias invisibles —las buenas y las malas— dejó más espacio para mi libertad mental y emocional. Es posible que cada uno de nosotros tenga legados ancestrales, pero comprender lo que son y decidir cuáles queremos conservar o cambiar nos permite retar su poder de una manera más intencionada. Nos da autonomía. Eso es lo que tienen los cambios epigenéticos: no todos son permanentes. Nuestras decisiones, comportamientos y medioambientes siguen haciendo una diferencia. Y eso ha sido una gran parte de mi viaje como primera y única.

Todos tenemos antepasados cuyos pasos conducen hasta los nuestros, pero nuestra vida todavía no está escrita. Sanamos el trauma generacional cuando elegimos evolucionar en lugar de repetir, creando nuevas herencias para las siguientes generaciones. Cambiamos el futuro para nuestra descendencia.

Cada día tenemos la oportunidad de volvernos mejores ancestros.

CAPÍTULO 3

AMOR ETERNO

A la mañana siguiente de que mi abuelo, en un arranque de furia, aventara toda la vajilla que estaba en el fregadero de la cocina contra el piso de linóleo, Abi pidió una novena de emergencia.

Abi, mi mamá, mis tres tías y yo nos hincamos en círculo entre las camas individuales de mis tías y le pedimos a Dios que hiciera que mi abuelo dejara de beber. A los cinco años, yo no tenía la menor idea de a qué venía todo ese alboroto. Pensaba que mi abuelo, a quien yo le decía Abito de cariño, era divertido. Siempre me metía en las manos caramelos de mantequilla a escondidas, cuando creía que nadie lo estaba viendo, y me llamaba su muñequita. Cuando empecé a tomar clases de piano, ahorró su escaso salario durante meses para comprarme un piano en el que pudiera practicar. Incluso podía comerse con los dedos, sin inmutarse, los jalapeños y las zanahorias en escabeche que Abi dejaba en un tazón en el centro de la mesa de la cocina (nadie más se atrevía a probarlos). Y siempre que encontrábamos una araña en el departamento —que era más seguido de lo que me hubiera gustado—, él la atrapaba en la palma de su mano y la dejaba encima de su propia almohada.

—Mira que no tengo miedo —decía mientras yo chillaba, tapándome los ojos con las manos.

Sin embargo, al ver a todas las mujeres de mi familia murmurar avemarías en voz baja con el ceño fruncido y las palmas elevadas al cielo, podía sentir la tensión salir de sus cuerpos y penetrar el mío.

—Dios te salve, María. Llena eres de gracia.

La grumosa alfombra café y peluda se me encajaba en las rodillas, dejándome hendiduras rojas al hincarme a su lado, pero no me atrevía a quejarme. En cambio, simplemente cambiaba mi peso en silencio hacia adelante y hacia atrás, de un lado al otro, y me mordía las cutículas hasta que me sangraban. Mi abuelo seguía dormido en la habitación de al lado.

Nuestras novenas, una tradición católica que consiste en rezar nueve días con una intención en particular, siempre estaban dirigidas a la Virgen. Abi nos había dicho que una novena a la Virgen María era la más poderosa y te daba la mejor oportunidad de que tus plegarias fueran atendidas porque ella era la Madre de Dios. ¿Y quién no le hacía caso a su madre?

Esa escena —juntas, rezando con fervor— es una de las más presentes de mi infancia. Siempre pedíamos las mismas dos cosas: dinero («Que cambie nuestra situación económica») y que mi abuelo dejara de beber.

Ayudaba que nuestro departamento estuviera adornado como una iglesia improvisada, con todo y veladoras en el fregadero, una imagen de la última cena cerca de la mesa de la cocina y dos pinturas enormes y acechantes: la clásica imagen de Jesús con terciopelo negro, su mirada serena elevada hacia los cielos, y un iridiscente ángel de la guarda con una túnica blanca flotando protectoramente por encima de dos niños asustados que cruzaban un puente derruido. Ambas son imágenes comunes en los hogares y las billeteras de los migrantes mexicanos.

De niña pasé mucho tiempo mirando esas pinturas, en particular durante las novenas que rezábamos a su sombra. La sensación de calma que sentía emanando de ellas era un contraste absoluto con el pandemonio cotidiano que caracterizaba nuestro hacinado departamento.

Siempre que Abi, mi mamá y mis tías se juntaban para arrodillarse rosario en mano, yo me unía al borde de su círculo y esperaba que un ángel apareciera o que ocurriera cualquier otro milagro. Durante veinte minutos recitaban oraciones en coro mientras sus cuerpos se meneaban como espigas de trigo con el viento. Cuando sus dedos llegaban a las últimas cuentas de sus rosarios, yo miraba por la habitación para ver si algo había cambiado, pero todas seguíamos siendo las mismas que siempre habíamos sido… un grupo variopinto de luchadoras agobiadas.

En aquellos días no podías caminar de un lado a otro de nuestra casa sin tener que esquivar a una persona, un peluche o a mi tía Elizabeth haciendo *belly dance* en la sala. Se caían por todas partes distintos largos de cabello de mujer: en la alfombra, el lavabo y la regadera. Mi cuarto de juegos no era un cuarto en realidad: era un clóset estrecho con mis juguetes ahí metidos. Y rara vez había un momento de silencio. Dado que en nuestro departamento de tres recámaras habitaban seis adultos y una niñoa (yo), había un trasfondo de melodrama y actividad en todo momento... en español.

¿Cómo vamos a pagar la renta este mes?, ¿quién tiene una cita candente?, ¿alguien entiende estos formularios?, no juegues con Abito cuando beba, te presento a mi nuevo novio, tal persona necesita trabajo, ¿cómo sacamos un seguro médico?, vamos a la playa, Jesús y la Virgen nos protegerán, todos carguen el carrito de la ropa sucia para que podamos ir a la lavandería. Nuestra casa era un estridente popurrí de estilos, personalidades y etapas de la vida, ambientada con la música de Abi, de su querido Juan Gabriel. Abi muchas veces ponía a todo volumen el megaéxito de Juan Gabriel «Amor eterno» mientras limpiaba la casa, y se le llenaban los ojos de lágrimas porque le recordaba a su madre... así como en la actualidad mi mamá y yo ponemos la misma canción y pensamos en ella.

¿Qué era lo bueno de ser la única niña viviendo entre tantos adultos? El amor. Cada cumpleaños era todo un evento, por lo general con una fiesta con piñata en Marine Park, con mi mamá organizando los juegos, Abito moviendo la cuerda de la piñata y Abi sirviendo carne asada, arroz y frijoles. Todos los regalos abajo del árbol de Navidad eran para mí. Muchas veces traía las mejillas pintadas con los besos de todas mis tías, y aun cuando siempre me quejaba de que la tía Elizabeth se me acercara con la boca pintada de rosa o cuando se turnaban para hacerme desfilar por toda la casa en una almohada con estampado de leopardo, en secreto adoraba la atención.

Parecía que la única persona con la que estaba emparentada y que *no* vivía bajo nuestro techo era mi padre, pero como sucede con las abuelas en las casas de las madres solteras, Abi de inmediato ocupó su lugar. Tal como había hecho su propia abuela.

En lo que toca a la crianza compartida, Abi y mi mamá no podían ser más distintas. Abi estaba a principios de sus cincuenta cuando yo nací; tenía el cabello castaño corto y un carácter amoroso que por lo general se presentaba en la forma de tortillas gruesas calientes y pays de limón con merengue.

—Hechas con amor —era lo que siempre nos decía al servir, con las manos llenas de harina blanca de tanto hacer masa. Y su amor sí hacía que la comida supiera mejor, así como el jugo de naranja sabe mejor si te lo tomas en una copa.

Abi era la única persona que se tiraba en el piso, sobre manos y rodillas, para jugar conmigo. Me encantaba cómo las venas verdes de sus manos saltaban bajo su piel delgada cuando jugábamos a My Little Pony. Ella siempre olía a crema Pond's, un aroma dulce como a talco de bebé. Su dedicación a ser mi abuela fue tan profunda que dejó de pintarse el pelo y se quedó ya con sus canas para cuando yo cumplí dos, con tal de verse mejor preparada para el papel.

Por otra parte, Cecilia, mi mamá, tenía veinticinco cuando me tuvo y muchas veces se refería a sí misma como una «bohemia». Cuando la imagino en esos días, por lo general es a media carcajada con unos patines eternamente adheridos a sus pies, el cabello de los ochenta tieso de tanto spray, labial magenta y alguna variación de licra de color brillante. Siempre puesta para la diversión, obsesionada con Venice Beach y con mucha necesidad de su propia mamá. Recuerdo lo raro que se sentía ir de niña caminando por la calle junto a mi mamá y escuchar todo lo que le gritaban, los chiflidos y los cláxones siguiéndonos. En muchos sentidos, que Abi hiciera una labor extra como mi padre sustituto le dio permiso a mi mamá para perseguir su propia versión del sueño americano. Cuando fue momento de comprar su primer auto —idealmente algo confiable para llevarme y recogerme de la escuela—, se compró el veloz auto deportivo de sus sueños por 500 dólares. ¿Por qué era tan barato? Porque no tenía motor. Al final ahorró lo suficiente para instalarle uno, pero no podía costear la reparación de otro problemita «menor»: cada vez que dábamos vuelta a la izquierda, espontáneamente la puerta del copiloto se abría, tan amplia como los bostezos en la casa a la mañana siguiente de que las hermanas Medellín se fueran a bailar. Pero mi mamá tenía una manera de plantearte todo como si fuera una aventura.

—Listaaaa —me decía cuando nos acercábamos a una vuelta a la izquierda.

Cuando se abría la puerta del copiloto, me aferraba a mi asiento con todas mis fuerzas —el pavimento volando junto a mí— y gritábamos al unísono:

—¡Ábrete, sésamo!

Todo el criterio que le faltaba a mi mamá lo cubría con ingenio. En Halloween insistía en ir «adonde estaban los buenos dulces». En Santa Mónica, eso significaba el norte de Montana Avenue, uno de los vecindarios más caros del lado oeste de LA. Manejaba hasta que encontraba la mejor calle y luego me animaba a meterme entre la ola de niños que pedían dulces, entrando y saliendo de jardines con panteones realistas, máquinas de niebla y tazones llenos de Kit Kats y Milky Ways.

—¡Ve! Si no pides, no te dan —decía, empujándome, con sus aretes de candelabro brillando a la luz de la luna.

Cuando mi tía Nannette consiguió trabajo como reportera de entretenimiento en español para una cadena latinoamericana, mi mamá se volvió experta en conseguir cuanto boleto de cortesía pudiera. Me llevó dos o tres veces al año a Disneylandia, Disney Sobre Hielo, los Estudios Universal, el Zoológico de LA y el Museo de Arte del Condado de Los Ángeles. Vimos producciones de *Cats*, *El fantasma de la ópera* y *Anita la huerfanita*. Todo completamente gratis. Tal vez no podía comprarme los Lunchables que le pedía, pero fui a más obras de teatro y parques de diversiones que cualquier niño que conociera.

Mi mamá incluso se las arregló para conseguirme clases semanales de piano y baile con un superdescuento. Y cuando mi estudio de baile les ofreció a sus alumnos la oportunidad de aparecer como extras en películas, con paga, rápidamente me apuntó, lo que llevó a mis brevísimas apariciones en las películas de 1988 *Mac and Me* y *Purple People Eater*. ¿Mi parte favorita de ser actriz a los ocho años? El refresco gratis y la mesa de botanas.

Cada semana íbamos a hacer senderismo, ya fuera al Cañón Temescal o al Parque Estatal Will Rogers, y nunca pasamos una venta de garaje en la que mi mamá no se parara a buscar tesoros. Sin embargo, toda su iniciativa no lograba enmascarar la polaridad entre lo despreocupada que parecía nuestra vida en el exterior y la realidad en casa.

La nueva vida de mi Abito en Estados Unidos ponía de relieve sus expectativas personales fallidas, y medir las fluctuaciones de sus niveles de infelicidad era la veleta emocional de nuestro hogar. En México siempre tenía fama de ser un agudo y talentoso intermediario, muy solicitado entre hombres influyentes, pero su marcado acento alemán/mexicano, el color de su piel y su nebulosa historia laboral ya fueron demasiado como para que sus jefes lo pasaran por alto en el LA de los setenta. Después de una vida a la caza de su gran oportunidad, no podía encontrar trabajo. Al menos no un trabajo que considerara digno de él.

Cuando se miraba en el espejo, ya no veía al guapo desconocido que conquistó a Abi durante una matiné en Mexicali tantos años atrás. Estos días acostumbraba llevar un overol kaki de cierre, cubierto de grasa por su trabajo de medio tiempo como mecánico en un taller en ruinas, con una Heineken en la mano. Cuando me abrazaba, yo contenía el aliento porque el interior de mis fosas nasales me ardía por el fuerte olor a gasolina de su cabello y su ropa. La piel de su cara, pecho y brazos se había vuelto de un moreno rojizo permanente por los extenuantes días en el sol y demasiadas noches en el bar, y su cabello negro se había vuelto áspero y gris. Sin embargo, a pesar de la incipiente barba entrecana que le cubría la barbilla y las mejillas, su rostro era masculino y llamativo, como una estrella de cine que hubiera perdido la fama y no pudieras ubicarlo del todo. Era impaciente y brusco, y yo sencillamente lo adoraba. Nunca entendí por qué los demás parecían tenerle miedo cada vez que se ponía el sol.

Las mañanas en nuestro departamento solían ser equilibradas: Abi preparaba el desayuno mientras silbaba «Jeepers Creepers» o alguna otra famosa canción de jazz de su infancia, y la gente se iba a trabajar, quizá después de una discusión o dos entre las hermanas sobre quién se había puesto la ropa de quién sin permiso. El crepúsculo, por lo general, no llegaba hasta las 7 pm. Era entonces cuando Abito entraba tambaleándose por la puerta, oliendo a cerveza barata, y procedía —en palabras de mi mamá— a «hacer un escándalo».

El taller donde trabajaba cerraba a las cuatro y estaba justo cruzando la calle de nuestro departamento, así que cuanto más tarde llegaba a casa, en peores condiciones estaba. Abi daba vueltas por la sala conforme pasaban las horas y dejaba platos de frijoles y tortillas afuera, pero daba casi lo mismo. Lleno de licor y remordimiento, Abito buscaba razones para estar enojado cuando llegaba: la casa estaba desordenada, no había suficiente comida o había platos sucios en el fregadero.

A veces me quedaba ahí parada, viendo a todos pelear, demasiado pasmada para llorar. Y a veces mi mamá y Abi me acostaban en mi habitación antes de que Abito volviera. De cualquier manera, yo era la única persona a la que mi abuelo nunca le gritaba.

Las noches en las que me escondían preventivamente en mi habitación eran las peores. Una de las primeras cosas que Abito hacía después de irrumpir por la puerta era buscarme para que jugáramos. Dado que no estaba en la sala, se tambaleaba hasta mi cuarto, solo para darse cuenta de que la puerta estaba cerrada desde adentro. Yo me quedaba ahí parada, perpleja, atrás de mi mamá y de mi abuela, mientras él golpeaba y pateaba la puerta con todas sus fuerzas gritando desesperadamente.

—¡Mi muñequita, ábreme la puerta!

Había dolor y confusión en su voz al llamarme, y yo quería abrir la puerta, pero Abi y mi mamá se recargaban en ella. Las bisagras tronaban y yo las veía sacudirse con cada uno de los fuertes empujones de mi abuelo.

—¡Dios mío! —exclamaba Abi al ver la puerta abrirse un poco a pesar de todo su esfuerzo. Eran dos contra uno, pero Abito seguía siendo más fuerte.

Luego, en un instante, el departamento se quedaba extrañamente quieto. Podía ver el miedo persistente de mi abuela y mi mamá al alejarse poco a poco de la puerta, pero yo no lo compartía. Yo solo quería estar con mi abuelo.

Necesitaba un refugio en medio de la constante conmoción, así que busqué maneras de creármelo. Jugaba por horas en el piso de la sala con mis figuritas de Fisher-Price y me perdía en tramas detalladas e historias episódicas que duraban meses, como las telenovelas de Univisión que veíamos en la noche. Me daban horror los días en que Abi aspiraba, porque guardaba mis juguetes y destruía semanas de trabajo creando ese universo. Lloraba con la cara metida en la almohada, desconsolada por el escondite perdido. Abi y mi mamá se quedaban desconcertadas ante mi total devastación. No entendían que el elaborado mundo ficticio que había creado era mi escape, similar a mi fantasía de ser Cenicienta barriendo las hojas de la banqueta.

Mi otro refugio era la hilera de cintas VHS de Shirley Temple, ya desgastadas, que teníamos en el librero; la más gastada de todas, *La princesita*. Por lo menos una noche a la semana, Abi apagaba todas las luces de la sala y nos acurrucábamos en la oscuridad, perdiéndonos en la historia de una niñita de gran corazón que quedaba huérfana y en la pobreza cuando su padre moría en la guerra. Abi y yo éramos espíritus afines —un par de románticas empedernidas con padres ausentes— y nos encantaba el giro sorpresivo del final. Cuidado, que te voy a arruinar la película: el padre de Shirley no estaba muerto y volvía a casa, levantando a Shirley en sus brazos y rescatándola de una vida en la miseria. Era un final feliz en el que a Abi y a mí nos encantaba creer.

Los libros que me regalaba, siempre de sus favoritos, eran de temas similares: cuentos de hadas o novelas románticas con mezclas de clases sociales. *Jane Eyre* era el que más me gustaba. Me daba cuenta de que hacía feliz a Abi verme leer el gran libro de pasta dura y bordes verdes en las hojas. Me miraba a escondidas desde la cocina y sonreía cuando creía que no la veía.

Cuando me perdía en mis mundos de fantasía, sabía qué esperar cada día y podía reconocer qué estaba pasando. En la vida real, mi cerebro de niña no tenía la capacidad de procesar las constantes subidas y bajadas, sobre todo en lo referente al dinero.

Mes con mes, nuestro acceso a efectivo —y, por consiguiente, a la comida— fluctuaba con una cadencia que te deshacía los nervios. La primera mitad del mes estábamos bien por lo general. A todos les pagaban y contribuían con $200 dólares para la renta y $20 para la comida. Abi iba al mercado y compraba lo básico de la casa —carne, leche, arroz, frijoles y sopa— y en ocasiones un Gansito o un frasco de cajeta para mí. Esos objetos nos duraban un par de semanas, y entonces normalmente nos volvíamos a quedar sin dinero. Nuestra renta siempre se pagaba tarde en tanto que Abi estiraba la comida lo más humanamente posible, encontrando maneras de incorporar los frijoles como la parte principal de cada comida. Huevos con frijoles refritos. Sopa de frijol con queso fresco desmoronado encima. Arroz y frijoles. Burritos de frijoles con queso.

Pero a pesar de sus esfuerzos, el refrigerador casi siempre se quedaba vacío durante la segunda mitad del mes, con la excepción de una minúscula sección de comida etiquetada con mi nombre gracias a los vales de despensa que mi mamá apartaba. Me sentía culpable siempre que abría el refrigerador y veía mi pequeña sección, y empezaba a registrar cuánta comida había (o no había) en la casa. Recuerdo que visitaba a una amiga de la infancia que tenía una despensa, y parada en el interior, me maravillaba con las repisas de piso a techo llenas de comida que nadie se había comido todavía. Era como estar en un supermercado. ¿Había gente con tanta comida que podía dejar cajas de Mac & Cheese de Kraft y Pop-Tarts sin abrir? Tanta riqueza era para mí inconcebible. Nosotros comprábamos comida conforme la íbamos necesitando, y sabíamos que había que apurarse a comer antes de que los demás nos ganaran.

La inestabilidad en mi medioambiente empezó a sentirse como un problema que yo tenía que resolver. Veía una hemorragia a mi alrededor —desaparecían desde el dinero y la comida hasta la energía y las opciones—, así que me convertí en el torniquete. Muchos primeros y únicos, sobre todo los hijos de inmigrantes, se pueden identificar con haber adquirido un exagerado sentido de responsabilidad y autosuficiencia en la infancia como mecanismo de supervivencia. En esencia, nos volvimos niños parentalizados: reclutados para el papel de cuidadores de la familia. Esto es sin duda lo que a mí me pasó. Mi modalidad predeterminada se volvió «salvar y rescatar».

Me convertí en la ayudante, traductora, interrogadora de médicos, llenadora de formularios, explicadora de conceptos, diccionario viviente y terapeuta de mi familia. Siempre que veía a alguien lavar los platos, insistía en jalar una silla para pararme en ella (y poder alcanzar el lavabo) y ayudar. Desarrollé una sensibilidad más aguda y aprendí a escanear constantemente los estados de ánimo de la gente, notando sutilezas en su lenguaje corporal, para poder actuar según lo que se necesitara.

Pero la parentalización también puede ser emocional. Para mí, esto significaba aportar apoyo emocional a mis cuidadores: darles consejos, mediar ente ellos y esconder mis propios sentimientos para no estresar a nadie. Pensé que ser una «buena niña» significaba no expresar ninguna necesidad mía y «gestionarlo» todo. Y yo era *muy buena* para ello. Me volví experta en atenuarme a mí misma para poder conservar suficiente oxígeno emocional para todos los demás. Cuando eres niño en un hogar disfuncional, te conviene gestionar a los adultos a tu alrededor para mantener la paz. Incluso si es a expensas de ti mismo.

No ayudaba que también se sintiera engañosamente gratificante ser una «pequeña adulta». Me sentía valorada y valiosa cuando cuidaba a mis mayores. «Tú eres la razón de mi vida, Alejandrita», me decía Abi. Mi mamá decía lo mismo. Era demasiada presión, pero también me hacía sentir que yo era una parte vital para la supervivencia de mi familia, una idea que se validaba aún más con la cantidad de tiempo y dinero que invertían en mi educación.

Abi y mi mamá siempre trataron de darme lo que consideraban lo mejor, y en su mente eso significaba ir a una *elementary school* católica privada. Sin embargo, incluso después de encontrar la escuela de sus sueños y solicitar con éxito ayuda financiera a partir de un estudio socioeconómico, Abi tuvo que empezar a trabajar como asistente de maestro para ayudar a cubrir el resto de mi colegiatura. Era la inversión más grande que cualquiera de las dos hubiera hecho.

Saint Monica Catholic Elementary School está al norte de Wilshire Boulevard, en Santa Mónica, cerca del vecindario al que íbamos en Halloween por los dulces buenos. Su edificio estilo colonial se encuentra junto a la iglesia de Santa Mónica, una enorme catedral de piedra caliza construida en la década de 1920, con un centro parroquial diseñado por Frank Gehry. Sobra decir que el costo ya era un problema antes de que siquiera empezaran las clases. Ver a mi mamá hurgar entre los tambos de ropa usada buscando una falda de uniforme escolar que fuera más o menos de mi talla fue el primer indicador de que yo era diferente a los demás niños. El segundo ocurrió en el salón.

Ya que el español era mi lengua materna y la única que hablaba en casa, me costó trabajo seguir el ritmo en el kínder. Cuando los resultados de mis exámenes empezaron a mostrar ese rezago con respecto al resto de mis compañeros, mi maestra pensó que tenía un problema de aprendizaje y me puso en el grupo de bajo desempeño. Eso Abi no lo iba a permitir. En ese momento impuso en la casa una nueva regla para todos, incluyendo a mi abuelo: solo podían hablarme en inglés. A Abito le costaba trabajo pronunciar palabras en inglés —«Giuuut morrrrniiiiiing», me decía en el desayuno—, pero Abi se mantuvo firme. Y funcionó. Consiguió que para Navidad me hubieran pasado al grupo de lectura avanzado.

Cada mañana, Abi y yo abordábamos el Big Blue Bus #3 enfrente del edificio donde vivíamos y me llevaba a rezar una oración al Sagrado Corazón de Jesús camino a la escuela por Lincoln Boulevard. Antes de despedirnos me hacía la señal de la cruz en la frente para que Dios me protegiera, como hacía cada vez que nos separábamos por algunas horas. En ocasiones, Abito salía temprano del trabajo para recogerme y llevarme a casa en su Chevy Impala destartalado, con los asientos rotos y la pintura del exterior descarapelada. En aquellos días —me da vergüenza admitirlo— me agachaba y hacía como si me estuviera atando las agujetas cuando pasábamos frente a mis compañeros. Abito me volteaba a ver y yo me decía a mí misma que no se había dado cuenta de lo que estaba haciendo. Pero ahora sé que seguramente sí. Me había bastado un año en la escuela para aprender que tenía un motivo para sentirme avergonzada.

~

Mi timidez, mi hipervigilancia y la presión que sentía de cuidar a mi familia se acumuló y pronto me empezó a pasar factura. Los primeros y únicos a veces están expuestos a muy temprana edad a una serie de factores medioambientales que pueden dar lugar a un sistema nervioso desregulado: desde negligencia y soledad hasta pobreza y estrés severo. Y yo no fui la excepción. Tenía cinco años cuando tuve mi primer ataque de pánico. Fue el año que mi mamá tuvo novio.

Chad era un policía novato del Departamento de Policía de Los Ángeles que se veía como Arnold Schwarzenegger en su mejor momento y tenía diez años menos que mi mamá, con lo que tendría más o menos veinte cuando empezaron a salir. Lo odié a primera vista.

—Solo está celosa —murmuraban mis tías y mi mamá.

Supusieron que, dado que Chad era el primer tipo que mi mamá llevaba a la casa con frecuencia, yo simple y llanamente no quería compartir su atención. Pero no era eso. La verdad es que, más que cualquier otra cosa, quería tener un papá que fuera estable y amoroso. Chad no era ninguna de esas cosas. Constantemente hablaba de sí mismo pero rara vez me dirigía la palabra, y besaba a mi mamá con la boca abierta después de cada historia inflada que contaba de sus años en la academia de policía. Cuando estaba cerca de él, algo muy adentro de mi estómago se rebelaba, como me pasaba en Magic Mountain cuando veía la montaña rusa más grande y más retorcida. Ahora sé que fue la primera vez que sentí mi propia intuición.

No era solo que Chad fuera displicente conmigo, sino que tampoco era muy amable con mi mamá. Hacía comentarios sarcásticos sobre su cuerpo y decía que tenía que bajar de peso; en una ocasión le dijo que no era tan flaca como ella creía. Yo tenía una sensación constante de que acabaría haciéndole daño de alguna manera, y me volví todavía más protectora. ¿Adónde iba mi mamá? ¿Estaba molesta? ¿Él le había hecho algo? Ni siquiera escaparme a mi clóset de juguetes me distraía de mi obsesiva preocupación.

Una de esas noches, mi mamá se pasó una hora arreglándose enfrente del espejo del baño conmigo sentada en el inodoro cerrado, admirándola. Tenía una cita con Chad, pero como eso fue en los días antes del «ábrete, sésamo» y ninguno de los dos tenía coche, muchas veces se quedaban solo a unos pasos de nuestra puerta, en los escalones de la entrada del edificio. Al verla estrujar su melena de rizos con gel para el cabello Dippity-Do, con sus ojos con sombra negra difuminada que parecían salidos de una revista, yo pensaba que era la mujer más glamurosa del mundo.

—No vayas —solté, sintiendo una sobrecogedora urgencia de aferrarme a su pierna.

—Vuelvo pronto. Solo vamos a platicar en las escaleras —dijo, llenando nuestro bañito con una lacrimógena nube de Aqua Net—. Estarás bien.

Me fui a jugar a mi clóset y traté de «portarme bien», según las instrucciones de Abi, pero en cuestión de una hora me recorrió el cuerpo una sensación espantosa que me dejó helada, similar a lo que sientes cuando vas bajando en una rueda de la fortuna gigante. Luego me empezaron a temblar las manos y de pronto me costó trabajo respirar. Me ahogaba por completo una necesidad imperiosa de hacer algo —lo que fuera— para llegar adonde estaba mi mamá.

Corrí a la puerta del departamento e hice lo que sabía que no debía hacer. Salí a las escaleras y miré hacia abajo. El pasillo hacia el pie de la escalera era una columna negra llena de nada, ni luz ni sonido. Al final, a duras penas pude distinguir dos sombras, sus bocas juntas, dándome la espalda. Junté coraje y llamé con voz débil.

—Ma, ven —me latía el corazón a todo lo que daba.

—Métete y cierra la puerta —dijo ella, completamente ajena al terror en mi voz.

Quería decirle que estaba segura de que me moría, pero todo lo que pude sacar fue:

—Sube, por favor —las lágrimas ya me bañaban las mejillas por la desesperación que sentía.

—¿Qué te dije? ¡Métete!

Sabía que la estaba molestando, pero era una emergencia. Empecé a rogar.

—Por favor, por favor, por favor, ven.

Estuvimos así durante algunos minutos, yo rogando y ella diciéndome que los dejara en paz. Cuando volví a entrar al departamento, estaba mareada, tenía náuseas y todavía sentía que el corazón se me salía del pecho. A los cinco años, lo peor que podía imaginar es que mi mamá no estaría ahí cuando la necesitara. Lloré en el clóset hasta que se me pasó el ataque de pánico, pero el *shock* y la impotencia dejaron su marca. Una herida que se reabriría años después, cuando mi padre mandó por mí.

Tal vez mi papá nunca pagó manutención, pero cuando cumplí once compró boletos de avión para que mi mamá y yo fuéramos a visitarlo a Nueva York. Yo había estado solo una vez en la Costa Este, cuando Abi me llevó a Nueva York para que él y yo nos conociéramos oficialmente (no tenía ningún recuerdo de haberlo visto de chica). Tenía ocho años en aquel entonces, y recuerdo haber visitado Queens para conocer a la mamá de mi papá (¡otra abuela!) y haberme impresionado de que fuera dueña de una lavandería. Me cocinó sopa y me regaló cosas, lo cual ayudó a neutralizar la agitación que sentía irradiar de mi padre. Era como si le estuviera impidiendo ir a hacer algo… todo el tiempo. Tres años después me preguntaba por qué me hacía ir a verlo si la última vez le había parecido un fastidio.

Sentada en el avión, esperando despegar desde el LAX, estaba hojeando el catálogo de SkyMall cuando oí que las puertas exteriores se cerraban con un silbido. Al avanzar por el pasillo, la asistente de vuelo revisaba los cinturones, y entonces ya no pude escuchar nada. Era como si estuviera bajo el agua. El altavoz, la gente en los asientos a mi alrededor… todo se oía amortiguado. Y luego pasó de nuevo. El corazón me latía con furia. Sentía fuego en las venas. No había suficiente oxígeno. Me temblaban las manos. Y en esa ocasión oí un zumbido que se hacía más y más fuerte con cada segundo que pasaba. Nuestro avión se había reducido al tamaño de un ataúd y yo sentía que me estaban enterrando viva.

—¡Me quiero bajar! —le supliqué a mi mamá.

—¿De qué estás hablando? —me preguntó, boquiabierta.

—¡Necesito bajarme del avión ahorita! ¡Abran la puerta! ¡Déjenme bajar!

Justo en ese momento, el avión retrocedió de la puerta y empezó a rodar lentamente hacia la pista. Ya no me iba a poder bajar sino hasta LaGuardia.

Me pasé las siguientes cinco horas en medio de un gigantesco ataque de pánico. Sin saber cómo ayudarme, mi mamá llamó a la asistente de vuelo, que me dio una bolsa de papel de estraza para que respirara en ella. Por una vez no me importó quién me estaba viendo o juzgando. A la mitad del vuelo me mareé tanto que pasé la siguiente hora acostada sobre el frío piso de metal en la parte trasera del avión. No pensaba en nada más que en aterrizar y bajar de ahí.

Cuando llegamos al departamento de mi papá en Nueva York, escuchó el relato de mi mamá de lo que había ocurrido y sacudió la cabeza exasperado.

—*Yo* sé lo que te pasó. ¡Es porque estás desnutrida! Estás muy flaca —dijo.

Esperé mientras ese insistente desconocido con una cola de caballo relamida ponía sobre la mesa de la cocina una docena de vasitos de plástico con jugo y me decía que no me podía levantar hasta que no me hubiera acabado todos.

—El jugo es bueno para ti —dijo, suavizando un poco el tono—. Escucha a tu padre.

«Tu padre», pensé. Escuchar la palabra salir de su boca se sintió bien. Todavía tenía el estómago hecho un nudo por el avión, pero quería caerle bien… que me quisiera incluso. Además, era la primera vez que veía a mis padres en la misma habitación y apenas la segunda que pasaba tiempo con él. No lo iba a arruinar con mis quejas. Le demostraría qué obediente hija era. Hice lo que me dijo y me tomé uno por uno cada vaso de jugo con los ojos llenándoseme de lágrimas y el estómago al revés, mientras él contaba.

Doce vasos de un jalón. Cuando terminé el último jugo, mi papá se veía complacido y yo tenía náuseas, pero no le dije a nadie. Para ese momento, ya estaba bastante acostumbrada a tragarme cosas por la gente que amaba.

~

—Vas a tener tu propio cuarto. Será genial —dijo mi mamá mientras empacaba nuestras cosas para mudarnos al departamento que ella y Chad habían rentado en Venice. Después de cinco años saliendo, estaban comprometidos y yo estaba a punto de ser una dama de honor preadolescente. La ceremonia iba a ser en la iglesia y el gimnasio de mi *elementary school*. Todo lo que tenía que ver con la boda —y Chad— estaba invadiendo seriamente mi espacio.

Yo no quería mi propio cuarto: quería a Abi en la mesa de la cocina aplanando bolitas de masa para tortillas con un rodillo de madera. Quería nuestras noches de películas de Shirley Temple, las provisiones secretas de dulces de mi Abito y Marine Park a la vuelta de la esquina. Nuestro departamento era el único hogar que yo había conocido y, aun con sus turbulencias, era mucho mejor que sentirme como el mal tercio en el nido de amor de los recién casados. A unas cuantas millas de distancia, nuestro nuevo departamento de dos recámaras bien podría haber estado en otro planeta en lo que a mi nivel de comodidad se refería. Además, yo sentía que Chad no me quería ahí.

—¿*Tenemos* que ir? —imploré.

—Sí. Ya verás. Todo va a salir bien.

Yo le quería creer a mi mamá. Ella era la que debía saber qué hacer. Pero una semana antes de la boda iba a llevar unas cajas a nuestro nuevo departamento y encontró a Chad. Teniendo sexo con una mesera. En *mi* habitación nuevecita.

Ya habían empezado a llegar regalos por correo y el vestido de novia estaba colgado en el clóset, pero mi mamá no dudó ni un minuto en cancelarlo todo… unos cuantos días antes. Se acabó, y yo era libre. Creo que sonreí una semana seguida del alivio. En el más puro estilo Medellín, el selector de mi mamá quizá no funcionaba bien, pero agallas no le faltaban.

Unas mañanas después escuché un llanto proveniente del colchón de abajo de la litera que compartíamos y me bajé para acostarme con ella. Mi mamá trató de contener las lágrimas, lo que hizo que sus hombros y la cama se sacudieran como si fuera un temblor. Me asustó verla así.

—Estaremos bien. Dios y la Virgencita nos van a ayudar —dijo limpiándose la nariz húmeda con el dorso de la mano. Era lo que Abi y ella siempre decían cuando pasaba algo malo.

Algo en mí cambió después de eso. Presenciar la devastación de mi madre y al mismo tiempo darme cuenta de que desde el principio mi instinto había estado en lo correcto me hizo meterme todavía más en el papel de protectora y mediadora en mi familia. Resultó que *yo* sabía qué hacer. Tal vez había algo más que pudiera haber dicho o hecho. Tal vez hubiera podido evitar que todo eso pasara. Me dije a mí misma que en adelante sería lo suficientemente sabia por las dos. El año siguiente, para cuando llegó el aniversario de boda de mis abuelos, yo ya había aceptado plenamente mi papel.

Sabía que íbamos a ir a algún lugar especial porque mi mamá me vistió con mi mejor ropa dominguera: un vestido largo blanco con un vuelo de encaje en la orilla y una cinta rosa nuevecita en la cabeza. Hasta Abito se puso una camisa de vestir. Llegamos al restaurante más elegante que hubiera visto, con luz tenue y gabinetes altos con cuero rojo y servilletas de tela carmín a juego. Alguien pidió una botella de champaña y yo quedé hechizada por las copas que refulgían en la mesa.

Mis tías, mi mamá y Abito platicaban contentos a lo largo de nuestro gabinete con forma de medialuna, pero mis ojos estaban fijos en Abi.

Estaba molesta por algo. Nadie le estaba prestando atención, pero yo me di cuenta. Seguía sus ojos, que iban de Abito a la mesa. Leí su lenguaje corporal, sus hombros encorvados hacia él, casi en anticipación. Él no se dio cuenta ni la miró siquiera. Ella traía tres vueltas de falsas perlas blancas y negras alrededor del cuello, un cambio radical de sus habituales blusas camiseras y pantalones. Era obvio que había hecho un esfuerzo por verse bien, poniéndose aretes y hasta un vestido azul nuevo.

Abrumada por la idea, salté de mi asiento y tomé a mi abuelo del brazo derecho. Me miró extrañado cuando levanté su brazo lejos de su costado y lo puse encima de los hombros de Abi. De repente, todas las emociones que ella había estado conteniendo brotaron de sus ojos en forma de lágrimas agradecidas mientras Abito le besaba la sien.

En ese momento me sentí orgullosa de lo que había hecho. Abi y Abito estaban sonriendo, y yo sentía que la tensión de la mesa se desvanecía como las burbujas de nuestra champaña. Ahora lo recuerdo y veo a una niña rodeada de adultos, pero consumida por la preocupación por el bienestar *de ellos*. Alguien que trataba de arreglar el dolor *de ellos*. Que perdía el contacto con su propia experiencia porque estaba demasiado ocupada poniéndose en los zapatos de todos los demás.

Sería su último aniversario de bodas. Poco después, mi abuelo iba camino a casa del taller bajo el sol abrasador cuando tuvo un infarto fulminante. Se desplomó en la banqueta, y lo impactante fue que nadie se detuvo a ayudarlo. La gente tal vez pensó que era un indigente debido a su ropa manchada de aceite y su apariencia descuidada, y solo caminaron alrededor de su cuerpo y siguieron con lo suyo. Para cuando alguien finalmente se acercó, ya era demasiado tarde.

Yo veía aturdida desde el otro lado de la ventana del hospital cuando, días más tarde, desconectaron a Abito de las máquinas. Había sido el único hombre de nuestra casa, aunque atormentado, y yo era su consentida. Él fue lo más cercano que tuve a un padre, y luego un día ya no estaba. Solo aumentó mi certeza de que podían abandonarme en cualquier momento.

La muerte de Abito desestabilizó nuestra casa. Abi siempre había sido el apoyo de todo mundo, pero ahora estaba deshecha por la pena, llorando en todo momento a lo largo del día. Empezó a usar la argolla de matrimonio de Abito junto al suyo y se negó a quitar el tazón de jalapeños y zanahorias en escabeche de la mesa, aunque a nadie más le gustaran. Nuestras noches eran mucho más tranquilas sin Abito, pero también se sentían extrañamente vacías. Nadie entraba tambaleándose por la puerta en la noche, sacándonos a todos de nuestros cuartos y metiéndonos en lo que no nos incumbía. Por lo visto, nuestro caos también era nuestra argamasa. Y faltaba la contribución de ese sueldo para la renta y la comida, dificultando todavía más que se llenara el refrigerador cada mes.

A lo largo de los siguientes años, nuestra casa se quebró gradualmente y se vació. Mi mamá veía con nostalgia cómo sus hermanas se casaban y se mudaban, y yo sabía que era solo cuestión de tiempo antes de que también ella encontrara a alguien nuevo. Había sido la primera en comprometerse y ahora estaba a la mitad de sus treinta, con un vestido de novia sin usar ocupando espacio en su clóset. Pero por más que quisiera irse, yo quería estar cerca de Abi. Cada vez que mi mamá tenía una cita, yo me preparaba. Hubo un abogado galán y también un bailarín de country-western, pero ninguno de ellos duró mucho. Hasta que llegó Mario.

Mario entró en su vida en el momento preciso… o, visto en retrospectiva, en el peor momento. En aquel entonces, mi mamá trabajaba como secretaria en un banco local, donde Mario era contador. Rápidamente llamó la atención de los hombres en la oficina, y Mario, ni tardo ni perezoso, la invitó a que lo acompañara a una cena elegante con los ejecutivos del banco. Torpe y demasiado entusiasta, impresionó a mi mamá con su título de la Universidad de California en Berkeley, a pesar de no tener la arrogancia de los hombres con los que típicamente salía. Yo no estaba segura de qué pensar. No era tan evidentemente problemático como Chad, pero parecían discutir mucho como para estar en la fase de luna de miel. Los dos eran padres solteros muy tercos, con cuestiones no resueltas de sus relaciones anteriores. Así que, por supuesto, más o menos un año después estaban comprometidos para casarse.

Poco después de la boda, mi mamá y Mario compraron una pequeña pero encantadora casa blanca en Santa Mónica, con un tejado de dos aguas que parecía sacado de «Hansel y Gretel». Al fin tenía la casa y el marido; parecía el final feliz de mi mamá.

Yo de hecho también me permití estar emocionada. Había sido hija única, y ahora, de la noche a la mañana, tenía un hermanastro mayor y una hermanastra más chica. *Y* un futuro hermano, ya que mi mamá se embarazó meses después de su luna de miel. Mi hermanastra de diez años, Cindy, era chistosa y la consentida de su papá, con el cabello negro a la cintura y un clóset lleno de playeras color pastel. Y mi hermanastro de trece años, Mario Jr., era el hermano mayor que yo siempre había querido, un travieso que iba a la escuela pública y tenía una pistola de pintura y casetes con todo lo último del hip-hop de la Costa Oeste. Pero pronto nuestra casa de cuento de hadas con muebles antiguos y cortinas delicadas de encaje blanco se convirtió en una zona de guerra.

Meses más tarde, quedó claro que el matrimonio ya se estaba desmoronando. Mi mamá y Mario peleaban casi diario, de todo y de nada; la intensidad de sus enfrentamientos escaló con el paso de las semanas. Empecé a reconocer los ojos ebrios y cargados de sangre de mi abuelo en el rostro de Mario. A veces, mi mamá se metía a mi recámara después de pelearse con él y cerraba la puerta; se desahogaba conmigo de lo frustrada que estaba con su marido y se quejaba de lo agresivos que se habían vuelto mis hermanastros.

A los doce años, yo no estaba segura de qué quería ella que yo hiciera con esta información. ¿Se suponía que debía ayudarla? ¿Intervenir? ¿Consolarla? Podía ver los frentes de batalla dibujarse: sería nuestra familia de dos contra su familia de tres.

Todo provocaba una pelea intrafamiliar: Quién dejó un desastre en la mesa. Quién estuvo mucho tiempo en el teléfono. Por qué yo tenía el cuarto más grande. Quién estaba oyendo música muy alto. Los platos de quién estaban en el fregadero. Mi mamá instituyó la regla de que todos eran responsables de lavar sus propios platos y poco después de eso desapareció su labial magenta. Cindy lo había tomado para incriminar a mi mamá poniendo marcas de labial en los bordes de todos los vasos sucios del fregadero.

Vivíamos como cinco adversarios obligados a coexistir en alguna clase de *reality show* de crueldad. Cuando empezaron a desaparecer cosas personales de mi cuarto, mi mamá compró un enorme cerrojo de latón con una cadena y lo instaló en la puerta de mi habitación. Quería hacerme sentir a salvo, pero lo que logró fue hacerme sentir bajo asedio.

Ya era bastante malo que varias de las niñas de séptimo grado empezaran a comprar brasieres de entrenamiento menos yo, y que Bobby —el chico más lindo de la escuela, que me gustaba desde el kínder— cortara conmigo públicamente en el almuerzo después de una sola cita. Pero ahora Abi vivía del otro lado de la ciudad y yo no tenía el refugio de nuestros ratos barriendo hojas, ni nuestras noches de películas ni los viajes diarios en autobús. Como si dijera «Basta», mi cuerpo literalmente se encogió en protesta y mi columna se torció en forma de *S*, al parecer de la noche a la mañana. Como dice el doctor Gabor Maté: «Si no sabes decir que no, tu cuerpo hablará por ti con enfermedades físicas».

Cada médico que veíamos concluía que una cirugía era la única opción para corregir el caso severo de escoliosis que había desarrollado de la nada. La operación de ocho horas supondría colocar varillas de acero inoxidable a lo largo de mi columna vertebral para fusionar varias vértebras juntas. No era precisamente así como quería pasar mi verano antes de entrar a octavo.

Me desperté de la operación en un viaje de morfina, con una larga cicatriz desde la nuca hasta el coxis, y otra en la cadera por un injerto de hueso. Si bien la cirugía fue un éxito, el doctor recomendó que pasara los siguientes meses confinada a la cama la mayor parte del tiempo, mientras recobraba mis fuerzas y aprendía a caminar otra vez.

Mi cuerpo se sentía como si acabara de envejecer cien años en una noche: sentía relámpagos atravesarme los nervios y las articulaciones cada vez que me movía, pero decidí callarme el dolor y nunca quejarme. Era incapaz de proteger a mi mamá de los ataques de mi padrastro, así que pensé que lo menos que podía era no ser una carga en casa. Me levantaba para ir al baño y me deslizaba con el cuerpo rígido en piyama de franela y volvía directo a mi cuarto, poniendo atención por si alcanzaba a oír voces tensas al pasar por la sala sintiéndome una inútil.

Una noche, unos seis meses después de la cirugía, mi mamá entró a mi cuarto para decirme que esa noche nos sentaríamos todos a cenar como familia. Nunca cenábamos juntos, y caminé con dificultad desde mi habitación hasta la cocina cautelosamente, preguntándome qué estaba pasando. Había un platón de pescado a la plancha de Costco en medio de la mesa y lo miré con sospecha, ya que crecí con la idea de que comprar comida para llevar era un lujo. Pero no era una ocasión especial; era una comida «solo porque sí», con la idea de darnos a todos la oportunidad de unirnos.

Por un momento fuimos la típica familia alrededor de la mesa. Una mamá, un papá y sus hijos. Siempre había querido experimentar esa sensación de normalidad. «Esto se siente bien», pensé.

—¿Alguien quiere costillas? —preguntó Mario, sacando un contenedor de sobras del refri.

Solo quedaban dos; una costilla estaba gruesa y jugosa, con mucha carne, y la otra era casi hueso.

—Yo quiero una —dijo mi hermanastro.

Mirándome, mi mamá me animó:

—¿También quieres una?

Yo dudé. Cualquier movimiento en falso y explotaría el barril de pólvora de nuestra casa.

—Eh… okey —contesté, arrepintiéndome de inmediato cuando vi a Mario encajar su tenedor en la costilla grande y ponerla en el plato de Mario Jr. Puso el hueso sin carne en el mío.

—¿Por qué le diste a *mi* hija la costilla sin carne? —le reclamó mi mamá a Mario. Yo la miré como diciendo: «Por favor no me metas en esto», con los ojos.

La cara de mi padrastro se puso roja como el barro. Echó para atrás la silla, se levantó con violencia y salió de la cocina. Desde donde estábamos sentados pudimos oír que abría la puerta de la casa y luego la azotaba. Me sentí asqueada de haber acabado metida en su pleito. Ni siquiera quería otra costilla.

Diez minutos después, seguíamos sentados en silencio cuando Mario reapareció, cargando una charola entera de costillas de la tienda de la esquina.

Mientras desenvolvía el paquete, fulminó a mi mamá con la mirada y luego a mí. Había fuego en sus ojos.

—¿Tu pinche hija mimada quiere costillas? —gritó—. ¡Pues que se las trague! —agarró las costillas pegajosas con las manos y las lanzó a través de la mesa… directamente hacia mí.

La carne caliente me golpeó el rostro y el pecho con fuerza antes de caer al suelo.

Me quedé helada, aterrada. Mi mamá, mi hermanastro y mi hermanastra se me quedaron viendo en *shock* mientras me limpiaba la salsa barbecue de la cara y el cabello. No podía llorar, no podía hablar. Todo lo que podía pensar era: «¿Qué hice que estuvo tan mal?». Luego me eché a correr a mi recámara tan rápido como me lo permitió mi cuerpo, que no había acabado de sanar, y puse el cerrojo tras de mí. Podía escuchar voces que venían hacia mí por el pasillo.

—¡Abre! —me gritó mi mamá golpeando la puerta.

Tenía la cara empapada de lágrimas cuando la dejé entrar, con Mario pisándole los talones. Se empezaron a pelear otra vez, gritándose nariz contra nariz, como dos boxeadores preparándose para una pelea. Nunca olvidaré la imagen de los dos cara a cara.

Sin ninguna advertencia, Mario levantó muy alto el brazo derecho para golpear a mi muy embarazada mamá. Ya habían discutido violentamente otras veces, pero era la primera vez que Mario había intentado pegarle. Antes de que pudiera darle el golpe, como evidentemente pretendía hacer, mi hermanastro lo agarró de los brazos y se los llevó a la espalda. Mario, ahora incapaz de mover los brazos, empezó a escupirle a mi mamá a la cara repetidamente, y su saliva le caía a ella en chorritos sobre las mejillas.

—¡No, no, no! —lloraba mi mamá, cubriéndose el rostro con las manos.

Sentí que me invadía la rabia.

—¡Vete a la chingada! —grité, lanzándome en medio de los dos. No había movido así el torso en meses, pero la adrenalina ocultó casi todo el dolor.

—Vámonos, papá. ¡Ándale! ¡Vámonos! —le rogó mi hermanastro, sacando a su padre a rastras de mi recámara. Mario se veía pálido y sus ojos vidriosos.

Mi mamá puso el cerrojo en la puerta y me llevó a la cama, con los brazos envolviéndome con fuerza. Sentí de pronto las frías manos del entumecimiento, como si un hueco oscuro se hubiera creado en mi pecho.

—Nos vamos —dijo, y le temblaba la voz—. Ya estuvo bueno. Nos vamos de aquí.

Y así fue. Mi madre embarazada dejó a Mario, igual que su abuela embarazada había dejado a su propio marido abusivo. Para cuando nació mi hermana pequeña, Mónica, unos meses después, mi mamá y yo ya nos habíamos mudado a una vivienda de interés social en la misma calle donde había crecido, a unas cuadras de Abi.

Nunca hablamos de lo que pasó esa noche, y yo estaba más que feliz de no pensar en eso. Me daba temor escuchar a mi mamá y a mi hermana recién nacida turnarse para llorar en la noche mientras yo intentaba dormir. Abi venía regularmente a ayudar, pero la preocupación en su rostro al lavar nuestros platos y cocinar su sopa de albóndigas solo me hacía sentir peor. Lo mismo que el frasco de pastillas con receta médica que apareció en el baño de mi mamá, y el hecho de que siempre dejáramos las persianas cerradas.

Mario prácticamente desapareció justo después de su separación, y ahora éramos solo las tres, junto con las cariñosas visitas de Abi y sus entregas de tamales. Mi mamá había planeado mantenernos con su trabajo de secretaria, pero poco después de dejar a Mario la despidieron. Desesperada por recibir ayuda, empezó a ver a un terapeuta, quien de inmediato la certificó como clínicamente incapaz de trabajar. Las tres acabamos viviendo de su pensión de discapacidad mental los siguientes dos años.

Me recuerdo abriendo la puerta en Navidad para encontrarme una caja de cartón llena de comida y juguetes envueltos en nuestra puerta. Cuando la tarjeta reveló que era del Departamento de Bomberos de Santa Mónica sentí emociones encontradas: felicidad por la tan necesitada ayuda y vergüenza de habernos vuelto gente necesitada.

—Mónica es lo único bueno que salió de ese matrimonio —decía mi mamá, con las facturas sin pagar en la mano, y yo estaba de acuerdo. Desde el día que volvió del hospital, la expresión natural constante de Mónica era una amplia sonrisa chimuela, y sin importar lo que habíamos sufrido recientemente, no podíamos evitar sonreírle de vuelta. Yo adoré a mi hermanita instantáneamente, y la llamé Papa por su rostro perfectamente redondo. La cargaba por toda la ciudad sobre la cadera con tanto cuidado que la gente me creía una madre adolescente.

En muchos sentidos, sí me sentía como la mamá. Con solo trece años, sentía que me había vuelto la cabeza *de facto* de nuestra casa, por pura necesidad. Yo necesitaba proteger a mi mamá y ahora necesitaba proteger a mi hermanita.

Sin embargo, una nueva idea empezó a invadirme la cabeza, una que había mantenido apartada casi por completo hasta ese momento. Necesitaba encontrar una manera de empezar a protegerme a mí misma.

~

En aquel entonces realmente no tenía idea de lo que implicaba ser un niño parentalizado y sabía incluso menos de sus persistentes efectos emocionales residuales. Ahora veo las señales por todas partes. En la hipervigilancia que desarrollé de niña y que después se transformó en querer complacer a todo mundo. En las emociones que escondí de niña porque no quería provocar a nadie, que después se transformaron en a veces negar mis propias necesidades. Y en el sentido de deber que tenía de realizar tareas de adultos siendo una niña, lo que después se transformó en la carencia de límites saludables.

Esta clase de comportamientos sobrecompensatorios muchas veces se relacionan con haber sufrido experiencias infantiles adversas (ACE, por sus siglas en inglés), eventos traumáticos que se dan de múltiples maneras, desde negligencia y abuso de sustancias hasta violencia e inseguridad alimentaria. De acuerdo con un revolucionario estudio de la década de 1990, dirigido por los doctores Vincent Felitti y Robert Anda, experimentar ACE puede conducir a una activación excesiva del sistema nervioso, una miríada de enfermedades crónicas y otros futuros problemas de salud, por no mencionar el impacto de los determinantes sociales de la salud que muchas veces se asocian con las ACE, tales como violencia comunitaria, discriminación e inseguridad habitacional. Ir a terapia me habría aportado un ambiente seguro donde procesar y lidiar con las ACE a las que estaba expuesta, pero como nos pasa a muchos primeros y únicos, mi familia en ese momento solía ignorar las consecuencias de nuestras experiencias en la salud mental, dinámica que muchas veces es cultural.

Me tomó muchos años entender por qué me sentía emocionalmente responsable por los miembros de mi familia. Esto quizá se deba a que el trauma de la parentalización —algo que muchos primeros y únicos experimentan— suele minimizarse como una simple consecuencia de ser «el responsable» o «el triunfador» de la familia. Pero la realidad es mucho más compleja.

En 2021, la canción «Surface Pressure», de la película *Encanto*, de Lin-Manuel Miranda, tuvo una popularidad explosiva, pues mucha gente se identificaba con esa representación de una hermana mayor que sentía una responsabilidad debilitante al cargar con todo el peso de la familia. Miles de personas —los primeros y únicos en particular— reaccionaron en redes sociales diciendo que se sentían vistos por primera vez, algunos refiriéndose a sí mismos como el «terapeuta familiar» y el «tercer padre», algunos lamentando haber memorizado las contraseñas de sus padres por ellos. Era sorprendente ver la cantidad de gente que había vivido la parentalización, y sin embargo, no tenía términos para este trauma invisible de la infancia.

He visto atribuir la parentalización a «los deberes de la hija mayor» o simplemente al papel del «primogénito», en especial en las familias de migrantes. En algunas culturas se espera abiertamente que los primogénitos sean los que cuiden de la familia. Pero la experiencia compleja de ser un niño parentalizado no debería normalizarse ni minimizarse como un simple gaje del oficio de ser el hijo mayor, pues en realidad hay ahí mucho más que el mero orden de nacimiento. Un hijo de en medio, un hijo único, el más joven y hasta un primo pueden acabar siendo atados para cargar con la labor emocional de la familia.

Reconocer mi propia experiencia como niña parentalizada nunca se trató de señalar a otros ni asignar culpas. La parentalización rara vez se da con intenciones maliciosas, y en mi caso creo en verdad que todos estaban haciendo lo mejor posible con lo que sabían y tenían. No obstante, los padres pueden trabajar duro para proveer a sus hijos *y* esos hijos aun así pueden acabar cargando con una cantidad desmedida de responsabilidad. Darme cuenta de esto me llevó a comprender mejor lo poco usuales y alrevesadas que fueron algunas de las dinámicas de mi infancia.

¿Por qué es relevante todo esto? Porque nuestras propias experiencias emocionales *importan*... incluso, y particularmente, las de cuando éramos niños. Si nadie nos lo dijo en aquel entonces, nosotros podemos decírnoslo ahora. Podemos tener el valor de dejar de ponernos al último, a pesar del condicionamiento pasado o de la continua disfunción de la familia. No estamos traicionando a nuestra familia cuando nos cuidamos a nosotros mismos.

Con el tiempo llegué a entender que borrar mi propia experiencia no fue un acto virtuoso; fue un autoabandono. Y abandonarte a ti mismo nunca es un acto de amor. Pero mi yo de trece años todavía no lo había aprendido. Todo lo que tenía en aquel tiempo era una sensación de desgaste sin nombre y, como yo lo veía, una única opción: endurecerme para poder sobrevivir.

CAPÍTULO 4

KEEP THEIR HEADS RINGIN'

El año de 1993 fue un buen tiempo para ser joven y estar enojado en Los Ángeles. Acababa de salir el álbum *The Chronic*, del Dr. Dre, y vivíamos las repercusiones del juicio de Rodney King y los disturbios de Los Ángeles. El escenario también estaba listo para una explosión de reacciones violentas antiinmigrantes por la Proposición 187 de California, una iniciativa de referéndum diseñada para negarles a los inmigrantes indocumentados el acceso a la educación y los servicios médicos. Tenía trece años y estaba a un verano de distancia de empezar la *high school* en la misma escuela en la que había estado desde el kínder. Y estaba furiosa. Por muchas razones.

Pensé que había hecho mi parte. Mantuve la calma cuando mi mamá se separó de Mario, actué como el estoico puntal de nuestra pequeña familia y seguía sacando buenas calificaciones. Así que, cuando algunas de mis amigas y sus mamás empezaron a aplicar a las escuelas privadas más prestigiosas de LA, no dudé en unírmeles, enfrascada en mis ensayos y en imaginar cómo sería empezar de cero en un lugar nuevo. Para ese entonces llevaba los últimos nueve años en la misma clase, con los mismos treinta y tantos niños.

Cuando visité un campus en particular que era solo de niñas, quedé convencida de que había visto el lugar perfecto. Parecía un hotel elegante, con un café que bien podría haber sido un restaurante y cinco acres de pasto real. En cambio, mi escuela de ese momento tenía un patio de juegos de asfalto que también servía como estacionamiento para la iglesia. Estudiar en esa nueva escuela no solo aumentaría mis probabilidades de entrar a una buena universidad, sino que las niñas ahí parecían recién salidas de las páginas de *Seventeen*.

No fue hasta que llegaron mis cartas de aceptación cuando me aplastó la realidad. No había manera de que pudiéramos costear ninguna de esas escuelas. En la década de los noventa, la colegiatura de la *high school* en una escuela de élite en Los Ángeles rondaba los 10 000 dólares... al año. Mi mamá había dado por sentado que me darían un apoyo económico considerable, pero las pequeñas becas que ofrecían las escuelas ni siquiera cubrían un semestre. Estoy segura de que había becas a las que pude haber aplicado o programas de canalización que hubiéramos podido aprovechar, pero como sucede con muchos primeros y únicos y sus padres, no teníamos ni idea de cómo acceder a esos recursos. Así, rechacé mi aceptación a esa escuela perfecta y traté de no sentirme excluida. Me dije a mí misma que de todas maneras no quería ir a una escuela de ricos, lo cual me hacía sentir que era yo la que los estaba rechazando a *ellos*. «Esos jóvenes son mimados y pura apariencia —pensaba—. Prefiero no tener dinero y ser real».

Pero, sobre todo, estaba furiosa porque eso necesitaba. Cuando estaba enojada no me sentía tan asustada.

Para distraerme de mi decepción —o para evitar que estuviera echada todo el día viendo videos musicales de hip-hop en MTV y The Box—, mi mamá me inscribió a una clase de actuación durante el verano de 1993. O por lo menos así me lo vendió. Lo cierto es que el Virginia Avenue Project era una organización artística sin fines de lucro con la misión de ayudar a la «juventud en riesgo» para que adquiriera confianza en sí misma. En cambio, terminé desarrollando un gusto por los cholos.

El día que mi mamá y yo llegamos por primera vez al parque de Virginia Avenue en su Honda Accord dorado, mi centro de gravedad cambió. El Virginia Park se encuentra en el Pico Corridor de Santa Mónica, una comunidad de clase trabajadora a orillas de la siempre congestionada autopista 10 y hogar de la mayoría de la gente de color en la ciudad. En aquel entonces, también era uno de los principales lugares de encuentro de una pandilla en el lado oeste. Al bajarnos del coche alcancé a ver como a una docena de pandilleros latinos adolescentes o en sus veinte reunidos alrededor de unas mesas de picnic que había del otro lado del parque, sentados en las mesas con sus Nike Cortez plantados en las bancas. Alcanzaba a distinguir desde lejos sus cabezas rapadas. Eran copias calcadas unos de otros, todos con playeras muy blancas y pantalones de mezclilla o kaki holgados, y camisas de franela a cuadros, con lentes oscuros Locs. Una tormenta perfecta de peligro, indiferencia y malhumor. La energía «valemadrista» y el aire de autenticidad que emanaban era todo lo que yo quería encarnar. Quedé cautivada.

Noté a un tipo fornido y más joven un poco apartado del grupo, con las manos en los bolsillos, mirando al otro lado del césped, como si estuviera soñando despierto. Algo en él se sentía familiar. Pareció mirar en dirección mía y, por un segundo, podría haber jurado que nos vimos directamente a los ojos. Yo desvié la mirada, ruborizándome por completo, pero no pude evitar ver de nuevo. Él seguía viendo hacia mí. Tal vez el verano no estaría tan mal después de todo.

Una vez a la semana, mi mamá me dejaba y yo atravesaba el Virginia Park para ir a mi clase, siempre entrecerrando los ojos para ver si otra vez encontraba al tipo soñador entre la multitud. Dado que ensayábamos en un salón de juegos con paredes de vidrio, tenía la perfecta perspectiva de una mosca en la pared. Me pasaba toda la clase viendo las bancas donde se juntaban los cholos, pero él no apareció nunca. Empecé a pensar que me había imaginado todo. A él, el momento que habíamos compartido, el cosquilleo en mi pecho. Pero se había sentido tan real que seguí buscando.

Un día miré a través de las puertas de vidrio y me quedé helada. En esa ocasión los tipos no estaban solos. Venían con media docena de niñas que se habían echado sobre de ellos como si fueran franelas a cuadros de tamaño gigante.

Había estudiado a los extras del video de «Nuthin' but a "G" Thang» de Dre las suficientes veces como para saber que esas niñas se veían exactamente como yo quería: rudas, sexis y obviamente latinas. Pero, para mi mala suerte, yo no podía haber sido más diferente. Con cinco pies y siete pulgadas, y pesando menos de cien libras, me llamaban palillo en la *junior high*. Cuando me miraba en el espejo, veía a una nerd cohibida de pecho plano que podía pasar por blanca. Quería desprender una orgullosa energía latina decorada con un poco de «No te metas conmigo», y a esas niñas les salía sin esfuerzo. Aun a la distancia se alcanzaban a ver su piel color caramelo y sus curvas, con sus leotardos ceñidos dentro de pantalones holgados. Y los gánsteres estaban sobre ellas.

Hasta ese momento, mi única experiencia con niños había consistido en un enamoramiento de ocho años con mi compañero de clase Bobby, con su cabello rubio y sus ojos azules. El que me botó después de una cita. Me di cuenta de que si quería atraer a la clase de tipos que estaban del otro lado del parque, primero tenía que hacer algo con mi cara.

Mi mamá todavía no lograba dormir toda la noche, así que, cuando llegaban las 8 pm, pedía que apagáramos las luces e insistía en que nuestro departamento quedara tan silencioso como una tumba. Yo ni siquiera tenía permitido jalarle al inodoro si ella ya estaba acostada. Paranoica por despertar a una insomne y a una bebé melindrosa, me quedaba en el sofá en la oscuridad y veía videos musicales sin sonido, memorizando cada toma de Eazy-E, Tupac, Dr. Dre y Snoop Dogg. Luego me iba de puntitas al baño e infiltraba la bolsa de maquillaje de mi mamá para tratar de imitar el estilo de las niñas en esos videos: me marcaba una línea negra alrededor de los ojos y un contorno café alrededor de los labios, ambos con delineador Cover Girl. Me quedaba mirando esa versión alternativa de mí misma en el reflejo, alguien a quien, en el mejor sentido posible, no reconocía. Me gustaba la niña que me veía desde el espejo.

El maquillaje se volvió mi pintura de guerra ese verano: delineador negro para los ojos, las pestañas cargadas de rímel, delineador café oscuro en los labios y un labial café claro que mi mamá había desechado. Cuando me remarcaba los ojos y los labios con líneas negras y cafés, sentía que me estaba poniendo un escudo protector. Ya no quería ser sensible; la que sintiera todas las emociones de los demás por ellos. Esa niña había quedado guardada bajo llave en su propia recámara por su seguridad. Yo quería saber qué se sentía ser la persona del otro lado de esa puerta. Mejor aún, del otro lado de ese parque.

Si el maquillaje era mi pintura de guerra, los pantalones holgados eran mi armadura. A medio verano, mi mamá me llevó a Santa Monica Place a comprar unos jeans nuevos. Hasta ese momento le había permitido vestirme: por lo general suéteres y chalecos, jeans ajustados y vestidos aniñados. Era una de las tantas cosas con que yo intentaba mantener la paz cuando era niña. En tanto que ella revisaba los *racks* de ropa de mujer, yo me fui hacia la sección de hombres y volví con un pantalón talla 40. Yo era talla 0.

—Quiero estos —le dije, entregándole el pantalón todavía doblado. Esperaba que no lo desdoblara, pero lo hizo. Eran tan anchos como una cobija.

—¡Estos pantalones están inmensos! ¿Cómo que quieres estos? No te quedan —se me quedó viendo como si tuviera dos cabezas.

—Es lo que la gente está usando ahorita —dije—. *Necesito* esos pantalones.

No sé por qué los compró, ni el otro pantalón inmenso, ni las ombligueras, ni las arracadas doradas enormes de

Contempo Casuals, ni mi bíper negro de Costco, o por qué me llevó a que me pusieran uñas de acrílico estilo francés en Fox Swap Meet en Venice. Tal vez se sentía culpable de que toda su atención estuviera puesta en mi hermanita, o quizá solo quería hacerme feliz. De cualquier manera, mi transformación de una nerd con uniforme a una *wannabe* chola se dio ese verano en cuestión de meses.

Pasar tiempo en el parque no solo me introdujo a la cultura de los cholos y las pandillas callejeras; ahí también empecé a beber, lo cual era muy gracioso, considerando que mi clase de actuación era en el Centro Juvenil de la Liga de Actividades de la Policía, dirigido por el Departamento de Policía de Santa Mónica. Con una mesa de billar, una televisión de pantalla grande, sillones sucios de cuero sintético y oficiales de policía armados rondando por ahí, la liga se sentía más como un centro de rehabilitación que como un programa extracurricular para niños de escuelas públicas. Pero era ahí, a unos cuantos pasos de una docena de policías, donde yo metía cervezas de contrabando con un grupo de compañeros.

Una o dos veces, alguien trajo un paquete de Zima a temperatura ambiente —algo muy emocionante para los que fingíamos que nos gustaba la cerveza—, pero la mayoría del tiempo tomábamos lo que algún niño pudiera encontrar en el refrigerador de sus padres.

Según parece, nuestras fiestecitas para beber no pasaban *enteramente* desapercibidas. El oficial de policía a cargo me había visto salir por atrás con un cúmulo de niños riéndonos medio disimuladamente, y supuso que tramábamos algo. Un día, cuando me fue a recoger mi mamá, la llamó aparte para decirle que necesitaba darme pastillas anticonceptivas de inmediato (irrelevante que tuviera trece años y ni siquiera hubiera tenido mi primer beso). Por fortuna, lo paró en seco con cinco palabras:

—Yo conozco a mi hija.

Ese verano incluso probé lo que se sentía robar algo de una tienda; resultó que tampoco era muy buena para eso. En mi primer intento me atraparon robando un labial café de Almay en el supermercado y terminé esposada dramáticamente a un costado del pasillo de lácteos. Al ver a mi mamá llorar cuando un guardia de seguridad me prohibió comprar en Lucky's por toda la eternidad, le juré que nunca lo volvería a hacer.

Y cumplí mi promesa. Tenía sueños para el futuro, y aunque todavía no tenía claros los detalles, sabía que no quería arriesgar nada. Al mismo tiempo, sentía que había encontrado una manera de conectarme con mi cultura que fuera auténtica y real. Y *cool.*

Era una *wannabe* chola *conflictuada*, después de todo. Una que aún tenía la autoestima atada a ser la hija prodigio de su familia. Inconscientemente, había asociado el orgullo cultural de ser latina con la cultura de las pandillas, mientras se me decía que estudiar y sacar buenas calificaciones era «actuar como blanca».

Quien era y quien quería ser parecían piezas incompatibles, pero yo estaba decidida a que ambas encajaran.

~

—Hoy, cada uno de ustedes va a escribir una obra de teatro —dijo Leigh, su cabello blanco corto enmarcando un rostro libre de maquillaje. Con cinco pies diez pulgadas sobre unos Birkenstock, era la mujer más alta que hubiera visto.

Como fundadora del Virginia Avenue Project y nuestra maestra de actuación, Leigh supervisaba a los casi doce niños de color y a los actores profesionales, en su mayoría blancos, que se ofrecían como voluntarios para pasar tiempo con nosotros cada semana. Los actores tenían nombres que yo nunca había escuchado antes —como Kendis y Wolfe—, olían a aceites esenciales y seguido nos decían cuánto creían en nosotros. Y yo veía que lo decían en serio. Al inicio de cada clase nos parábamos en un círculo abierto y jugábamos juegos de teatro, como «pasar el sonido», o gateábamos en el suelo actuando como animales salvajes. Al principio odié cada segundo. Y luego me entregaron una pluma.

—¿De qué escribo? —le pregunté a Leigh, con una pila de hojas blancas enfrente de mí. Fuera de poesía cursi sobre Bobby, mi experiencia creativa se había limitado a regurgitar informes de lectura.

—Lo que quieras. Pero la mejor forma de escribir es escribir de lo que sabes. Solo empieza ahí y ve qué se te ocurre —dijo Leigh, alejándose para ayudar a los demás.

Volteé a ver a Alma, que rápidamente se volvió una de mis amigas más cercanas después de que nos conocimos en el Virginia Avenue Project a principios de ese verano. Se encogió de hombros, su cabello negro balanceándose en su cola de caballo. Todos alrededor se veían confundidos y nadie escribía.

¿Qué sabía? No creía saber mucho de nada. ¿Qué sentía? Adormecimiento. Me había estado comiendo las uñas unos buenos veinte minutos cuando se me ocurrió que tal vez de eso debería escribir: de la nada.

Después de eso, las palabras empezaron a brotar rápido de mí y casi ni podía garabatear con la suficiente velocidad. Escribí una obra de teatro sobre una mujer de treinta y tres años llamada Annette que acababa de terminar una relación y luchaba contra una depresión debilitante. ¿Suena familiar? Solo que su depresión era otro personaje llamado Nada, que la visitaba una noche particularmente solitaria. Después de trabajar en mi obra por semanas, le entregué a Leigh el producto final. Lo leyó con una sonrisa, asintiendo en todo momento.

—¿Cómo se te ocurrió esto? Que la Nada fuera un personaje —preguntó devolviéndome mi manuscrito ya formateado e impreso.

Me encogí de hombros, insegura de cómo explicarle lo íntimamente que conocía la nada en mi vida cotidiana.

—Es casi… ¡una película *noir*! —dijo. No tenía idea de qué significaba eso, pero por su tono supuse que era algo bueno—. Excelente trabajo. No le cambies nada.

Era mejor que sacar A en un examen. En mi mente, acababa de escribir una obra de teatro ficticia, pero de alguna manera seguía sintiendo que había contado la verdad. Que había descargado algo del pecho. En casa tenía que aparentar que no me afectaba lo que mi mamá estaba viviendo, pero en la seguridad de mis personajes podía darle voz a todo lo que yo experimentaba. No era terapia propiamente dicha, pero sí lo que más se le parecía.

Con nuestras obras terminadas, Leigh nos asignó a cada uno un director y unos actores profesionales, y fuimos a los ensayos generales.

El proyecto había hecho un trato con el Little Theater de la Universidad de California en Los Ángeles para representar nuestras obras al final del verano, con todo y luces, vestuarios reales, actores y música original. Como la dramaturga, me asignaron un asiento en el escenario mismo: una silla plegable con un pequeño escritorio orientado directamente hacia la gente. Cuando el teatro quedó a oscuras y las luces azules iluminaron el escenario, yo alternaba entre mirar a los actores y mirar al público, mientras mis pensamientos privados quedaban esparcidos como confeti. Sentía que el público estaba leyendo mi diario. Cómo era vivir con alguien que se tambaleaba al borde del abismo y enfrentaba su propia oscuridad. Cuando la protagonista dijo las últimas líneas de su parlamento se me ocurrió que quizá había expuesto demasiado, que había sido demasiado abierta. Tal vez todos se habían dado cuenta de que se trataba de mí. Tal vez mi mamá sabía que se trataba de ella. Tal vez sonaba como si fuera una loca.

De pronto, el público se levantó de sus asientos a aplaudir. Se sintió increíble que reaccionaran así, aun cuando ciertamente no entendía exactamente qué los había entusiasmado tanto. Me uní a los actores en el centro del escenario y nos tomamos de la mano, inclinándonos en una torpe reverencia.

Unos minutos más tarde, caminaba entre el público buscando a mi mamá y a mi hermanita cuando sentí que alguien me tocaba el hombro. Al dar la vuelta vi ni más ni menos que a Angela Bassett, ahí de pie, iluminada desde el interior y radiante, con trenzas cayéndole por la espalda. La protagonista de mi obra acababa de salir en la biografía de Tina Turner, *What's Love Got to Do with It*. Mencionó que era amiga de Angela Bassett, pero no pensé nada más al respecto.

—Hola. Soy Angela —dijo con una inmensa sonrisa, y me dio la mano—. Me gustó mucho tu obra.

—Gracias —contesté bajito. Todos la miraban fijamente, pero ella me miraba a mí.

—Quiero decirte que me vi reflejada de una manera muy personal en lo que escribiste. Gracias por tu valor y tu honestidad.

Me quedé impactada. Me parecía inconcebible que una famosa estrella de Hollywood se pudiera sentir identificada con mis problemas de los trece años, pero ahí estaba, diciéndolo. Le di las gracias de nuevo, apenada, y me alejé, sintiéndome vista.

Desde ese momento cambió la forma de relacionarme con mi propio dolor. Esa noche en el teatro asimilé la lección de que revelarles algo vulnerable a otros podía conducir a una clase de alquimia mutua. Además de sentirme menos sola en mi tristeza, podía crear una conexión con otros que, a su vez, también se sentían menos solos. Si podía transformar mi dolor en algo positivo, entonces ya no estaría a merced de lo que me hubiera pasado. Hizo que todo eso terrible por lo que estaba pasando con mi mamá se sintiera como parte de un propósito. Ahora veo que mi amor por contar historias vino de internalizar ese mensaje. Y justo a tiempo.

Para cuando empecé la *high school* ese otoño —en la misma escuela en la que había estado desde el kínder— estaba ya metida en el proceso de mi acto equilibrista bicultural. Buscaba un sentido de pertenencia más que nada, pero lo quería tanto de maestros como de gente rebelde. Y no estaba dispuesta a prescindir de los unos por los otros.

Salir al patio a la hora del almuerzo en mi primer año se sintió como una novela de elige tu propia aventura. A partir de qué dirección tomaras, toda la historia podía terminar diferente. Ya se estaban formando grupitos de niños: los *skaters* blancos en el árbol, los jugadores de futbol americano en las bancas de la cafetería… y luego las vi. Del otro lado del patio estaban las amigas de mis sueños. Había una docena de latinas sentadas en los escalones de la biblioteca, viéndose igual a las cholas que había en el Virginia Park, con sus uñas francesas de acrílico y delineador líquido. Hasta las faldas azules del uniforme las traían enrolladas varias veces en la cintura para dejar los muslos al descubierto. *Esa es mi gente*, pensé. Desafortunadamente, ellas no estuvieron de acuerdo.

Intenté sentarme con ellas, pero enseguida supe que la líder del grupo no lo iba a permitir. Sarah vivía en Inglewood y tenía el cabello negro largo, peinado con medio chongo y rizado con gel para el cabello. Sonreía mucho, pero con una mirada que te advertía que estaba a segundos de darte un puñetazo. Me sentía al mismo tiempo fascinada y aterrada por ella.

—Levanten la mano si quieren que se siente con nosotras —les dijo a las niñas sentadas en los escalones de concreto. Lo dijo sin quitarme los ojos de encima, con una sonrisa burlona en todo momento.

Nadie levantó la mano.

—¿Ves? Nadie te quiere aquí —dijo, moviendo los brazos de manera teatral—. Así que *vete.*

Mis rodillas querían doblarse, pero logré llegar al baño de niñas y encerrarme en uno de los cubículos el resto de la hora del almuerzo. Después de eso pasé casi todas mis horas de almuerzo en los cubículos, levantando los pies cada vez que alguien entraba para que no reconocieran mis tenis. El olor de orina en el concreto me dificultaba comer, pero era mejor que arriesgarme a toparme a Sarah en un pasillo solitario. Ya estaba en su radar.

A lo largo de los meses siguientes me arrancó mechones de cabello estando en clase, se burló de mí en el patio con algunas de las otras niñas y se robó mi chamarra Starter. Pero yo seguía queriendo ser parte de su grupo. Así de inextricablemente vinculada pensaba que estaba su aprobación a mi identidad de latina.

Por suerte, solo fue cuestión de esperar pacientemente. Para cuando terminó el primer año, expulsaron a Sarah, y sin su influencia acechando, empecé el segundo año habiendo convencido a las demás niñas de que me aceptaran en su grupito. Ya estaba adentro: comía mi almuerzo todos los días en los mismos escalones de donde me habían echado, pasaba papelitos escritos en caligrafía Old English entre las clases, me ponía en dos filas para las fotos grupales en nuestros bailes escolares y me sentaba con ellas en las gradas para ver a los más grandes y guapos jugar futbol americano. Mi nueva amiga Gabriela incluso me presentó a alguien: un tipo de la misma pandilla que su novio.

—Es un gánster con corazón de oro —dijo, como si tuviera que convencerme. Era la última iniciación antes de cimentar mi estatus. La versión adolescente de un matrimonio arreglado.

Le decían Spider.

Según unos, era porque no era fácil de atrapar, y según otros porque, cuando había problemas, era el primero en desaparecer. Gabriela pensó que seríamos buena pareja porque tenía ojos verdes y le gustaban las «niñas buenas». Pero yo no necesitaba que me convenciera. Había querido salir con un gánster desde mis días en el Virginia Park. Alguien con quien dar la vuelta los fines de semana o que me escribiera cartas desde la cárcel, con los nombres de *lowrider oldies* en los márgenes. Tal vez llamaría al legendario DJ de la radio Art Laboe y me dedicaría una canción en el programa *Sunday Night Oldies.* «The Agony and the Ecstasy» o «I'm Your Puppet» o «Confessin' a Feeling».

Gabriela y yo hicimos planes para reunirnos con Spider y sus amigos en el muelle de Santa Mónica un viernes en la noche alrededor de las diez. Me puse mi mejor ropa: jeans color vino talla 40, un leotardo blanco ceñido, un collar con una cruz negra de madera y labial café, y me dejé el cabello suelto hasta la espalda baja porque mi mamá siempre me dijo que se veía mejor así.

Esperamos enfrente de una sala de maquinitas vacía, mientras el sonido agudo de los carriles de Skee-Ball y los videojuegos en piloto automático llenaban el aire. Y luego los vi a lo lejos. Iban caminando con mucho estilo hacia nosotras al mismo paso. No podían haber tenido más de quince o dieciséis años, pero a mis ojos eran los tipos más rudos que hubiera visto. Su uniforme de gánster de los del lado oeste en los noventa era impecable: playera blanca, Dickies planchados y sus tenis Cortez.

Y luego se me cayó la mandíbula. Era él. *Ese* él. Estaba segura. El tipo fornido con quien había cruzado la mirada dos veranos atrás en el Virginia Park. El tipo por el que me había pasado meses ojeando bancas de picnic, bajo puentes y en fiestas. Había llenado secciones enteras de mi diario soñando despierta sobre quién podría ser. Pero ahora, a unos pasos de mí, podía ver lo que antes me había perdido. Su sonrisa tímida, sus hipnotizantes ojos verdes y una cicatriz abultada e irregular en la frente.

—Ey… ¿qué onda? —dijo. Su voz era profunda y rasposa, como llantas sobre gravilla. No empataba con su cuerpo de adolescente—. ¿Quieres caminar o algo?

El muelle de Santa Mónica estaba desierto a esa hora, ya se habían ido todos los artistas callejeros y los turistas. Encontramos una mesa de picnic libre en el extremo del muelle oscuro, y Spider se sentó encima, me giró para verlo de frente y luego me puso entre sus piernas con la familiaridad de un novio. Toda la preocupación que sentía por no gustarle se fue volando con el aroma a pez muerto. Quería detener el tiempo ahí mismo. Sentir la brisa del mar en esa banca sucia, entre los brazos de Spider, era mi definición de éxtasis. Me hizo una pregunta casual, como «¿Qué hay de nuevo?» o «¿Cómo te va?», pero sus ojos estaban totalmente enfocados en mi boca mientras le respondía haciendo mi mayor esfuerzo por sonar *cool.*

«Ay, Dios, me va a besar», pensé. Todos los movimientos que había practicado en el espejo de mi baño se esfumaron de inmediato; solo cerré los ojos y esperé. Cuando sus labios tocaron los míos, apenas el segundo beso de mi vida, se sintieron tibios y sabían dulces, como un caramelo (que, como más tarde supe, era Cisco). Nos besamos en esa banca hasta que ya traíamos los ojos a media asta y mi cabello parecía que lo habían encrespado con Aqua Net. Spider se relajó un poco después de eso y me empezó a hacer preguntas reales.

Hablamos de la escuela (lo habían expulsado) y de dónde vivía (en ningún lado en particular). Le conté que quería entrar al equipo de baile y que mi materia favorita era Literatura. Me sonreía mientras yo hablaba. Ningún chico me había mirado así antes. Como si *en serio* le gustara. De pronto me sentí cohibida.

—¿De qué fue esto? —pregunté pasando mi dedo índice por la cicatriz irregular de su frente para cambiar de tema.

—Un pleito con cuchillos —dijo, los labios gruesos torciéndosele en una media sonrisa.

—Oh —hice lo mejor que pude por aparentar que no estaba alarmada ni impresionada. Se me quedó viendo unos segundos, midiéndome con sus ojos color esmeralda.

—Naaaa, ¡te estoy choreando! —se rio a carcajadas—. Me caí.

Sabía que no podía creer del todo ninguna de las dos historias, pero tampoco me importaba. Cuando volvimos con nuestros amigos, Spider me tomó de la mano y se quedó así enfrente de todos. Ya estaba decidido; era su chica. El lunes, de vuelta en la escuela, mi estatus social mejoró en consecuencia. Todos querían escuchar cómo me había ido con Spider y yo no podía haber estado más feliz de contarles cada detalle.

Nuestra relación se sentía como una serie de momentos secretos, dado que vivía como fugitivo: siempre en la calle, sin que nadie le prestara mayor atención. Se robó un auto —para andar ese día nada más— cuando salimos en nuestra segunda cita, un detalle que me pareció increíblemente romántico. Era considerado; compraba latas de Jack Daniel's solo para mí cuando íbamos a beber con sus amigos a la playa en la noche, pues sabía cuánto odiaba la cerveza. Me ponía *lowrider oldies* en el teléfono sin olvidarse de subir el volumen en «Oh Honey» de Delegation (cosa que tomaba como señal de que era nuestra canción). Incluso fue a nuestro departamento a ver MTV conmigo.

—¡Uuuuuyyyy! Acabo de ver que vives de Highland Street —se rio, entrando a grandes zancadas.

No le entendí.

—Da igual —dijo, negando con la cabeza. Pude ver que le pareció lindo que yo no tuviera idea de lo que estaba hablando.

Cómo mi mamá no ató cabos de que el niño que estaba haciendo señas de pandillero al ritmo de «Keep Their Heads Ringing» de Dre en su sala *podía* estar en una pandilla sigue siendo un misterio. Pero para la primavera de mi segundo año, su depresión ya había mejorado y estaba ocupada correteando a una niña, así que yo me la pasaba por mi cuenta. Y así fue como una tarde terminé acurrucada con Spider en uno de los cuartos de atrás del refugio de un traficante de drogas.

Dejamos a nuestros amigos divirtiéndose en la sala para encontrar un lugar donde besarnos. La pequeña recámara en la que nos encerramos no tenía nada más que una cama, un tocador de otro estilo y pilas de ropa sucia esparcidas por todas partes. Mientras nos besábamos encima de la ropa sucia de alguien más, me empecé a preocupar por mis inexistentes curvas. Era algo que no me gustaba de mí. Pero luego pensé que si alguien como Spider me quería, entonces debía de ser deseable, igual que las niñas del parque.

Y había algo más. En verdad me sentía a salvo en sus brazos. Alguien me cuidaba la espalda y me protegía a toda costa. Alguien con acceso a una pistola.

Al sentir las manos de Spider moverse hacia el botón de mis jeans, me aparté y lo miré a los ojos. Entraba un rayo de luz a través de las cortinas y le iluminaba la cara.

—¿Por qué te metiste con ellos? —pregunté, básicamente arruinando la atmósfera.

Se puso serio. Exhaló con fuerza y me contó que tenía once años y esperaba hasta ya tarde en el Virginia Park a que sus padres salieran de trabajar. Tenía frío y hambre, y estaba solo. Los niños de la pandilla empezaron a cuidarlo y se volvieron su familia.

Lo vi poner en palabras cómo se sentía un niño olvidado y el alivio de sentir que pertenecía a algún lado. Al hablar, se le llenaron los ojos de lágrimas y yo sentí calor en el pecho. Estaba segura de que era amor. Éramos iguales él y yo; en nuestro interior, ambos éramos niños heridos que buscaban pertenecer. Y yo era la *única* persona a la que Spider le enseñaba su verdadero yo. Era el destino. Nos salvaríamos mutuamente.

Pero conforme las semanas pasaron, el tiempo entre sus llamadas empezó a hacerse más largo. No tenía manera de llamarlo, fuera de mandarle un mensaje a su bíper y esperar cerca del teléfono a que él me llamara. Me hice el hábito de tener mi bíper donde pudiera verlo en la escuela y ponerlo junto a mi almohada para dormir. Cuando llamaba, estaba extática; cuando no, me sentía miserable. Subidas y bajadas. Frío y caliente.

No lo reconocí en aquel entonces, pero la impredecibilidad de nuestra relación disparaba las múltiples capas de mis recuerdos de inestabilidad de la infancia. Estaba segura de estar a punto de ser abandonada. Nunca sabía cuándo iba a aparecer, cuándo iba a llamar o qué lugar ocupaba yo en su vida. Lo cierto es que él hacía lo que le daba la gana, cuando le daba la gana. Igual que mi padre.

Por meses esperé a que me invitara a salir otra vez, o por lo menos que me llamara de manera regular, con la ilusión de que volviera a ser como al principio. Sin embargo, la tortura de estarlo esperando se empezó a desbordar. Tal vez si hubiera crecido en una casa menos inestable, todo eso me hubiera alejado de él; en cambio, empecé a tener pensamientos ansiosos y noches en vela. Platicaba con Alma en unas llamadas maratónicas para deconstruir cada detalle de lo que él había dicho, de lo que yo había dicho y lo que todo significaba. Spider era nuestro único tema, y hasta *yo* me estaba cansando de escucharme a mí misma repetir las mismas cosas. Desesperada por bajarme de esa montaña rusa y, francamente, por puro desgaste, decidí terminar con él.

Cuando nos vimos en el parque y las palabras salieron de mi boca, la expresión devastada en su rostro fue la confirmación de sus sentimientos, lo que yo había estado esperando. De inmediato me arrepentí de lo que había hecho. Resultó que *sí* le importaba.

Pero era demasiado tarde. Su expresión se volvió fría repentinamente.

—Va —dijo Spider, girando en sus talones para irse.

—Es que siento que…

—Na, estoy bien —dijo, alzando la mano para detenerme antes de decir otra cosa—. Cuídate.

Al verlo caminar de regreso hacia las bancas donde lo había visto la primera vez me sentí estúpida. Y me sentí *peor* que antes. Ahora estaba mucho más fuera de mi alcance que nunca. Se me retorció el estómago en un nudo aún peor. ¿Qué estaba pensando?

Spider me evitó activamente después de eso, sin importar cuánto intentara volver a verlo. Quería retractarme de todo lo que había dicho, pero nunca me dio la oportunidad. Le mandé un mensaje, fui al parque, fui a las fiestas donde era probable que apareciera… y nada. La irrevocabilidad de nuestro rompimiento me atormentaba y la sensación solo se exacerbaba por lo displicente que se portaba siempre que Gabriela y las chicas lo veían por ahí.

Lo contradictorio era que, cuanto más dolor tenía y en cuantos más problemas me metiera, más altas eran mis calificaciones. Lo percibía como una cierta clase de sistema torcido de recompensas. Ahora entiendo que el perfeccionismo extremo y la compartimentalización eran algunos de mis mecanismos de supervivencia más confiables. Estar ocupada era mi forma de evadirme. Como dicen Sunny & the Sunliners, «sonríe ahora, llora después».

Cuando Spider desapareció de mi vida empecé a engullir logros como si fuera alguna clase de Miss Pac-Man famélica.

Cuanto más ocupada estaba, menos ansia y más control sentía. Me volví capitana del equipo de baile, presidenta de la clase y ministra del campus. Me uní al coro de la escuela y al club de matemáticas. Y mientras tanto, tomaba clases avanzadas y sacaba las mejores calificaciones. Seguía juntándome con mi mismo grupo de amigas —iba a reuniones con los cholos con quienes estuvieran saliendo y nos colábamos a antros en Hollywood—, pero al mismo tiempo, ya había dejado los pantalones talla 40 y audicioné para cantar a Gershwin en el musical de la escuela.

Y funcionó. Mis recuerdos de Spider gradualmente se volvieron un dolor apagado en el fondo de una agenda repleta. Incluso empecé a salir con otros tipos. Pero seguía ojeando el parque, buscándolo siempre que pasaba, y buscaba su grafiti bajo los puentes de la autopista.

Cuando me dieron el papel de la protagonista femenina en el musical de primavera *Crazy for You* en mi tercer año, me sentí aliviada de entregarme a un horario de ensayos que mantuviera mi mente ocupada todos los días después de clases y los fines de semana. Después de años de actuar y escribir obras de teatro con el Virginia Avenue Project, el teatro era un lugar seguro para mí. Pero mis sueños de Broadway no duraron mucho. Poco después de empezar los ensayos, le diagnosticaron a Abi cáncer mamario.

Aun cuando me había vuelto una adolescente distraída en el momento que empecé la *high school*, Abi seguía siendo mi todo. Mi segunda madre, mi almohada y la persona cuyo amor más sentía. Para mis quince años, un año antes, contrató un mariachi para cantarme «Las mañanitas» bajo la ventana de mi recámara al amanecer. Di por sentado que siempre estaría ahí. Nuestra familia entera lo hizo. Ninguno de nosotros tenía idea de que Abi había estado guardando un secreto. Encontró una bolita en uno de sus senos, pero le dio mucho miedo y no le dijo a nadie, así que solo dejó de tocarla y trató de ignorar que estaba ahí.

El cáncer era su miedo más profundo. La mamá de Abi murió de cáncer mamario metastatizado, y a sus ojos un diagnóstico era igual que una sentencia de muerte. Además, no quería molestar a nadie de la familia con cuentas médicas. Para cuando la bolita se volvió demasiado grande como para ignorarla y Abi finalmente fue a ver a un médico, el cáncer ya se había extendido por todo su cuerpo.

Vi horrorizada cómo, en el transcurso de unos pocos meses de ensayos para la obra, mi abuela gordita se quedaba en los huesos, sin cabello y con apenas la suficiente energía para quedarse acostada en la cama de hospital que pusimos en su sala. Verla desmoronarse en esa cama, llorando con las manos sobre el rostro, fue el nuevo fondo que toqué en mi vida. Era mi compañera más cercana, pero en esa ocasión no había nada que yo pudiera hacer para quitarle ese sufrimiento.

En uno de los últimos días que tuvo fuerza suficiente para salir de casa, Abi visitó una iglesia local, compró un rosario azul pálido y le pidió al sacerdote que lo bendijera. Cuando me llamó a su lado días después y me lo puso en la palma de la mano, yo podía sentir que las cuentas de ese rosario contenían su esperanza, su fe, su luz y su amor, igual que en las novenas de mi infancia. Levantó un brazo frágil y trazó la señal de la cruz en mi frente. Fue el último regalo —de tantos— que me dio. Me incliné para besar su mejilla suave y hundida, y le dije que la amaba, haciendo yo la señal de la cruz en su frente. Ojalá se lo hubiera dicho un millón de veces más.

Abi murió en la mañana del día que estrenábamos la obra. Mi mamá, Mónica y yo fuimos en silencio a visitar su cuerpo aún caliente. Estábamos demasiado abrumadas por el dolor como para llorar, temerosas de que dejar salir unas cuantas lágrimas rompiera la presa y nos ahogaran. Luego me fui a la escuela como de costumbre para poder actuar en la obra y no defraudar a nadie.

La noche del estreno pasó volando. Tuve que desconectarme de mi cuerpo para lograrlo. Desprenderme de todo lo que sentía. Era la única manera de bailar en el escenario y hacer manos de jazz mientras cantaba «I Got Rhythm» doce horas después de ver a mi Abi por última vez.

~

Cuando empecé mi último año hubo una parte de mí que se quedó fragmentada, que nunca volvió. Me nombraron reina en el baile de bienvenida ese otoño y, de pie en medio del campo de futbol americano con un vestido largo blanco, rosas blancas en el cabello y una corona sobre mi cabeza, me preguntaba por qué no podía sentir nada. ¿Por qué no me sentía feliz? Sonreía, saludaba y posaba para las fotos, pero por dentro me sentía fracturada. Dividida entre lo que estaba protegiendo en el exterior y cómo me sentía por dentro. Para ese entonces ya había separado las dos partes tantas veces que no podía reconocer mis sentimientos reales. Además, en realidad creía que era un acto noble relegar mis experiencias. Quedarme en segundo plano en mi propia vida.

Sin Abi, mi ansiedad empeoró como nunca. La agitación ya crónica que sentía hizo que tuviera miedo de estar lejos de casa. Nunca había visto a un terapeuta ni escuchado los términos *trastorno de pánico* ni *ataque de ansiedad*. Ahora sé que los años de la *high school* —particularmente a los catorce— son una época en la que habitualmente se manifiestan los problemas de salud mental. Pero en aquel entonces creía que estaba perdiendo la razón o a punto de tener un infarto. ¿Qué iba a hacer, pensaba, si se me aceleraba el corazón otra vez y estaba lejos de casa o no podía contactar a mi mamá?

Empecé a buscar formas de hacer que mi mundo fuera pequeño y estuviera resguardado. Si tenía una cita, le sugería que rentáramos una película en Blockbuster para no tener que salir de la casa. Me empecé a aislar y saboteé mis amistades. Y cuando llegó el momento de aplicar para la universidad, mandé solicitudes a tres nada más… todas a menos de veinte millas de nuestro departamento. Pero lo cierto es que no limité mis aplicaciones solo por mi ansiedad; mi mamá y yo no sabíamos que teníamos más opciones.

Ojalá pudiera decir que buscar universidad fue un tiempo de visitas a campus y emoción, pero todo fue más que nada confuso y vago. Mi mamá y yo llenamos los papeles a mano y trabajé en mis ensayos por mi cuenta. Como sucede con muchos primeros y únicos, no hay consejeros académicos que te animen e iluminen tu camino, familiares que te den consejos para tus aplicaciones ni recorridos por universidades. Mi mamá seguía en clases para conseguir *su propio* título, y no creo que mi papá haya ido a la universidad. Pensaba que tenía una oportunidad decente por mis calificaciones, pero yo qué iba a saber.

Cuando llegó una carta de la Universidad del Sur de California en el correo y era un sobre grande y grueso, lo abrí más que nada con alivio. En mis temblorosas manos estaba la llave del «brillante futuro» hacia el que todos me habían estado encaminando desde niña. Mi familia tal vez tuviera una comprensión limitada de cómo funciona la educación superior, pero, al igual que muchos otros padres inmigrantes, insistían en que la universidad era *la* puerta al sueño americano. Y de alguna manera lo había logrado, en medio de perder a Abi y con mi ansiedad saliéndose de control. Iría a la universidad.

Mi mamá le dijo, a todo el que quisiera escuchar, que iría a la USC. Al verla radiante compartir la noticia con su estilista, nuestro vecino y el cartero, parecía que el logro iba mucho más allá de mí. Como si mi mamá también fuera a la universidad… y Abi, y hasta Abito. Sin embargo, en su entusiasmo por informar a las masas, mi mamá tuvo una mala idea con buenas intenciones. Le habló a mi padre y lo invitó a venir a mi graduación.

El día empezó como se había esperado: me senté en la iglesia de Santa Mónica con mis compañeros. Llevaba una toga y un birrete dorados, y subí al escenario para recibir de manos del director un premio como alumna destacada. Y luego apareció mi padre, acompañado de un hermano mayor que ignoraba tener.

Aparentemente, habían dado en adopción a mi hermano —también un Campoverdi y un par de años mayor que yo— cuando era bebé, pero mi padre lo había buscado hacía poco y decidió traerlo a mi graduación para darme la sorpresa. Y vaya que fue una sorpresa. Tan grande que empecé a llorar en la esquina de la banqueta mientras mis amigos se iban en un autobús de la escuela a Disneylandia como viaje de graduación.

Era demasiado que procesar: ver a mi padre por tercera vez en mi vida, más la noticia de tener un hermano que me cayó como bomba, en un día que era para firmar anuarios y cortar un pastel. ¿En cuanto a mi recién descubierto hermano? Al día siguiente me hizo saber que no quería tener nada que ver con ninguno de nosotros.

Al estar a punto de empezar la USC, llegué a mi límite. La presión que sentía —de ser una estudiante perfecta, la quintaesencia latina, una hija diligente y la heroína de la familia— era impactante. El agotamiento de balancear todo continuamente me atropelló finalmente. Necesitaba algo que me salvara. Necesitaba la identidad y la armadura con que contaba en los primeros días de la *high school*. Necesitaba a Spider.

Tuve otros novios después de que rompimos, pero nunca olvidé cómo me sentía cuando estaba con él: invulnerable y sin miedo. Si iba a poder aferrarme a mi pasado y a mi valor mientras me volcaba en mi futuro, tenía que recobrar esa parte de mí. El lado atrevido.

Cuando escuché que Spider tal vez iría a cierta fiesta de graduación en Santa Mónica, llegué con un solo propósito: recuperarlo. Estudiante graduada con honores va a universidad privada junto a novio gánster que no terminó de estudiar. Era una fantasía poco probable, pero igual era mía.

En el instante en que entró por la puerta, crucé la pista de baile directo hacia el chico de dieciocho años que, yo estaba convencida, era la respuesta a todos mis problemas.

—Hola. ¿Puedo hablar contigo afuera por favor? —dije, un poco intensamente, mientras él le daba un trago a su Corona. No nos habíamos visto en dos años, pero esa vez no iba a dejar que se me fuera la oportunidad.

Él asintió y me siguió al callejón de atrás, sus pantalones holgados arrastrándose por el cemento manchado y vidrios rotos.

De inmediato empecé a disculparme por haber terminado con él. Y luego se me salió decirle que lo amaba, le pregunté si podíamos intentarlo otra vez y contuve el aliento los diez segundos más largos de mi vida.

—Yo también te amo —dijo finalmente, abriendo los labios en esa sonrisa juguetona que yo adoraba—. Va, intentemos.

La calma inundó mi cuerpo cuando me besó junto al basurero. La montaña de basura bien pudo haber sido la Torre Eiffel cuando inhalé su colonia Cool Water mezclada con humo de tabaco. Todo me parecía así de perfecto. Tenía de vuelta a mi amor y protector, y me había dicho que me amaba. *Por primera vez.*

Cuando regresamos a la fiesta, minutos después, prometió llamarme al día siguiente, y por una vez le creí.

Pero nunca llamó.

Pasaron los días, y me quedaba viendo el teléfono, deseando que sonara, igual que dos años atrás. No podía creer que tuviera el descaro de tratarme tan mal otra vez, sobre todo después de lo que nos habíamos dicho en el callejón.

Supongo que podríamos decir que tenía un muy buen pretexto. Alma me llamó como una semana después para decirme lo que había escuchado por las calles: al parecer, cuando Spider y sus compinches se fueron de la fiesta de graduación esa noche, hubo un tiroteo y los habían arrestado a todos. Spider estaba en la cárcel.

Pasé el fin de semana llorando en mi habitación, escuchando «Oh Honey» en repetición. Aun cuando estaba segura de que era inocente, entendía cómo funcionaba la política callejera. Spider acabaría pronto en prisión. Todos se irían juntos.

Pero me equivoqué. Para cuando escuché la noticia de que Spider había vendido a sus amigos a la policía, ya había desaparecido en las profundidades del programa de protección a testigos. Todos los que antes habían sido sus mejores amigos ahora eran sus enemigos mortales y lo estaban buscando, pero yo sabía que nadie lo volvería a encontrar. Incluida yo. Esa vez sí se había ido. Lo mismo que todo lo que venía con él. Amor, seguridad, validación y protección. Nunca volvería a verlo ni a saber de él. Estaba sola.

Unas semanas después de empezar la universidad, mi sentido de identidad estaba más polarizado que nunca. Quería a Spider, y quería ir a la USC. Estaba orgullosa de mi identidad latina y me estaba aventando de cabeza hacia lo que supuestamente eran «cosas de blancos». Quería identificarme con mis amigos y mi familia en casa, y quería sentarme con presidentes y directores. Por supuesto, ninguna de esas cosas eran mutuamente excluyentes, pero seguía pensando que tenía que agotarme para encontrar el equilibrio perfecto. Si me inclinaba hacia un lado, era una traidora. Si me inclinaba hacia el otro, era una extraña. Mi vida se sentía como si avanzara simultáneamente por caminos paralelos destinados a chocar.

Este tipo de dicotomías mareantes forman el acto equilibrista bicultural que enfrentan muchos de los primeros y únicos. Ya sea en raza, clase o colectivos sociales, alternar entre expectativas y patrones de comportamiento aparentemente contradictorios es común. También es complicado y emocionalmente desgastante.

Como primeros y únicos, tenemos doble ciudadanía en mundos que suelen aparecer enfrentados. Muchas veces caminamos sobre múltiples cuerdas flojas al mismo tiempo, con muy poca atención a lo que esta dinámica le hace a nuestra salud mental. Más allá de cambiar de código, se cambia de identidad social. Y hay una cuota adicional asociada con contorsionarse para encajar dependiendo del contexto social, sin importar qué tan natural lo pueda hacer uno, a saber: cuando aprendemos a sobrevivir alternando entre distintos yos, ¿cómo podemos saber con seguridad cuál es nuestra identidad *auténtica*?

Mi experiencia en la *high school* estuvo definida por un acto equilibrista bicultural, y, a simple vista, lo hice increíble. Pertenecía a un pequeño número de graduados de mi escuela que iban a ir a una universidad privada. Una de los que «lo lograron». Pero, ¿quién era yo realmente? ¿La *wannabe* chola, la estudiante sobresaliente o un poco de ambas? Estaba a punto de aprender qué pasa cuando tu sentido del yo queda oscurecido por lo bueno que eres para transformarte con tal de sobrevivir, y en el lugar más implacable de todos: una universidad con tradiciones tan antiguas como su historia.

En mi cumpleaños número tres con mamá y Abi.

Mis bisabuelos, Alfonso y María Elena, en Sonora, México, a principios de los años 1920.

Mis abuelos, Bernardo (Abito) y María Louisa (Abi). ¡Me encanta la forma en que se miran!

Abi y Abito poco después de casarse.

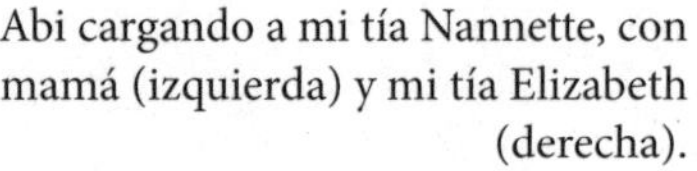

Abi cargando a mi tía Nannette, con mamá (izquierda) y mi tía Elizabeth (derecha).

Tía Nannette (izquierda) y mamá (derecha) con Abito, recién llegados a Los Ángeles desde Tecate, México, en la década de 1970.

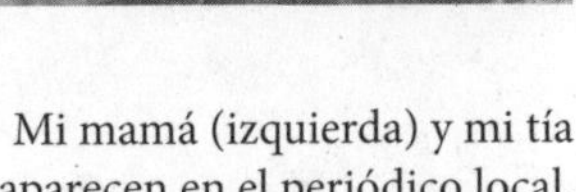

Mi mamá (izquierda) y mi tía aparecen en el periódico local.

Mi mamá (izquierda) y mi tía como extras en *Walk Proud*, una película sobre pandillas chicanas.

La única foto que tengo de mis padres juntos.

Yo de bebé con las cuatro hermanas Medellín, mis tíos y Abi.

Mi piñata de cumpleaños en Marine Park.

Una foto con mamá tomada en el centro comercial.

Jugando con Abito en nuestra sala.

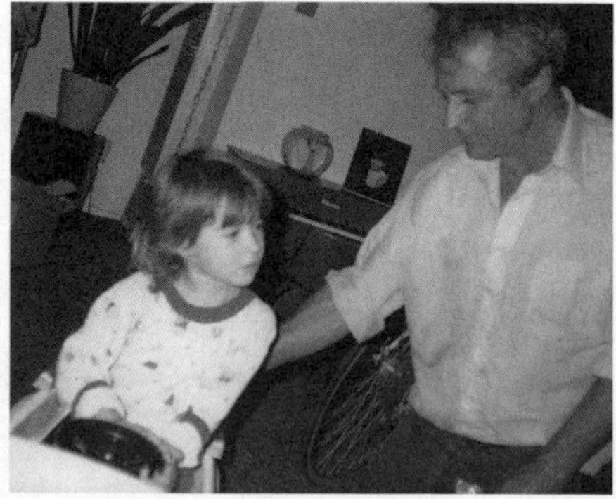

¡El clóset de juegos!

Nuestro departamento en Marine, en la habitación que compartían mis tías y donde rezábamos las novenas. (No estoy segura quién es el bebé).

Esperando el Big Blue Bus #3.

Sentada en nuestro balcón después de que Abi rizara mi cabello.

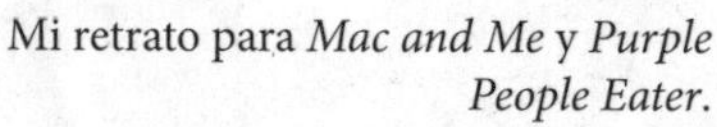

Abi y yo en Hawái, cortesía de las prestaciones laborales de mamá en Mexicana de Aviación.

Mi retrato para *Mac and Me* y *Purple People Eater*.

En una cabina de fotos con Abi, bebé Mónica y mamá (después de su época con Mario).

Ensayando una obra con Leigh para el Virginia Avenue Project.

Un día en Virginia Park
con mi bíper negro
de Costco.

La pequeña Mónica
(de grandiosa melena).

La última foto que tengo con Abi
antes de su fallecimiento.

El Mercury Capri que sólo sintonizaba una estación de frecuencia AM, con la casa de la sororidad Delta Delta Delta en el fondo.

Con una de mis hermanas de la sororidad en el segundo año de la universidad.

El «diamante más pequeño que hayas visto jamás».

Fiesta de té de madres e hijas en el Ritz.

Una sesión de fotos a inicios de los años dos mil.

Mis cinco segundos de fama como una demonio de ojos rojos perseguida por Keanu Reeves en *Constantine*. (Créditos de imagen: Fotograma de *Constantine*, Warner Brothers Pictures, 2005).

De mesera en Gladstones. Y sí, esa mancha en mis jeans es de crema de almejas.

Tailgating con mis amigas durante nuestro primer año en Harvard.

Cantando a Selena acompañada de mariachi en el concurso de talentos de la Escuela Kennedy.

Con amigos (y nuestro globo terráqueo inflable) en la graduación de Harvard en 2008.

En la entrada al vestíbulo del ala oeste de la Casa Blanca con mamá y Mónica.

Un momento alucinante: a punto de abordar el Air Force One.

En la oficina oval, preparando al presidente Obama para su entrevista con *Latina Magazine*. (Créditos de la imagen: Pete Souza, fotógrafo oficial de la Casa Blanca).

Último día en la Casa Blanca.

En campaña electoral para un puesto en el Congreso, con simpatizantes y voluntarios.

En un encuentro con estudiantes de la Universidad Estatal de California.

Presentándome en un foro de candidatos.

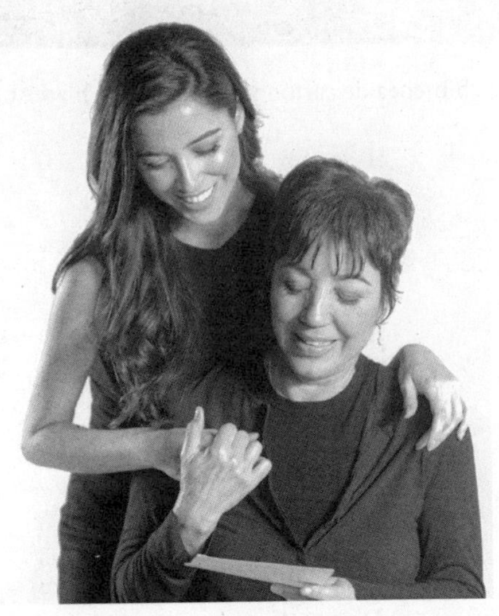

Un momento sincero mirando la foto de Abi con mamá mientras filmábamos un anuncio para mi campaña.

La mañana de Navidad con la chimenea de cartón y aluminio que hizo Abi.

CAPÍTULO 5

CRASH INTO ME

En agosto de 1997 la USC estaba en su máximo esplendor: había rojo cardenal y dorado decorando cada edificio, seto y persona, hasta donde alcanzaba la vista. Era una mañana perfecta, cálida y seca en California, y el parque de los exalumnos vibraba gracias a la Trojan Marching Band. A pesar de haber crecido en la misma ciudad, nunca había puesto un pie en el campus ni había escuchado su icónica canción de batalla, pero el golpe de los tambores y las secuencias ascendentes de los cornos contribuyó a la creciente certeza en mi estómago de que algo que iba a cambiar mi vida estaba a punto de ocurrir. Como nueva alumna de diecisiete años, no solo empezaba la universidad: empezaba la universidad en una película.

Lo más cerca que había estado de vivir en carne propia un campus como el de la USC fue ver la película de 1970 *Love Story* con mi mamá. Tanto idealizó el romance entre clases sociales que de niña me empezó a llamar Ali (por la actriz principal, Ali McGraw) y en su boda con Mario me hizo tocar en el piano el tema principal. Aunque, a diferencia de *Love Story*, yo no estaba en Harvard, los edificios de ladrillo y los caminos flanqueados por árboles a mi alrededor bien podían haber estado en Cambridge. La USC tenía el mismo ideal universitario de ensueño. Sin embargo, yo no llevaba un abrigo conservador ni un cuello de tortuga como Ali. Traía mi vestido gris de canalé favorito de Forever 21 y unas tremendas botas Steve Madden de plataforma de corcho, los labios pintados color café chola.

Desafortunadamente, la trama de mi película estaba a punto de dar un giro brusco. Para mediodía, durante la orientación a los de primero, ya habían empezado a correr rumores por el campus:

—¿Supiste que una chava que parece anoréxica se desmayó? Seguro por matarse de hambre.

Yo levanté las cejas como todos los demás, fingiendo incredulidad y uniéndome a ellos para tratar de adivinar la identidad de la desafortunada chica.

Pero era yo. Yo era esa chica.

Tres horas antes, en el histórico Auditorio Bovard —donde una vez Martin Luther King Jr. dio una conferencia y donde más de mil miembros de la nueva generación 2001 se habían reunido para escuchar la bienvenida del presidente—, el pánico me levantó de mi asiento. Me sacó por la puerta, a través de la arcada románica y escaleras abajo hacia la entrada.

Para cuando empecé a escuchar el zumbido inundando mis oídos y todo empezó a dar vueltas, acababa de llegar a la icónica estatua de Tommy Trojan, justo en el centro del campus. Mis rodillas cedieron en el instante en que todo se puso negro y golpeé el piso con fuerza a la sombra de la mascota de la escuela.

Cuando recobré el conocimiento estaba mortificada por estar tirada en el suelo, con extraños rodeándome, y también petrificada porque mi ansiedad ya estuviera saboteando esta nueva fase de mi vida. ¿Por qué me colapsé si estaba exactamente en el lugar al que había llegado con tanto esfuerzo? De acuerdo con mi mamá, un título de la USC significaba que iba a poder ganar «buen dinero». Había miembros de mi familia que no podían costear un coche, que trabajaban como locos durante horas, ganaban el mínimo y no podían pagar un seguro médico. ¿Cómo podía arruinar esa oportunidad en el primer día?

Momentos antes, en Bovard, la precariedad de mi recién encontrado estatus social me hizo sentir físicamente atrapada. En mi asiento, tal cual. Mi cerebro me estaba diciendo que la única manera de ser alguien y, más inmediatamente, la única manera de hacerme un camino lejos de la dependencia del cheque de la quincena, como mi familia, era sentarme en esa misma silla y no mover un músculo. Y seguir así, sin moverme, los siguientes cuatro años. La claustrofobia me constriñó como si fueran esposas hasta que lo único que se me ocurrió fue echarme a correr.

Después de recuperar la conciencia, alguien sacó a mi mamá de la orientación para padres y corrió al centro de salud del campus con mi hermana Mónica, que estaba profundamente dormida en una carriola para correr rosa fosforescente. El médico no me encontró ningún problema físico, sugirió que viera al terapeuta del campus y me dejó ir con una receta para tomar Xanax cada cuatro o seis horas. El hecho de que con tanta facilidad me dieran benzodiazepinas, que son altamente adictivas, a los diecisiete años sin ninguna supervisión, ahora me parece una locura. Pero, de nueva cuenta, también lo es la idea de tratar de recuperar mi equilibrio emocional uniéndome a una sororidad en uno de los sistemas griegos más reconocidos del país.

Sentada en una banca en medio del campus, a punto de tomar mi primer Xanax, me di cuenta de que mi mamá estaba metidísima en la modalidad de control de daños.

—¡Mira todas las amigas que harás! —dijo, sosteniendo una foto de cien mujeres blancas, casi todas rubias, posando con las manos sobre las rodillas enfrente de una mansión. El lustroso folleto tenía las palabras *Reclutamiento de Sororidades* y *Hermandad femenina* en cursivas salpicadas por todos lados.

—Creo que es como un club o algo. *Necesitas* hacer esto —insistió. Por lo mucho que intentaba venderme la idea (y por la señal de la cruz que me acababa de hacer en la frente), sabía que estaba preocupada por mí. Ninguna de las dos tenía la menor idea de lo que era una sororidad.

Me tragué una de las pastillas ovaladas rosas mientras consideraba mis opciones, sintiendo una pesadez rara y un cosquilleo que rápidamente se apoderó de todo mi cuerpo conforme pasaban los minutos. Me había mantenido muy alejada de las drogas en la *high school*, pero ahora sentía que no tenía alternativa. Era eso o tener otro ataque de pánico enfrente de mis nuevos compañeros, y no podía arriesgarme a que volviera a suceder.

Para empeorar las cosas, mi mamá rechazó el alojamiento en campus que estaba incluido en mi paquete de admisión, pensando que los dormitorios eran solo para estudiantes extranjeros. Ahora tenía que viajar veintiocho millas de ida y vuelta todos los días en un Mercury Capri plateado que compramos por dos mil dólares con la devolución de impuestos por ingresos obtenidos de mi mamá. La miserable trampa mortal no tenía calefacción ni aire acondicionado, y solo sintonizaba una estación con estática en AM… Radio Disney. No habría santuario para mí en el campus ni amigas nuevas en los dormitorios. Por como imaginaba que se iba a dar mi primer año, ni siquiera el Xanax sería suficiente para evitar que se me acelerara el corazón. La posibilidad de que, después de todo por lo que había pasado, tal vez no durara ni una semana en la universidad me aterraba lo suficiente como para entrar en acción.

Es por eso que, días más tarde, me uní a cientos de mujeres de primer año en una sudorosa fila a lo largo de dos cuadras residenciales donde estaban todas las casas de las fraternidades y sororidades de la USC, mejor conocidas como la Fila. Pero no eran realmente casas. Eran mansiones que parecían casas de muñecas, con jardines bien cuidados, acentuados por flores de colores y la ocasional columna romana. Por lo menos las sororidades lo eran. Las fraternidades tenían barriles de cerveza vacíos y vasos rojos de plástico en los jardines en lugar de rosas y tulipanes. Pero la peor fraternidad en la Fila seguía siendo más grande que el edificio de departamentos donde crecí.

Jurar hermandad me parecía lo suficientemente directo. Como reclutas, nuestro trabajo era visitar cada casa en el transcurso de una semana para tener conversaciones una a una con nuestras potenciales hermanas, por lo general tomando té helado con sabor o agua mineral. Al final de la semana se daría un «proceso de selección mutuo» y nos empatarían con alguna a partir de intereses recíprocos.

O no. Ese era el escenario de pesadilla: que rechazaran categóricamente tu amistad miles de mujeres antes de que empezara el primer día de clases. ¿Sería acaso una vergonzosa repetición de cuando las cholas vetaron mi amistad en la *high school*?

El código de vestimenta para el reclutamiento decía «casual elegante», que al parecer significaba algo completamente distinto dependiendo de dónde vinieras. Parada junto a mis colegas aspirantes de cara lavada con vestidos de verano color pastel, me veía como si acabara de salir de un antro. Llevaba arracadas doradas, labial rojo y ropa negra de pies a cabeza cuando mi cohorte se acercó a la primera casa de sororidad, una mansión victoriana blanca de dos pisos.

—Muy bien, señoritas, por aquí —dijo la consejera de reclutamiento, indicándonos a todas que nos juntáramos enfrente de la entrada. Les eché un vistazo a las demás chicas de primer año junto a mí, sus ojos fijos en la puerta con palpable emoción, y me di cuenta de que probablemente habían estado planeando ese momento durante mucho tiempo.

De pronto, la puerta de madera pintada se abrió, revelando una masa de cabezas rubias saltarinas. Estaban coreando una canción de bienvenida al ritmo de una porra: «¡Haremos todo por ustedes, todo lo que quieran!». Al notar que las mujeres a mi alrededor estaban aplaudiendo con entusiasmo y siguiendo el ritmo, me les uní. «Esto es muy raro», pensé. Pero si con eso podía tener amigas y una casa segura cerca del campus, valía cien por ciento la pena.

Cuando terminó la canción y despejaron la puerta, las mujeres alrededor de mí empezaron a marchar directo a la casa, solo que yo dudé. No estaba segura de estar lista para cruzar ese umbral. A partir de ese punto estaría entrando a un grupo distinto, trepando por una escalera chueca a una nueva clase social. Una con un estilo de vida definido, marcos de referencia, comportamientos y características con los que yo no me identificaba. Antes, la pobreza era el medidor de legitimidad y autenticidad. En este mundo, lo era la riqueza.

Cuando finalmente puse un pie en el espacioso recibidor con aroma a gardenias, la banda sonora de mi vida cambió abruptamente de Dr. Dre a Dave Matthews Band. Me escoltaron a una salita lateral donde me senté rodilla contra rodilla de una rubia pequeñita que tenía aretes con un gran diamante.

—¿De dónde eres? —preguntó animada, ladeando la cabeza para verme completa. Estaba acostumbrada a escuchar esa pregunta con un propósito distinto: averiguar si tenías relaciones con alguna pandilla rival.

Recordé las instrucciones de mi mamá:

—Cuando te pregunten de dónde eres, di que de Beverly Hills, porque naciste en el hospital Cedars-Sinai. Eso está *en* Beverly Hills, así que técnicamente eres *de* Beverly Hills.

Lo decía de buena fe, pero el mensaje era obvio. Ser yo misma no era suficiente en la USC.

No sé quién parecía menos convencida de mi hogar adoptivo, mi interlocutora o yo.

Y luego vino la pregunta que hasta hoy hace que me retuerza:

—¿A qué se dedica tu papá?

Le dije que mi papá era empresario, palabra que podía pronunciar con más facilidad que «mujeriego estafador». Pronto aprendí también, después de las primeras miradas perdidas, a dejar de preguntar en cada sororidad si ofrecían apoyo financiero.

Conforme transcurrió la semana de reclutamiento, las casas, las mujeres y las promesas de hermandad para toda la vida se desangraron en una versión tipo Laura Ashley de *The Hunger Games*. Cada día, las sororidades podaban sus listas a partir de las conversaciones del día anterior, y las cifras de nuestra cohorte disminuían rápidamente. Cada noche, mis compañeras reclutas se mudaban a sus nuevos dormitorios decorados mientras yo manejaba de vuelta por la 10 al departamento que compartía con mi mamá y Mónica.

Me sentía simultáneamente asqueada por el sistema griego y desesperada por que me eligieran. Y por alguna clase de milagro, al final de la semana me entregaron un sobre con una nota escrita en cartulina que decía *Delta Delta Delta*. Entré.

Cuando me puse mi sudadera azul con tres triángulos bordados al frente, sentí que me habían ofrecido un asiento en la mesa de los chicos populares de la universidad. En caso de que tengas alguna duda de cómo era el sistema griego en la USC a principios de la década de 2000, *Legally Blonde* se filmó en nuestro campus cuando yo estaba ahí, y la foto grupal de mi sororidad se usó como decoración en la casa de sororidad de Elle Woods.

En las semanas subsecuentes averigüé como pude quién era Jimmy Buffett y aprendí a incorporar la palabra *stoked* en mi vocabulario. Técnicamente daba la impresión adecuada, después de comprar shorts Abercrombie a cuadros de segunda mano y sandalias Reef, y reemplazar mi lápiz labial café con brillos de tonos claros. Pero sabía que no debía confiarme al representar este nuevo personaje. Ya había aprendido a la mala que la fortuna y el futuro podían cambiar de la noche a la mañana, en cualquier dirección.

La movilidad social se parece al juego infantil de serpientes y escaleras. Si tienes la suficiente suerte para caer en una «buena acción», subes por la proverbial escalera social a velocidad meteórica. Si accidentalmente caes en el «lugar equivocado», te deslizas por una serpiente tan rápido que te da vueltas la cabeza. Es complicado navegar por la fragilidad de un repentino nuevo estatus social, pero, como primeros y únicos, solemos enfrentar serpientes y subir por escaleras sociales durante décadas. No porque busquemos influencias ni estemos obsesionados con el estatus, sino porque para poder crear estabilidad financiera y movilidad económica para nosotros y nuestras familias, los primeros y únicos *tenemos* que trascender la clase social en la que nacimos. Una no es posible sin la otra.

La USC fue mi primera gran escalera social. Fue cuando no tuve más opción que coexistir entre clases sociales dispares por primera vez, y cuando ese conjunto de circunstancias solo tenían un borroso verano entre ellas. Aun como estudiante, esas serpientes y escaleras sociales seguían viniendo hacia mí con mucha velocidad, y parecía que muchas escaleras tenían una serpiente escondida a punto de aparecer. En este caso, la feria de clubes del campus.

Era mediados de otoño y había docenas de puestos esparcidos en el centro del campus, cada uno anunciando su respectivo club con letras de burbuja en colorido papel de estraza. Yo andaba en una bicicleta de playa destartalada de camino al campus desde la casa de mi sororidad, donde acababa de almorzar gratis (por mucho, mi beneficio favorito de ser aspirante), cuando vi las palabras *latina* y *mexicana*. Estacioné mi bicicleta y caminé hacia los letreros. Fuera cual fuera ese club, yo quería participar.

Me acerqué al puesto con una sonrisa, pero las dos jóvenes latinas que trabajaban ahí me miraron con sospecha.

—¿De qué es este club? —le pregunté a la chica frente a mí. Llevaba una cola de caballo y grandes arracadas doradas.

Yo tenía unas idénticas en mi clóset, y estaba a punto de decírselo, cuando dijo:

—Eh, pero… si hiciste *eso*, entonces no puedes hacer *esto* —dijo señalando con la cabeza hacia mi pecho.

Yo miré mi camiseta, confundida, pero luego seguí su mirada directamente hasta mi pin de la sororidad. Como nueva aspirante, estaba obligada a usar un pin esmaltado Tri Delta en todo momento hasta mi iniciación.

Me agarró en curva, y consideré cómo responder, pero antes de que pudiera decir nada, me explicó, esta vez más enfáticamente:

—No puedes *ser*… eh, *hacer* las dos cosas —y luego bajó los ojos a su cuaderno.

Lo absurdo de la idea de que instantáneamente había renunciado a mi derecho de ser latina por unirme a una sororidad no me pasó desapercibida. Lo cierto era que el sistema griego me hacía estar más consciente de mi latinidad a diario, como nunca antes. Cuando eres una persona de color en un ambiente predominantemente blanco, tu otredad tiende a reflejarse frente a ti más seguido.

En la primavera de mi primer año estaba en una fiesta en una de las mejores casas de fraternidad cuando un chico de una generación arriba se me acercó. Era de Newport Beach y se veía como un surfista recién salido de Central Casting. Cuando no estaba surfeando, estaba paseando por el campus en su patineta, sus rizos color miel volando frente a sus ojos. Todos nos veían hablar, y yo estaba feliz de ser el centro de su atención por un minuto. Y luego me preguntó cuáles eran mis planes para la semana.

—Oye, ¡ya viene el Cinco de Mayo! ¿Tu familia va a hacer una fiesta o algo así?

No tenía idea de si se estaba burlando de mí, así que no contesté.

Él continuó:

—Ya sabes, como, ¿con piñatas? ¿Y tacos?

Su mirada era inocente, y me di cuenta de que su curiosidad era auténtica, a pesar de su forma tan estereotípica e incómoda de decirlo. Luego me dijo que era «exótica», y supongo que en su mundo sí lo era. En la *high school* me habían molestado por «actuar como blanca» por mis calificaciones, pero ahora, en la USC, de alguna manera me había vuelto una «latina exótica» de la noche a la mañana.

Pero si acaso hubo un programa de inmersión total a la vida griega fue la experiencia de mudarme a la casa el segundo año. Mis condiciones de vida subieron mucho de categoría.

Construida en 1897, la mansión Tri Delta de tres pisos podía albergar hasta sesenta y cinco chicas al mismo tiempo y tenía tres (¡!) salas llenas de muebles tapizados con elegancia, múltiples chimeneas, varios chefs de tiempo completo y seguridad las veinticuatro horas.

Nunca me había sentido más rica ni más pobre en toda mi vida. Hasta mi hermana Mónica, ya de cuatro años, quedó hechizada cuando fue de visita, corriendo por los pasillos y asomando la cabeza por lo que parecía una interminable hilera de recámaras. Cada mañana bajaba nuestra escalera de caracol de caoba en mi bata acolchada hacia el desayunador, donde me esperaban pilas de periódicos y *muffins* de arándanos recién hechos, como en un sueño.

Me dejaba alucinada que el bote de basura de mi recámara estuviera milagrosamente vacío cuando yo volvía. Pero no era magia. Mi basura la vaciaban nuestras empleadas mexicanas y los omelets diarios hechos al gusto los preparaba nuestra cocinera de color. Me aseguré de conocer al personal que trabajaba en la casa y les hablaba en español a las empleadas de limpieza. Aun así, era desconcertante ser una mujer de color en un ambiente predominantemente blanco, atendida por mujeres de color. En ocasiones me identificaba más con el personal de la casa que con las hermanas de mi sororidad. Tenía más en común con ellas en lo que a historia y experiencias de vida respecta. Era como ser una doble agente de clase social.

Y luego estaban esos choques contra la realidad que se daban en los momentos menos afortunados. Para el baile de invierno en mi tercer año invité a un chico más grande que me gustaba mucho para que fuera conmigo. Quería que cada detalle fuera impecable, desde el vestido dorado que encontré en rebaja hasta mis uñas manicuradas. Ya que mis únicas joyas eran bisutería barata de Claire's, mi mamá me regaló un anillo de diamante solitario que alguna vez perteneció a mi bisabuela. Cuando mi acompañante y yo estábamos sentados en una mesa bebiendo martinis con otra pareja, por fin me pude relajar. Fue entonces cuando él vio el anillo.

—¡Guau! Déjame ver eso —dijo, riéndose. Me tomó la mano y la acercó a su rostro para inspeccionarlo más de cerca—. ¡Es el diamante *más pequeño* que haya visto en toda mi vida! Mira, ¿no es el diamante más pequeño que hayas visto *jamás*?

Arrastró mi mano frente a mi hermana de la sororidad y su acompañante y ambos se rieron con él. No supe qué hacer fuera de sonreír con ellos, como si no me molestara. Pero cuando él estaba mirando para otro lado, giré el anillo para que el minidiamante quedara oculto el resto de la noche.

Para cuando llegó la fecha del té anual de madres e hijas de Tri Delta en mi tercer año, sabía que tenía que estar alerta. Organizado en un elegante salón de baile del hotel Ritz-Carlton, contiguo a San Marino —un suburbio acomodado al este del centro de LA, conocido como uno de los lugares más ricos de Estados Unidos—, era una mezcla de madres en trajes St. John, centros de mesa de rosas color pastel y sandwichitos finamente cortados.

—Ya sé qué me voy a poner —me dijo mi mamá la mañana del té mientras escarbaba por el fondo de su clóset, más allá de los vestidos color Skittles con flequillos y tirantes. Sacó un recatado vestido beige de tubo y lo puso sobre la cama—. Es perfecto. ¡Aburrido y con aspecto de ser caro!

Mi mamá nunca había ido al Ritz ni había asistido al té de la tarde, pero no tenía ni una onza de inseguridad. Ella había encarnado esa actitud de «actúa como hubieras estado ahí antes» desde que tenía uso de memoria. Le había sido muy útil cuando empezó a tomar clases en el Santa Monica Community College sin haber estudiado más que la primaria, y la vi en acción cuando se puso las alhajas de oro y perlas de su boda que mantenía escondidas en el fondo del cajón para las ocasiones más especiales. Podía moverse en cualquier ambiente porque sinceramente creía que tenía derecho a estar ahí. Era su superpoder.

De niña, siempre que nos parábamos en un alto junto a un Porsche reluciente o un Mercedes convertible, se giraba y me decía:

—¡Nos veríamos *mucho* mejor en ese coche! —le volteaba los ojos, pero algo en su confianza en sí misma evitaba que yo sintiera que no podía lograrlo.

Ahora veo que mi mamá me enseñó sin querer a lanzarme a lo desconocido con la expectativa de ser bien recibida. Quizá no obtuviera aceptación propiamente dicha, pero sí acceso. ¿No era lo bastante parecido?

El día del evento fuimos al Ritz en su Honda, con su ruidoso motor y su ventana del copiloto permanentemente atorada a medio subir.

—Recuerda ponerte la servilleta en las piernas tan pronto como nos sentemos, ¿okey? —le dije.

—Sí sé cómo actuar, *mamá* —bromeó.

No había dónde estacionarse en el inmenso boulevard flanqueado por palmeras, así que nos metimos a la fila del valet, atrás de Range Rovers y BMW. Pero yo sabía que no nos íbamos a quedar ahí por mucho tiempo.

Cuando era chica había ciertas extravagancias que se consideraban prohibidas. Cuando salíamos a comer —raras veces—, nunca pedíamos nada de tomar porque subía mucho la cuenta. Solo agua. Y nunca, *nunca* usábamos el valet parking. Siempre encontrábamos un lugar en la calle, y si eso significaba que teníamos que caminar un poquito, bueno, así hacíamos un poco de ejercicio extra.

—¡Quince dólares! Para nada —bufó mi mamá, saliéndose escandalosamente de la fila del valet.

Se metió por un callejón a un costado del hotel, junto a la entrada de servicio y los basureros. Había camionetas de floristas estacionadas a lo largo del muro del otro lado, donde trabajadores latinos uniformados descargaban arreglos florales, muy probablemente para nuestra fiesta de té. Al darse vuelta en U, se estacionó atrás de una de las camionetas, bajo un letrero que decía SOLO VEHÍCULOS AUTORIZADOS, y la miré con expresión de «Tienes que estar bromeando».

—¿Qué? Vámonos —dijo, poniéndose sus tacones rosa pastel para boda.

Durante las siguientes dos horas bebimos té herbal de una primorosa taza de porcelana, comimos *scones* con mantequilla y posamos mejilla con mejilla para el fotógrafo profesional que estaba haciendo rondas por las mesas. Estuve mirando a mi mamá a lo largo de toda la tarde y me sentí orgullosa, viéndola hacer sobremesa con las demás mamás sin ningún problema. No parecíamos impostoras; parecía que encajábamos, como todas las demás.

Cuando el té terminó, atravesamos el vestíbulo del hotel con una masa de mamás e hijas hacia el valet parking. Y luego me acordé: nuestro coche estaba estacionado junto al basurero. Cuando el grupo se fue hacia la izquierda para formarse en la fila del valet, mi mamá me tomó del brazo y dimos una rápida vuelta a la derecha para salir por la doble puerta hacia al callejón.

«Por favor que nadie nos esté viendo», articulé en silencio. Me volví para ver si alguien lo había notado pero, por suerte, habíamos pasado desapercibidas. El suelo bajo nuestros talones cambió abruptamente de mármol a grava al alejarnos tambaleantes cada vez más de las otras mamás e hijas. La gente dice que no debes olvidar de dónde vienes, pero en mi experiencia, de donde vienes nunca *te deja* olvidar.

En el último año me nombraron jefa de desarrollo social de Tri Delta, lo cual quería decir que era mi trabajo asegurarme de que mis hermanas se «comportaran adecuadamente» en público y representaran nuestra casa «bajo buena luz». Si no lo hacían, repartía castigos, como fungir como la «hermana sobria» designada en las fiestas. También dependía de mí enseñar un seminario de etiqueta en la mesa a toda la sororidad. Cuando llegó el momento, me paré frente a cien chicas en nuestro comedor iluminado por un candelabro y expliqué la diferencia entre los estilos estadounidense y europeo de usar los cubiertos, como si fuera Emily Post.

Sentía que estábamos en la Tierra del Revés. Ahí estaba yo, una niña de la beneficencia, y les estaba enseñando modales formales en la mesa a mis hermanas de la sororidad. Modales que, estaba segura, tendrían la oportunidad de usar en restaurantes elegantes en el futuro. En cuanto a mí, no estaba tan segura. Pero de todas maneras estaba preparada, gracias a Abi.

Así como la audacia de mi mamá había influido en mí para aprovechar toda oportunidad, la fascinación de Abi con el decoro y los buenos modales me enseñó cómo comportarme al llegar. Un día, después de la escuela, cuando iba en segundo año de *elementary school*, Abi me pidió que fuera a nuestra mesa del comedor. Estaba pasando las hojas de un libro de pasta dura con lomo azul desgastado y páginas amarillentas.

Indicándome que me subiera a sus piernas, preguntó:

—¿Sabes lo que es la etiqueta en la mesa? —yo negué con la cabeza.

Puso dos mantelitos individuales y cubiertos plateados en lados opuestos de la mesa.

—Practiquemos, Alejandrita —Abi señaló un pequeño tenedor a la izquierda de un tenedor más grande, ambos en el lado izquierdo de mi plato—. ¿Para qué crees que es? —preguntó—. El pequeño es para tu ensalada. Ya que comes la ensalada primero, ese es el tenedor que va más cerca de tu mano.

Las reglas no tenían mucho sentido, pero de todas maneras las memoricé con diligencia porque quería hacer feliz a Abi. Cómo comer pan adecuadamente (rompe pedacitos y ponles mantequilla de manera individual). Dónde colocar mi servilleta cuando iba al baño (en mi asiento) versus cuando terminaba de comer (en la mesa). Cómo comer sopa de la manera correcta (moviendo la cuchara lejos de mí).

Sabía que Abi apreciaba mi entusiasmo. Los modales y la gracia siempre le habían encantado; era uno de los motivos por los que en México, cuando era adolescente muchas veces se acurrucaba en los asientos de atrás en el cine. Cuando Elizabeth Taylor o Rita Hayworth entraban en escena, memorizaba su forma de caminar, cómo tomaban las copas, cómo llevaban el cabello y su manera de comportarse en general.

Y era la razón por la que, cuando era niña, a veces me ponía uno de mis mejores vestidos, me sacaba a nuestro balcón y me hacía rizos que fijaba con pasadores. Sentada en una silla de playa junto a un secadora descompuesta, con Abi cuidadosamente formándome en el cabello pequeños tirabuzones castaños, me sentía arreglada y especial. Quería ser una dama, igual que ella (y Judy Garland).

Practicamos durante meses hasta que me pude sentar en una mesa con la reina de Inglaterra sin dudar. Para cuando tenía nueve años, ya sabía exactamente en qué ángulo debía dejar el cuchillo en mi plato y el orden adecuado de las copas de agua y de vino. Abi dijo que si me hacía el hábito de usar una etiqueta formal en todo momento, pronto me resultaría natural y siempre estaría lista para cualquier situación y cualquier persona. Me lo tomé muy en serio.

En lugar de hacerme sentir acomplejada, aprender modales en la mesa de niña me hizo sentir segura y preparada. Aun cuando no podíamos costear ir a restaurantes muy seguido, yo practicaba con mis chilaquiles y mi sopa de frijoles pintos. Y Abi tenía razón: sí se volvió un hábito.

Si da la impresión de que lo académico era secundario en mi mente en aquel entonces, es porque lo era. Ya sabía cómo ser una buena estudiante. Estudiar, exámenes, calificaciones; eso lo entendía, o sin duda le encontraba la forma. Como les sucede a muchos primeros y únicos y sus padres, trabajar duro era mi modalidad predeterminada. De hecho, lo único que me llevó a alguna parte fue trabajar duro. Sin embargo, ninguna preparación académica pudo compensar la falta de reconocimiento a mi alrededor de que el origen social puede afectar la experiencia universitaria de millones de formas microscópicas, pero aun así hirientes, como cortes de papel que se van sumando.

La universidad subrayaba las diferencias de clase social de maneras para las que no estaba preparada. Había un currículum oculto que me había perdido y parecía dictarlo todo, desde elegir dormitorios hasta comprar libros y emplear las horas de oficina. El temario incluía Sublime, bolsos Louis Vuitton, surfear y el OC. Dado que no tenía familia que pudiera ayudarme a entender las dificultades a las que me enfrentaba, casi siempre me guardaba mi agobio. Sentía que de todas formas no tenía derecho a quejarme, ni con mi familia ni con mis amigos. Después de todo, yo era la afortunada que estaba en la USC viviendo en una mansión. «Solo sonaría como una malagradecida», pensaba.

¿Por qué una tercera parte de los estudiantes de primera generación dejan la universidad y 90 por ciento no se gradúan a tiempo? En parte es porque estamos preparados para el salón de clases, pero rara vez recibimos apoyo para nuestra vida fuera de él. Tal como yo estaba experimentando de primera mano, había normas culturales que definían la vida universitaria: contactos, creencias, lenguaje, comportamiento, modales, marcos de referencia, ropa. Y el prospecto de una exclusión social pulula amenazadoramente encima de todo.

Muchos programas de canalización bien intencionados para estudiantes de primera generación tienden a concentrar sus esfuerzos en cómo escribir un currículum y en la parte académica, dejando de lado una parte crucial de la ecuación. Si bien es importante eliminar barreras estructurales para ir a la universidad y tener acceso a una carrera, la brecha de información sobre las clases sociales queda desatendida la mayor parte del tiempo, un descuido que tiene todavía más consecuencias dado que uno de cada tres graduados se identifica como de primera generación. Esta causa común del estrés incremental para los primeros y únicos multiplicó el nivel de ansiedad que ya experimentaba yo en la *high school*.

~

Cuando salí corriendo a la mitad de un examen en mi primer año debido a otro ataque de pánico —incluso después de tomarme el Xanax— me di cuenta de que si quería conseguir terminar la universidad iba a necesitar ayuda. El terapeuta que había visto en el campus me asustó, más que nada: sacó de su librero un enorme libro forrado en cuero y señaló una sección sobre agorafobia. «A la larga, los agorafóbicos son incapaces de salir de su casa», decía. Salí de su consultorio convencida de que a la larga sería una ermitaña.

Como último recurso, mi mamá buscó en la Sección Amarilla bajo el encabezado «terapeutas para la ansiedad» y encontró un pequeño anuncio que me cambiaría la vida. Semanas después, estaba sentada en el otro extremo de un consultorio con Lynne Freeman, una experta en el tratamiento de la ansiedad. Compartí con ella que había estado inventando pretextos para ir manejando a las fiestas de mi sororidad en lugar de tomar los autobuses designados porque tenía problemas para ir en vehículos con otras personas. Al ser ella misma una agorafóbica recuperada, no me vio con lástima ni juicio, sino con los ojos amables y la compasión de alguien que también lo había padecido. Empecé a verla con regularidad, una vez a la semana. Nuestro primer asunto fue quitarme el Xanax. Con su ayuda, dejé de tomarlo a finales del primer año, y gracias a los ejercicios de relajación y respiración que me enseñó, por fin tuve herramientas con que trabajar.

Llegado el segundo año, con la ansiedad bajo control, logré relajarme para dedicarme a ser una estudiante universitaria y agarrar el ritmo académico: devoraba las clases de Estudios Étnicos y Estudios de Género, y apoyaba mi tesis sobre la teoría de la mirada de Michel Foucault sentándome en una caja de cristal en Sunset Boulevard. Yo sabía que quería contar historias para ganarme la vida, pero todavía no había estado expuesta a muchas profesiones y pensé que la forma de convertirme en una narradora profesional era volverme periodista. Mientras estudiaba en la Escuela Annenberg de Comunicación y Periodismo de la USC, estaba decidida a aprender cómo informar a la gente y contar historias que muchas veces pasaban desapercibidas; lo primero en mi lista eran los inmigrantes en LA. Desde la Proposición 187, había estado poniendo atención a cómo los noticieros cubrían la migración y los migrantes en general. Había en ese entonces calcomanías para coches que decían cosas como SOS - SALVEN A NUESTRO ESTADO; NO AL FINANCIAMIENTO PARA ILEGALES, promoviendo la idea de que los inmigrantes indocumentados eran una sangría para la sociedad. Yo de niña había visto todo lo contrario.

Cuando Abi me llevaba a la *elementary school*, cada día pasábamos por la misma escena enfrente del Home Depot de Santa Mónica. Grupos de inmigrantes indocumentados esperando en la banqueta mientras hombres en camionetas *pickup* se acercaban a contratarlos para trabajos de construcción ese día, pagándoles en efectivo bajo la mesa. Pasaron los años y yo crecí, pero los hombres y las camionetas seguían igual.

Era una simple escena de mi infancia, pero lo que había visto me dejó huella. Ya fuera en el campo, en las artes, en los negocios o en las salas de juntas, había una gran desconexión en lo referente a reconocer las contribuciones que los inmigrantes hacen a nuestra economía. Yo quería convertirme en la clase de periodista que tuviera el valor de hacer las preguntas difíciles, retar las percepciones equívocas y escribir la verdad. Las penurias de las madres solteras, de los trabajadores pobres, de los que no tienen seguro médico, de los que no tienen casa; había visto todas estas cuestiones de cerca, y había huecos enormes en la forma como se cubrían las noticias. Yo sabía que si lograba poner las manos en un micrófono, entonces tendría la capacidad de pasárselo a otros. Me gustaba la idea de dedicarme a *eso*.

Y finalmente encontré mi camino hasta la USC, a pesar del rudo inicio. Viví en la casa de la sororidad durante tres años, hice algunas amigas cercanas, aplaudí en el Coliseo en los partidos de futbol americano de los Troyanos y bailé lento escuchando «Crash Into Me» en fiestas de citas, con temáticas como «Casada con la mafia» e «Isla Tentación». Hasta Mónica participó de la diversión: usaba un miniuniforme de porrista de la USC cada vez que me visitaba y asistió a algunas de las clases de etiqueta que di. Me sentía orgullosa de exponerla a la universidad, incluyendo a la vida de la sororidad, como una realidad alcanzable.

Sin embargo, entre más se acercaba la graduación, más empezaba a sentir que había estado actuando como una chica de la sororidad en una obra temporal que estaba a punto de acabar. Las sandalias Reef y los shorts Roxy habían sido un disfraz, uno que me había puesto para encajar. La mansión, las empleadas de limpieza y las tardes de té no se irían conmigo.

Había habido recordatorios a lo largo de los años de que era mejor no acomodarme mucho. Mis préstamos estudiantiles, mis becas y la ayuda económica no eran suficientes para cubrir todas mis cuentas, así que durante mis años de universidad siempre trabajé en algo. Primero vino el empleo en el gimnasio de estudiantes del campus. Luego el trabajo de llevar a la gente a su mesa en Miyagi's, sobre Sunset, un bar de sushi que se volvía club nocturno en las noches, muy frecuentado por Fabio, Pamela Anderson y 'N Sync. Luego algunos trabajos de actuación y modelaje aquí y allá. Y en mi último año me volví *hostess* en un restaurante francés muy elegante en el centro de LA. Era la clase de lugar que servía conejo y contaba con un *sommelier* de guardia para ayudar a elegir el vino perfecto de camino al concierto de la sinfónica.

Cada noche, después de mi turno, tenía el beneficio de poder ordenar una cosa del menú. Yo usaba ese tiempo para continuar con las lecciones de etiqueta de Abi y expandir mi conocimiento de comida, vino y música: probé la codorniz y el pato por primera vez, me enamoré del bossa nova y aprendí a pronunciar *foie gras* y *mille-feuille*. ¿Por qué me preocupaban los modales, pronunciar bien los nombres de la comida y aprender lo básico sobre vinos a los veintiuno? Sentía que necesitaba estar en constante preparación. Si paraba, me podían agarrar desprevenida y corría el riesgo de humillarme. La vida que había vivido los últimos cuatro años —la casa, las empleadas, las fiestas, los amigos, las oportunidades— parecieron aparecer de la nada, y se sentía que también podían desaparecer con la misma rapidez.

Para la primavera de mi último año, las serpientes y escaleras sociales parecieron desperdigarse alrededor de mí como trampas. No había recibido ninguna oferta de trabajo de parte de mis pasantías sin sueldo en el verano y nadie me había llamado para una entrevista en los puestos de periodismo que había aplicado. No tenía padres que me pudieran mantener ni contactos que me ayudaran a conseguir un trabajo en un periódico. Y estaba dejando la escuela con más de cincuenta mil dólares de deuda estudiantil.

Me sentí decepcionada de mí misma cuando me di cuenta de que tendría que trabajar de mesera después de graduarme hasta que se me ocurriera otra cosa. Pero no tenía otra opción. Y por si fuera poco, mi mamá había invitado a mi padre a mi graduación *otra vez*.

Para hacerlo más interesante esta vez, venía con una hermana más chica que yo no sabía que existía.

Había llegado hasta ahí —más lejos de lo que hubiera esperado— y técnicamente lo había hecho todo bien. Las bases académicas de mi carrera como periodista estaban sentadas y me graduaba de Annenberg *cum laude*, con honores departamentales, pero seguía sintiendo que en cualquier momento me podían quitar el tapete de abajo de los pies.

El día antes de mi graduación empaqué mi ropa en cajas de cartón y bajé las escaleras de nuestra casa Tri Delta hacia el elegante recibidor por última vez. Al mirar la mansión en silencio, recordé a esa chica consumida por la ansiedad que años antes había entrado por esas puertas con su pintura de guerra de *wannabe* chola, y no pude evitar preguntarme: ¿había sido suficiente? Me había contorsionado y pulido hasta parecer un *penny* nuevecito en mi tiempo en la USC, pero aun así me graduaba sin tener un empleo ni una red de seguridad. ¿Iba a poder abrirme paso y tener una carrera bien pagada? ¿O la casa de la sororidad acabaría siendo el lugar más bonito donde alguna vez viví?

CAPÍTULO 6

ON THE BOUND

—Deberías mudarte entonces a la que era tu recámara —insistió mi mamá semanas antes de la graduación cuando le dije que no había podido encontrar trabajo—. Tu hermana puede dormir conmigo en mi cuarto.

Estaba de visita en casa para jugar con Mónica, ahora una gimnasta de ocho años con la cabeza llena de rizos que me seguía a todas partes como sombra. Con ojos enormes y esperanzados levantó la mirada de su tazón de cereal pero rápidamente lo descarté.

—No creo que sea lo mejor —empecé.

—Bueno, entonces será mejor que tomes el primer trabajo que encuentres. Es muy difícil conseguir trabajo ahorita, ¿sabes? ¿De dónde vas a sacar dinero mientras tanto? ¿Tienes ahorros para un depósito? ¿Y ya pensaste en tu seguro de gastos médicos? —dejó de picar verduras para hacer la receta de caldo de pollo de Abi y me miró, esperando respuestas.

Pude sentir mi cuerpo contraerse al reaccionar a su miedo, sus dudas penetrando mi mente. No tenía respuestas para ninguna de sus preguntas. Ella partía de un lugar de protección, pero sentía que me estaba pidiendo que mirara hacia abajo mientras escalaba un risco.

Cuando persigues sueños que tu familia no entiende, muchas veces se cuestionan repetidamente tus decisiones... justo en los momentos en que la duda y el escepticismo pueden hacer mucho daño. ¿Cómo podía explicarle que mudarme a casa se sentiría como dar un paso atrás, geográfica y emocionalmente? De *ninguna* manera lo iba a hacer.

Para los primeros y únicos, las personas que más nos aman no siempre captan la diferencia entre encontrar un trabajo y tratar de hacer carrera. Ven la ambición como algo bueno, ¿pero las maniobras impredecibles que la acompañan? No tanto. Suele pasar que nuestras decisiones, al parecer imprudentes, no tienen sentido para ellos. Trabajar en pasantías donde no te pagan, aceptar puestos provisionales que son horribles, cambiar de un trabajo a otro... ¿por qué alguien haría eso, y cómo puede ser útil? ¿Acaso el punto de ir a la universidad no era conseguir un buen trabajo y *quedarte* en él?

Mis familiares se rascaban la cabeza porque me quedé endeudada por ir a la USC y luego no iba a aferrarme al primer puesto confiable que encontrara. Los mensajes que recibía de mi mamá y de otros miembros de la familia era simple: consigue un sueldo decente de inmediato y quédate ahí tanto tiempo como puedas. Ah, y vive en casa o tan cerca de casa como puedas.

Pero yo quería algo diferente.

Dadas sus pasadas experiencias con despidos repentinos y desempleo —además de la práctica común en la cultura latina de vivir en casas multigeneracionales—, su perspectiva era comprensible. Pero aun así, no podía estar cerca de esa mentalidad si quería tomar los riesgos —y hacer los sacrificios— que se requerían para hacer una carrera en periodismo. Hay un dicho: no le preguntes a la gente cómo llegar a lugares en los que nunca ha estado. Así que no le pedí a nadie su opinión. Hice cuentas para ver cuál era la cantidad más pequeña de dinero con que podía sobrevivir al mes, armé un plan de compartir departamento con tres amigas de la USC y me puse manos a la obra.

Durante mi primer año fuera de la universidad serví cientos de mesas y escribí cero reportajes. Me dije a mí misma que fuera paciente, que estas cosas tomaban tiempo, pero buscaba, desesperada, un respiro. Cuando un amigo mío mencionó que conocía a alguien en un noticiero que podía estar contratando, le rogué que me ayudara a obtener una entrevista.

Semanas más tarde estaba sentada frente a un importante director de noticias de treinta y tantos años, en lo que yo había considerado la entrevista de trabajo más decisiva de mi inexistente carrera como periodista. También era la *única* entrevista que había tenido en mi carrera como periodista hasta ese momento. Cada currículum que envié había vuelto con una amable negativa sin siquiera conocerme en persona. Conseguir esta entrevista era el mayor progreso que había hecho, y me convencí de que ese había sido mi camino previsto desde el principio.

—Si yo te contratara, ¿sobre qué te gustaría informar? —preguntó el director de noticias, golpeando el escritorio con la pluma. Se veía pulcro y vestía una camisa azul con mancuernillas y sin una sola arruga. Noté que me había mirado de arriba abajo cuando entré en su oficina con paredes de vidrio momentos antes.

Tenía la autoridad de contratar talento, pero a juzgar por la forma como se recargaba en el respaldo de su silla, no iba a estar fácil. Yo me sentía lista. Para prepararme para nuestra junta, había estudiado meticulosamente las noticias y tenía ideas y propuestas anotadas en mi cuaderno.

—Estoy interesada en cubrir el acceso a los servicios de salud, la crisis de vivienda y la reforma migratoria. Quiero explorar la clase de historias que usualmente no se cuentan…

—Sí, sí, ya te entendí —dijo, interrumpiéndome—. Pero, ¿qué hay de otra clase de historias? Obviamente no lo que ya hay en las noticias locales aquí en LA.

Se rio, golpeteando la alfombra con uno de sus elegantes y lustrosos zapatos negros. Cada vez que revisaba su reloj, quedaba más claro que él veía nuestra entrevista más como un favor a un amigo que una entrevista real.

—Dime… ¿a qué países has viajado? Porque nuestros corresponsales viajan por todo el mundo haciendo reportajes de investigación. Están en el campo *todo* el tiempo. Camboya, Vietnam, Medio Oriente, Sudáfrica. ¿Adónde te gustaría viajar, y cubrir qué específicamente? Hay un mundo muy grande allá afuera, ¿sabes?

Se me empezaron a calentar las mejillas mientras él seguía lanzando las credenciales de otros reporteros que trabajaban para él, su *alma mater*, los periódicos que leían diario, los lugares donde habían estado, las rompedoras investigaciones en las que estaban trabajando y, sobre todo, su insaciable curiosidad.

Sentía que me estaba retando a demostrarle que yo era una de ellos, es decir, de la gente inteligente y de mundo.

Bajé la mirada a mis manos para pensar, conforme los segundos de silencio se volvían insoportables. Yo quería ser la persona que él describía. Más que nada. Pero había un motivo por el que ni siquiera había considerado subirme a un avión en diez años y aún no podía, y era más grande que el hecho de no tener dinero para comprar un boleto.

—Tómate un minuto —dijo, levantándose—. Ya vuelvo.

Al ver al director de noticias salir de su oficina, sentí que mis posibilidades de ser contratada salían por la puerta con él. Sentí vergüenza. Obviamente se dio cuenta de que estaba pasando por un mal momento. Intenté concentrarme para pensar en ideas para historias internacionales, pero mi mente seguía yéndose a París.

~

Cuando tenía nueve años, mi mamá trabajó brevemente como secretaria en la ahora desaparecida Mexicana de Aviación, un trabajo ingrato que venía con una gran prestación: viajar gratis en la lista de espera de la aerolínea. Era la única manera de que pudiéramos costear viajar en aquel entonces, y tomábamos sobre todo vuelos cortos con mis tías a México: Cancún, Puerto Vallarta y la Ciudad de México. En las fotos de esa época, mi mamá y mis tías están casi siempre en traje de baño, en playas bañadas de sol, mientras yo poso chimuela junto a ellas.

Sin embargo, antes de que pudiéramos acabar con la lista de ciudades vacacionales preferidas de mi mamá, perdió su trabajo en una oleada de despidos masivos. Encima de perder un trabajo con buen sueldo y beneficios, también perdió su atesorada capacidad de volar gratis. Mi mamá sabía que sin ese descuento de empleada probablemente nunca iba a poder pagar un viaje a Europa, y había un lugar que sencillamente tenía que visitar. Era quizá su mejor y su última oportunidad de ver París.

Es posible que mi mamá no haya estado expuesta a muchas ciudades internacionales, pero en Venice Beach había visto postales de la majestuosa Torre Eiffel al atardecer y se imaginaba caminando por las calles adoquinadas. En su último viaje gratis reservó un vuelo a París para las dos, durante nueve días, con paradas en Bélgica y Alemania. A mí me encantaba todo lo que se relacionaba con viajar en aquel entonces: el ajetreo frenético del aeropuerto y hasta el olor mohoso del avión. Casi ni podía quedarme quieta en el asiento mientras esperábamos para abordar en el LAX.

El viaje empezó como se había previsto. Comimos baguettes sobre el pasto del Champ de Mars y vimos a las mujeres con labios pintados de rojo bailar cancán en bikinis bordados con cristales y plumas rojas en la cabeza en el Moulin Rouge. Pero cuando las calles se vaciaron y llegó el momento de dormir en nuestras camas individuales, mi mamá dio vueltas y vueltas hasta que salió el sol. Nunca había vivido un cambio tan dramático de horario, pues solo había estado en México y California, y no sabía cómo manejar un *jet lag* tan extremo.

Con cada nueva noche en vela, su agotamiento se iba convirtiendo en pánico más y más. De niña, en México, mi mamá muchas veces se había obligado a mantenerse despierta toda la noche en un esfuerzo por acompañar a Abi siempre que mi abuelo llegaba borracho. Ese hábito luego se convirtió en etapas de insomnio que se disparaban siempre que se sentía sola o desprotegida. Sin que mi mamá lo supiera, cuando estuvimos en París el *jet lag* que experimentaba estaba disparando todo su trastorno por estrés postraumático de la infancia. Me despertaba a lo largo de la noche y la oía llorar, y me quedaba acostada ahí, viendo el techo con un nudo en el estómago, sin comprender qué estaba pasando ni cómo ayudar.

Para el cuarto día, mi mamá tenía los ojos rojos y adormilados, la piel pálida y el cuerpo débil por la falta de sueño. Me dijo que empacara mi maleta y corrimos al aeropuerto con la intención de subirnos en cualquier vuelo con lista de espera que pudiera acomodarnos. Al correr atrás de mi mamá a través de la terminal internacional, arrastrando mi maleta conmigo, se cayó al piso. Desconocidos y varios empleados del aeropuerto vinieron a ayudarnos, pero solo hablaban francés. Mi mamá estaba ahí tirada, y no reaccionaba.

De pronto, todas las formas en que podía ayudar en casa como miniadulto ya no estaban disponibles para mí. No podía entender lo que nadie decía. Lentamente me hice a un lado, aterrada, mientras más y más personas se arremolinaban a su alrededor. Vi que alguien se agachaba y le agarraba la muñeca para tomarle el pulso, y yo estaba segura de que mi mamá estaba a punto de morir. ¿Y qué iba a pasar conmigo? Me iba a quedar abandonada en un país extranjero sin ninguna manera de comunicarme, ningún lugar dónde quedarme, sin dinero para comida ni boleto de avión para irme a mi casa y sin un adulto que me cuidara. Y entonces yo también me iba a morir o me robarían unos malos. Estaba segura.

Cuando llegaron los médicos y mi mamá finalmente empezó a reaccionar, me sentí más tranquila, pero no totalmente, porque nuestras circunstancias no habían cambiado. Seguíamos atrapadas en París.

Mi mamá nos rentó un cuarto de hotel barato cerca del aeropuerto y les habló a mis abuelos para rogarles que mandaran dinero para los boletos. Sentada en la cama de nuestro cuarto de hotel, oí que les dijo que nos teníamos que ir de inmediato o «no iba a sobrevivir». No lloré. No hice preguntas. No dije que tenía hambre. Solo me quedé sentada ahí, con las manos en el regazo, y recé para que alguien nos salvara antes de que mi mamá ahora sí se muriera. Por fortuna, mi tía Nannette acababa de recibir su primera tarjeta de crédito y al día siguiente pudimos irnos de París en lo que se sintió como una interminable sucesión de conexiones hasta que finalmente llegamos a LA.

La consecuencia fue que mi mamá perdió su valor para viajar y dos años después me dio ese gran ataque de pánico en el avión camino a visitar a mi padre. Así que no, no había viajado mucho, y mi «curiosidad» por ver el mundo se había quedado estancada. Yo sabía que mi miedo era irracional, pero los ataques de pánico no.

~

Por supuesto, yo no sentía que explicarle nada de esto al director de noticias me fuera a ayudar. Por su tono, parecía que ya había concluido que la falta de viajes en mi pasado reciente demostraba que yo era una persona carente de curiosidad. Alguien no muy profunda.

Cuando regresó a la oficina, traté de venderle algunas ideas de historias internacionales ahí mismo, pero ya había tomado su decisión. Caminé de vuelta a mi coche después de un apretón de manos cortés y me di cuenta de que probablemente la trayectoria profesional que estaba queriendo trazar no iba a materializarse. Por lo menos no pronto. Podía seguir enviando mi currículum al mismo puñado de cadenas en LA, pero daba lo mismo que tirarlo en un hoyo negro en alguna parte. Sentí que había vuelto al principio; todo el progreso que había hecho en la USC, perdido.

Pensé que conseguir un título universitario significaba que ya estaba relativamente bien. Así me lo habían vendido, y claramente era lo que mi familia pensaba. Se suponía que la universidad iba a ser un generador de movilidad económica instantáneo. También crecí alrededor de la idea del sacrificio de nuestras familias por darnos una mejor vida —un refrán común para los hijos de migrantes— y la de que un título universitario es la prueba número uno de esa mejor vida. Pero como descubren muchos primeros y únicos, un título es apenas el principio. Por sí solo, un título no te impulsa a ser dueño de tu propia casa ni a tener una buena jubilación. Es la primera colina que escalamos, solo para darnos cuenta desde la cima de que después hay otra montaña mucho más grande y pronunciada. Y esa montaña rara vez viene con una guía profesional incluida; en otras palabras, un miembro de la familia o un amigo que tenga conexiones en la industria o que nos pueda dar consejos de primera mano.

Hasta que no pudiera encontrar otra manera de entrar al periodismo, tendría que ser creativa, o sea que necesitaba tomar cuanta oportunidad surgiera para hacer dinero y, si tenía suerte, empezar a crearme un nombre. También comenzó el periodo más duro de lucha en mi vida: el ajetreo solitario.

Sin duda, el ajetreo no es exclusivo de los primeros y únicos, pero en nuestro caso, la determinación que hay detrás sí se magnifica. Una cosa es trabajar duro porque tienes grandes metas y aspiraciones, y otra muy distinta es cuando a tus ambiciones se superpone el entendimiento de que en realidad no hay otra opción. *Tienes* que poder, o te arriesgas a comprometer no solo tu futuro, sino el de tu familia. No es solo tu supervivencia la que pende de un hilo, sino el bienestar de la gente que amas.

Estuve prácticamente sola en esta etapa de mi vida. Sabía que no me podía mudar de vuelta a casa —aun si fuera la mejor forma de ahorrar dinero— porque mi éxito dependía en parte de estar *alejada* de la energía nerviosa de mi familia. Muchos primeros y únicos tienen sistemas familiares enredados, y muchas veces reclamar nuestra independencia implica tener que romper esos lazos familiares establecidos. Es caótico y en ocasiones se toma a mal. Y por eso lo llamo el ajetreo solitario. Cuando los primeros y únicos salen a la calle, por lo general lo tienen que hacer solos.

~

Tener trabajo extra ya era para mí un acto reflejo. Había trabajado desde la *high school*, cuando me contrataron en una plataforma como maniquí vivo en Venice Beach, mientras la música de un noventero Enigma salía de las bocinas a todo volumen. Sabía cómo ponerme creativa.

Durante los tres años posteriores a mi graduación fui promotora de una cantina mexicana y bailarina en videos musicales de Justin Timberlake y Smash Mouth. Después de ir a una «audición abierta» en una agencia de modelaje, terminé con un agente y un trabajo como chica de calendario (como señorita Noviembre: me vestí de astronauta y me colgaron del techo con un arnés). Salí en la película *El aviador* con Leonardo DiCaprio, grabé un comercial de cerveza con Ben Stiller, fui integrante de un grupo de pop de mujeres, estuve en una pasarela de Skechers, salí en las botellas de gel de los productos para el cabello de Paul Mitchell y serví mesas en un restaurante de carne alumbrado con velas en Venice.

Estaba metida en todo, pero trabajaba con regularidad y ganaba el tiempo suficiente para planear mi siguiente paso. En eso recibí una llamada de mi agente de modelaje sobre lo que se consideraba un gran «logro»: en *Maxim* se interesaban en entrevistarme.

Mi agente insistió en que tenía que aceptar y que con solo aparecer en la revista conseguiría *mucho* más trabajo. Además, aparecería en exclusiva como «alguien a quien ver» y una «joven promesa».

—Te van a dar una entrevista de una página entera *y* ¡una sesión de fotos con uno de sus mejores fotógrafos! —recalcó.

Al percibir mi indecisión, añadió:

—No vas a ser la chica del índice. Es todo un artículo sobre *ti*. Sobre quien eres. Confía en mí, no lo hacen por cualquier modelo.

Me dije a mí misma que no estaba en condiciones de rechazar una semblanza que pudiera traducirse en una oportunidad, así que accedí a la entrevista.

Semanas más tarde, estaba sentada en mi sala a las 6 am, con *sweatpants* y sin maquillaje, esperando que un carro llegara por mí para llevarme a un lugar desconocido para la sesión de fotos. Sentía nervios de no saber en qué me había metido, pero no les hice caso y me concentré en la entrevista que tenía agendada con un reportero de *Maxim* a la semana siguiente. Por la ventana vi una limusina negra y elegante detenerse lentamente en la esquina. «¿Ves? —me dije a mí misma, sintiéndome más tranquila—, no hay nada de qué estresarse».

Al subir por un camino sinuoso hacia Hollywood Hills, tomé traguitos de la botella de agua fría que habían dejado junto a mi asiento e imaginé la sofisticada ropa de diseñador que estaba a punto de usar. Todo se sentía muy glamoroso: el conductor, las palmeras, las montañas de Hollywood. Nos estacionamos frente a una casa blanca y moderna en la mera cima, donde docenas de miembros del equipo daban vueltas preparando todo para la sesión.

—Ya llegó el talento —escuché quc alguien anunciaba en lo que me llevaban por los elegantes interiores hacia el cuarto de maquillaje y vestuario. Eso me hizo sentir importante.

Y luego los vi:

Dos *racks* con los ganchos de los que colgaban las tiras de tela minúscula que serían mi guardarropa.

Podría sonar inocente que me sorprendiera, dado que era *Maxim* y todo, pero yo había supuesto que, al ser una semblanza de un nuevo talento con mi propio artículo, me iban a tratar más como a las actrices conocidas o las cantantes de pop que había visto en la revista. Ellas se vestían sexi, pero iban más tapadas. También supuse que mi agente había negociado el guardarropa de antemano y que por lo menos habría una variedad de opciones para elegir.

—Pruébate esto, cariño —dijo la estilista, entregándome lo que parecía ser un par de piezas de listón transparente. Me sentí horrorizada. Yo no estaba cómoda con mi cuerpo como para usar algo así, ni remotamente, y esa no era la manera como esperaba ser representada. Quería correr de vuelta a la limusina tan rápido como pudiera, pero al mismo tiempo no sentía que tuviera el poder de irme ni de objetar. Además estaba acostumbrada a decir que sí cuando en realidad quería decir que no. Así que fui obediente, entré en el baño y traté de colocar estratégicamente la tela para que cubriera tanto de mi pecho como fuera posible.

Seguro me veía tan incómoda como me sentía cuando salí, porque la estilista me echó una mirada y dijo:

—Probemos con otra cosa, cariño.

Acabamos eligiendo la opción más «conservadora»: una faja negra de encaje que cubría un poco más de mi torso que un bikini, junto con tacones de encaje negro. Durante las siguientes dos horas posé junto a una cortina de terciopelo rojo y contra una pared blanca sencilla, mientras un equipo de editores miraban de cerca y el fotógrafo me daba indicaciones. «¡Saca la cadera! ¡Sexi para la cámara! ¡Arquea la espalda!

¡Arquéala más! ¡Más!». Era lo menos sexi que me había sentido en la vida.

Cuando llegué a casa en la noche, estaba más preocupada que emocionada por la clase de imagen que elegirían poner en las lustrosas páginas. ¿Importaba ya ahora lo que dijera en mi entrevista la otra semana? Había considerado el modelaje un trabajo temporal en mi camino a convertirme en periodista y no le di mucha importancia al hecho de que pudiera impactar mi carrera negativamente en el futuro. Pero sentía que con esas fotos había ido demasiado lejos. ¿Volverían más adelante para atormentarme?

Después de eso sí recibí más ofertas de trabajo, solo no de la clase que yo quería. Cuando mi número de *Maxim* llegó a los puestos de revistas y los agentes de *casting* vieron el artículo, me llamaron de *The Man Show*, de Adam Carolla, para ver si me subía a un trampolín en lencería en la televisión; de *Two and a Half Men*, de Charlie Sheen, para ver si saldría como invitada en el programa usando un bikini de tiras, y básicamente de todos los programas provocativos que había en la televisión. Los rechacé todos.

Lejos de sentirme halagada, me alteraba recibir toda esa nueva atención. A juzgar por las ofertas que estaba recibiendo, las fotos parecían haber enviado el mensaje de que estaba dispuesta a participar en la comercialización de la sexualidad femenina. Era la misma cosificación a través de la mirada masculina que yo había diseccionado en mis clases de Estudios de Género en la USC. Y yo aborrecía eso. También resentía que era como haber marcado la «casilla de sexi» en mi encuesta de «¿Qué clase de mujer eres?», eliminando todas las demás opciones a los ojos de la sociedad. Particularmente, la «casilla de inteligente». Porque no quiera Dios que una mujer sea ambas cosas. Todo me trajo a la mente un encuentro que tuve con Mike Wallace cuando era apenas una niña.

Tenía a lo mucho diez años cuando se cruzaron nuestros caminos, y yo estaba inmersa en mi incómoda fase preadolescente. Era a finales de la década de los ochenta, cuando tenía ejotes por piernas y usaba múltiples ligas color fosforescente enrolladas con descuido alrededor de la cola de caballo. Mike Wallace, periodista legendario de *60 Minutos* en la CBS, era el presentador estrella en un evento de orientación vocacional para niños en edad escolar en LA. Me organicé para poder asistir a su cátedra sobre cómo ser un gran entrevistador.

Su plática tuvo lugar en una sala gigantesca, con hileras y más hileras de sillas plegables, pero todos los asientos estaban ocupados. Me senté hasta atrás; anotaba cosas en mi cuaderno de espiral gruesa y maquinaba cómo robarle un momento para hacerle algunas preguntas. Cuando terminó la cátedra, la mitad del auditorio se fue hacia el frente del recinto, pero yo me quedé al fondo. Mi estrategia fue dejar que todos pasaran antes que yo para quedar al último, y así nuestra conversación no sería apurada y nadie nos interrumpiría. Veinte minutos más tarde, la sala ya estaba despejada y tenía una oportunidad.

Me acerqué a él con toda la confianza que pude.

—Mucho gusto, señor Wallace. Quiero tener una carrera como la suya. ¿Me puede dar algún consejo?

Ya tenía mi cuaderno preparado.

—Mi consejo para ti es este —dijo secamente, subrayando cada palabra. Me miró directo a los ojos—: no esperes llegar a ningún lado en tu carrera solo porque eres bonita.

Si consideramos que dormía con un ridículo arnés para cerrar el hueco que tenía entre los dos dientes de adelante y todavía jugaba con Barbies, era lo último que esperaba oír de su boca. Sentí que me estaba acusando de hacer algo malo, pero no entendía bien qué. Con la cara roja, le di rápido las gracias y me fui de ahí. Pero sus palabras se quedaron conmigo.

Al ir creciendo, me volví cada vez más consciente de la clase de mujer que otros veían en mí. Quería que me vieran como una persona respetable e inteligente, pero los estereotipos de género sexualizados parecían esconderse en cada esquina, como minas enterradas esperando que alguien las detonara. En uno de mis cursos de Estudios de Género en la USC traté de analizar los arquetipos femeninos y hasta escribí un ensayo para cuestionar la idea de «zorras versus mojigatas». Pero ahora, después del artículo de *Maxim*, sentía que yo misma me había vuelto un caso de estudio.

A decir de todos, yo había trabajado para conseguir una carrera potencialmente lucrativa en el mundo del entretenimiento, pero me sentía cosificada y miserable. Estaba pagando 500 dólares al mes para dormir en un futón lleno de bolas en la sala vacía de mi amiga, esquivando ofertas de trabajo sórdidas y atendiendo mesas en un restaurante de mariscos para turistas en la Pacific Coast Highway.

Gladstones en Malibú tenía todo lo que un turista venía a la Costa Oeste a experimentar: las ondulantes olas azules del Pacífico, torres de mariscos frescos rebosantes de almejas y langostas, y personas cantando todos los días la canción «I Love L. A.» de Randy Newman al atardecer. Una amiga que trabajaba ahí me animó a mandar una solicitud, presumiendo que las cuentas (y, por lo tanto, las propinas) eran considerables. Podía pensar en cosas peores que atender mesas con la brisa del mar y los pies en la arena. No mucho después, traía una playera blanca de algodón con un dibujo de cangrejos bailarines, envolvía las sobras de la gente con papel aluminio en forma de ballena y servía montañas de camarones fritos a los turistas, a Jessica Simpson y hasta a Suge Knight.

En ese contexto —playera manchada de crema de almejas, parada en una mesa cantando «I Love L. A.» todos los días—, era imposible no aceptar el hecho de que no solo estaba invirtiendo mi tiempo como actriz-modelo mientras avanzaba en la construcción de mi carrera como reportera. Era mesera. Punto. Y si bien, por supuesto, no tenía nada de malo ser mesera, me había creído a mí misma cuando me dije después de graduarme que no era más que un paso necesario y temporal, un escalón.

Pero cuando pasó de un año a tres, ya no podía ver el camino que me sacara de la cocina del restaurante. Me di cuenta de que estaba contando billetes arrugados al final de mi turno con la misma energía sufriente que había visto en mi familia y que me había esforzado tanto por evitar.

Y justo cuando parecía que las cosas no podían ser más desalentadoras, mi mamá me llamó del centro médico Kaiser Permanente al Oeste de LA, jadeando y con voz ahogada. Lloraba con desesperación y yo a duras penas podía entender lo que me estaba diciendo, pero logré distinguir la palabra *cáncer* y el terror empezó a reverberar por todo mi cuerpo. Sin que yo lo supiera, había sentido un pequeño bulto en uno de sus senos. Estuvo meses haciéndose análisis y biopsias no concluyentes, hasta que por fin la diagnosticaron. Fui la primera a la que llamó.

De inmediato entré en mi modalidad de madre, tratando de calmarla y reconfortarla mientras suprimía mis propias lágrimas. Aun así, todo lo que podía pensar era: «Se acabó. Se va a morir... Igual que Abi».

Sabía que mi mamá estaba pensando lo mismo; ¿y quién podría culparnos? Después de lo traumático que había sido perder a mi abuelita unos meses después de su diagnóstico de cáncer, ahora las dos compartíamos la creencia de Abi de que un diagnóstico era lo mismo que recibir una sentencia de muerte. Un día Abi estaba preparando sus tamales con la aceituna con pimiento sorpresa en el centro, y al día siguiente la estábamos enterrando en una colina cubierta de pasto con vista a la ciudad. Aún no me había recuperado de haberla perdido tan rápido.

Cuando era niña, mantener a mi mamá a salvo y feliz era mi principal atención. En aquel entonces, mi supervivencia dependía de ello, pero incluso ahora, ya de adulta, su bienestar se sentía entrelazado con el mío. Era insoportable no poder hacer nada frente al resultado final, así que pasé horas en línea investigando sobre cáncer y las opciones de tratamiento. Sin Abi y con mi padre quién sabe dónde, mi mamá era todo lo que tenía.

¿Y qué iba a pasar con mi hermana de once años, cuyo padre rara vez la veía? ¿Qué sería de ella si mi mamá muriera? En aquel entonces, Mónica era una niñita de buen corazón, obsesionada con Bob Esponja, que jugaba futbol en un equipo que se llamaba las Princesas Moradas. Esto la haría pedazos.

Sabía qué iba a hacer yo: dejar de tratar de seguir mis pasiones, conseguir un trabajo de oficina cualquiera y criar a mi hermana. ¿Estaba lista para ser madre a los veinticuatro con deudas? No. ¿Estaba lista para perder a mi mamá? De ninguna manera. Y sin embargo, parecía que mi vida se inclinaba hacia ese camino.

La única esperanza a la que me aferraba era la quimioterapia. No había funcionado con mi abuela, pero ya que habían descubierto el cáncer de mi mamá antes, todavía tenía oportunidad. Insistí en ir con ella a todas las citas con el doctor para asegurarme de que consiguiéramos el mejor plan de tratamiento posible. Teníamos que hacer todo lo necesario para vencer esta cosa.

Días después, sentadas juntas en un cuarto que parecía caja de zapatos, esperábamos a su oncólogo, mi mamá en una bata de hospital azul cielo y yo sentada en una silla de plástico fría a sus pies.

—No creo que pueda hacer la quimioterapia —le dijo mi mamá decidida al doctor cuando llegó una hora tarde. Yo había leído todos los panfletos colgados de la pared mientras esperábamos, anticipando que no tendríamos mucho tiempo con el doctor.

—¿Qué quieres decir? —prácticamente grité. No daba crédito a lo que había oído.

Los dos me miraron, espantados, y luego se miraron entre ellos.

—Cecilia, mi recomendación es que tomes quimioterapia —dijo el oncólogo—. Tu cáncer de mama es triple negativo. Es un tipo de cáncer mucho más agresivo, con una tasa de recurrencia significativamente más alta —hasta él estaba en *shock*.

A mi mamá se le llenaron los ojos de lágrimas.

—Me voy a deprimir otra vez, doctor. No puedo con esto. Me conozco y… ¡no puedo con la quimio! —lloraba, ya muy fuerte, y yo empecé a menear una pierna distraídamente.

Cuando llegamos al estacionamiento del hospital después de su cita, me volví hacia mi mamá y la miré a los ojos.

—Quiero que escuches cada palabra que te voy a decir —murmuré en voz baja con indignación mientras nos pasaban al lado otros pacientes de camino a la sala de urgencias—. Si no tomas la quimio, no te vuelvo a dirigir la palabra —me temblaban las manos buscando las llaves del coche en mi bolso.

Le rodaban gruesas lágrimas por la cara.

—Perdóname por ser débil. Pero no puedo. Por favor, perdóname.

—Lo digo en serio. *Nunca* te volveré a hablar —dije, las náuseas atragantándome.

La dejé en su casa y me estacioné en otra parte para poder llorar en mi coche. Lo último que quería hacer era amenazar a mi mamá. Sabía que estaba aterrada. Pero tampoco podía dejar que se diera por vencida, dejándonos a mi hermana y a mí sin padres.

Pasó una semana sin que estuviéramos en contacto. Fue brutal no reportarme con mi mamá. Pero no cedí, ni siquiera cuando me envió una carta larguísima, escrita a mano, explicando por qué no sería capaz de hacer la quimio y disculpándose por defraudarme. Yo recogía a mi hermana y la llevaba a comer helado, pero no ponía un pie en el departamento de mi mamá.

Pasó otra semana más o menos, y luego me llamó.

—Está bien —murmuró.

—¿Qué está bien? —pregunté, aguantando la respiración.

—Sí lo voy a hacer —dijo, y las dos sollozamos por el teléfono—. Solo lo voy a hacer por ti… No puedo no hablar contigo. Te amo muchísimo.

La traición que había estado sintiendo se disipó de inmediato. Ella sí *lucharía* después de todo… por ella y por nosotras. Era la cosa más maternal que hubiera hecho jamás.

—Yo también te amo —le dije—. Y te prometo que voy a ayudar.

Poco después me mudé de vuelta al departamento de mi mamá. Mónica estaba ahora en la que había sido mi habitación, así que compré un colchón inflable y acampé en el piso de nuestra pequeña sala.

Los siguientes cinco meses pasé mis días sirviendo tazón tras tazón de crema de almejas, y mis noches, despertándome cuando mi mamá iba al baño a vomitar por la quimio. Yo estaba exhausta, y mi cabello olía todo el tiempo a pescado. Podía servir mesas con una gran sonrisa, pero por dentro estaba inundada de dudas y ponía canciones de Fiona Apple en repetición.

Ver a mi mamá soportar la agonía —consciente de que era porque *yo* la presioné para que lo hiciera— me llenó de culpa. ¿Y siquiera funcionaría la quimioterapia? ¿La estaba deprimiendo otra vez?

Y finalmente, quedaba una pregunta que me parecía egoísta siquiera considerar, pero que me asolaba de todas maneras: ¿estaba preparada para abandonar todos mis sueños?

Una tarde, sola en la cocina del restaurante, estaba preparando una charola de guarniciones de limón y kale. Podía sentir la humedad mojando mi playera por recargarme contra la barra de la cocina empapada de jugo de pescado y me ardían los dedos por la acidez de los cuartos de limón que estaba rebanando. Había una ventana que separaba la cocina del patio exterior para que los comensales pudieran ver a los cocineros preparar su comida. Con el rabillo del ojo alcancé a ver a algunas personas mirándome como si fuera una atracción de circo, en lo que alineaba mis guarniciones en hileras perfectas en la charola. *Sáquenme de aquí*, pensé.

Quizá fue la experiencia de que extraños me miraran fijamente en uno de mis momentos más bajos, o quizá ya había llegado al límite de sentirme decepcionada por completo de mí misma y paralizada cada vez que pensaba en el futuro, pero empecé a sentir que las paredes de la cocina se cerraban sobre mí. Las señales de advertencia, ya familiares, del inicio de un ataque de pánico aparecieron de inmediato: ritmo cardiaco acelerado, hormigueo en el cuerpo, temblor en las manos.

Tenía dos opciones en ese momento: hundirme en un estanque de desesperanza o patear *duro* contra el fondo y tratar de llegar a la superficie. Al terminar mi cuarta charola de guarniciones —limón, luego kale, luego limón, luego kale—, junté hasta la última pizca de valor que me quedaba y calmé mi respiración. Una certeza se cernió sobre mí y supe qué hacer: aplicaría a una maestría.

~

No voy a pretender que tuve esa gran epifanía y luego seguí adelante por un iluminado camino nuevo, como pasa en las películas. Mi tiempo en el ajetreo solitario apenas empezaba. Tenía veinticuatro años y no había logrado nada, fuera de una breve aparición como un demonio cazado por Keanu Reeves en la película *Constantine* y un profundo conocimiento del salmón real de Alaska. Me dirigía a ninguna parte y a toda velocidad.

Mi plan anterior de convertirme en periodista parecía requerir un cierto grado de suerte, y no podía darme el lujo de poder esperar más. En mi cabeza, necesitaba algo seguro para estar preparada y poder criar a mi hermana sin provocar inadvertidamente mi peor escenario: una vida entera estresada por dinero.

Una maestría era lo más cercano a una garantía real de poder mantenerme (y a Mónica de ser necesario) en el futuro. Cuando era chica había escuchado a mi familia referirse a los posgrados como algo para un grupo de élite. Era similar a como hablaban de los títulos universitarios, pero mucho más impresionantes y exclusivos. La gente con maestría era «de cuello blanco», decía mi mamá. Si lo único que me separaba de ellos era un pedazo de papel, entonces cambiaría de estrategia y conseguiría también uno de esos.

Decidir a qué escuela de posgrado asistiría se sintió como elegir con un «de tin marín de do pingüé». No tenía contactos personales con títulos de posgrado como para pedirles consejo. En 2003, cuando estaba explorando mis opciones, menos del 2 por ciento de las latinas en Estados Unidos tenían un título de posgrado. Mi elección básicamente se redujo a un proceso de eliminación. Sabía que no quería ser doctora ni abogada, así que taché escuelas de medicina y de leyes a la primera. Luego un amigo de la universidad, que estaba tomando un curso propedéutico para el examen de admisión para graduados de Administración de Empresas (Graduate Management Admission Test, GMAT) con la idea de entrar a una escuela de Negocios, ofreció llevarme a una clase como invitada para ver si me gustaba. Una escuela de Negocios me parecía lo suficientemente amplia. Tal vez era la mejor forma de prepararme para todas las posibilidades.

El instructor del GMAT usaba lentes, era un entusiasta del ciclismo y se llamaba Robert. Era delgado, con el pelo corto; en sus clases soltaba la versión matemática de todos los chistes malos y adoraba el GMAT como si fueran los Dodgers. Los estudiantes se formaban cada semestre para poder entrar a su retacado curso que casi casi garantizaba mejorar tus resultados. En mi primer día, Robert me entregó un examen de prueba para hacerme una idea de cuál era mi punto de partida. Yo siempre supuse que, dado que me había ido bien en matemáticas en la *high school* y no tuve que tomar esa materia en la universidad, estaba lista. Pero al mirar fijamente los problemas sin tener la menor idea de dónde empezar, me di cuenta de que no se enseña matemáticas de la misma manera en todas las escuelas.

—¿Qué no llevaste álgebra en la *high school*? ¿Geometría? —me preguntó Robert después de calificar mi examen.

—Sí, pero nada como esto. Nunca he visto esta clase de problemas.

—Guau, eso no ayuda —dijo, negando con la cabeza—. No podrás entrar a ninguna buena escuela de Negocios con este resultado en matemáticas. Definitivamente no a alguna de las treinta mejores. Vas a tener que mejorarlo por lo menos doscientos puntos, y eso es *mucho*.

Yo estaba segura de que tomar la clase de Robert mejoraría mi calificación de matemáticas, pero cada uno de sus cursos de tres meses costaba más de 650 dólares. Yo vivía con 1 200 al mes. Luego escuché las palabras de mi mamá en mi cabeza: «Si no pides, no recibes». Solamente quedaba un mes de ese curso, así que le pregunté a Robert si podía entrar por ese tiempo.

—Me sentaré hasta atrás. Ni siquiera sabrás que estoy ahí —prometí.

—Ehhh, no suelo hacer eso, pero okey, está bien —dijo, cediendo—. Vemos cómo están tus calificaciones el próximo mes y partimos de ahí.

Acabé tomando el curso de Robert cuatro veces consecutivas. Dado que cada uno duraba seis meses o sesenta horas, son más de 240 horas de preparación formal para el GMAT. Cuando mis amigos iban a los bares de la playa, yo me quedaba en la mesa de la cocina tratando de entender conceptos de matemáticas que debí haber aprendido a los dieciséis. Era desmoralizante ver que cada obstáculo que enfrenté en el pasado solo aumentaba al tamaño del obstáculo que enfrentaría en el futuro… un efecto de bola de nieve con las barreras sociales. Sin importar cuántos exámenes de práctica tomaba, pasaban los meses y mi resultado no mejoraba.

De nueva cuenta, mi familia no tenía referencia de lo mucho que me estaba esforzando, así que rara vez les compartía lo que estaba haciendo. Me guardé todo a propósito, por miedo a que sus reacciones tibias me disuadieran siquiera de intentar. Un día, en una comida con mi mamá y su amiga, cometí el error de bajar la guardia y confesar que estaba intentando aplicar para un posgrado.

—¿Estás bromeando? Es un desperdicio de dinero y de tiempo —dijo Jade, la amiga de mi mamá, enfáticamente—. ¿Por qué no consigues algo confiable y seguro, como un trabajo de asistente de un alto ejecutivo, como lo que yo estoy haciendo? —sus muñecas y su cuello estaban adornados con ostentosas joyas de oro, cortesía del hombre casado con el que salía.

Mi mamá asintió de acuerdo con ella.

—A lo mejor deberías hacerle caso a Jade —intervino—. Ella tiene experiencia en el mundo corporativo.

Yo estaba trabajando más duro que nunca, pero no podía probarles que estaba tomando las decisiones correctas. Sin embargo, eso es exactamente lo que a muchos primeros y únicos les dicen que hagan, y el subtexto es «No te eleves de tu posición social actual». Se sentía injusto que me cuestionaran y me desanimaran de perseguir la misma meta por la que, me imaginaba, a muchos de mis compañeros del GMAT les aplaudían.

—Esto al final me va a conducir a algo mejor —dije.

Jade me miró como si fuera una ingenua.

Tal vez lo era. No tenía manera de saber si mi preparación para el GMAT iba a rendir frutos. No tenía ninguna garantía de poder mejorar mi calificación de matemáticas. Si sí lograba sacar un mejor resultado, no tenía ninguna garantía de poder entrar a una escuela de posgrado decente. Y aun si lograba eso, no tenía garantía de que una maestría lograra despegar mi carrera. Todo lo que tenía era mi instinto y el compromiso de terminar lo que empezaba.

Durante los dos años que tomé (y tomé y retomé y volví a tomar) el curso de Robert, trabajé en todo lo que se me ocurría para volverme una candidata más atractiva para las escuelas de posgrado. Cuando empezó a subir mi calificación de matemáticas quise sentirme optimista, pero todavía no estaba ni remotamente cerca de lo que necesitaba.

Al sentir mi desánimo, Robert dirigió mi atención a los demás elementos de una aplicación fuerte a una maestría en Administración de Negocios, en los cuales también tenía que sacar resultados increíbles: excelentes clases extracurriculares y un trabajo impresionante. Primero me inscribí a varias becas profesionales y asistía con *blazers* de Forever 21 a seminarios de todo el día los sábados en la UCLA como parte de un programa premaestría para los aplicantes de color.

Luego apliqué para un empleo de nivel júnior otorgando becas en una fundación de salud a nivel estatal, en un equipo enfocado en los trabajadores del campo. Cuando leí la descripción del puesto —financiar programas de bienestar para los trabajadores del campo, muchos de los cuales son indocumentados—, quedé convencida de que por fin tenía una oportunidad de fusionar mi empleo con mi pasión, algo que desde la universidad había estado luchando por conseguir. Y cuando me rechazaron tajantemente por no tener ninguna experiencia relevante (los comerciales y la crema de almejas no contaban), empecé un voluntariado en una organización sin fines de lucro que mi entrevistador había mencionado durante nuestra junta. Después de todo, los primeros y únicos rara vez nos desalentamos con el primer rechazo. Se presupone que vendrá el «no», y simplemente significa que es momento de recalibrar y encontrar otra vía.

Meses después volví a aplicar a la fundación con mi experiencia de voluntaria en la organización en la primera línea de mi currículum, y la segunda vez conseguí el trabajo. Renuncié alegremente de Gladstones y me mudé del colchón inflable en casa de mi mamá a mi propio departamento, donde dormía en una recámara de verdad. Tiré todas esas playeras malolientes y exploré todas las tiendas de oferta en busca de suéteres y vestidos para trabajar. Compré una taza para mi escritorio que tenía una *A* grande en letra cursiva y clavé fotos de mis amigos y mi familia en las paredes de mi propio cubículo.

Cuando llegó el momento de tomar oficialmente el GMAT en un centro de pruebas, completé el examen, pero dudé antes de apretar el botón para visualizar mi puntaje final. Había llegado la hora. El momento de averiguar si los últimos dos años habían sido una total pérdida de tiempo o el cambio que había estado esperando. Dije una oración rápida y di clic. Había subido mi calificación exactamente 220 puntos, dejándome dentro de un margen sorprendente para entrar a alguno de los mejores programas de Maestría en Administración de Negocios (MBA).

Le sonreí a la pantalla y junté mis cosas deprisa para poder correr al estacionamiento y llamarle a Robert. Sentí que me habían dado una segunda oportunidad en todo. El modelaje se quedaba en el pasado. Ser mesera se quedaba en el pasado. Mi mamá ya había terminado su quimioterapia y recientemente la habían declarado libre de cáncer. Mi hermanita y ella estarían bien, y era libre para empezar mi programa de MBA el otoño siguiente. Lo único que faltaba era aplicar.

—¿No vas a aplicar a la Ivy League? —dijo Robert mientras revisaba la lista de escuelas que había elegido. Estábamos sentados en mi cocina un sábado en la tarde, los manuscritos finales de mis ensayos en pilas bien acomodadas sobre la mesa frente a mí. Robert se había ofrecido a leerlos una última vez antes de que enviara mis solicitudes.

Aplicar a una escuela de la Ivy League ni siquiera se me había ocurrido. En mi cabeza, eso era para los hijos de senadores o la gente que tenía *III* después de su nombre. Hay en Santa Mónica un grupo de calles con nombres de colegios de la Ivy League: Yale, Princeton y Harvard. A veces, estando ahí, pasaba a propósito en mi coche por alguna de esas calles, solo por diversión. Era lo más cercano que alguna vez iba a estar de una Ivy League.

—No, no pensaba hacerlo —respondí. ¿En serio estaba sugiriendo…?

—¡Vamos, estás apuntando muy bajo! —dijo, negando con la cabeza.

No estaba acostumbrada a que nadie me animara a ser más atrevida de lo que ya era, y me di cuenta de lo mucho que ansiaba ser alentada en lugar de disuadida. Lo sola y subestimada que me había sentido hasta ese momento.

—Si fueras a escoger solo una —dijo—, ¿cuál sería?

Harvard, pensé. A mis ojos de veintiséis años, era el premio mayor.

—Ya sabes que Harvard tiene también la Escuela Kennedy—dijo, leyéndome la mente—. La Escuela de Gobierno Kennedy. Deberías mandar solicitud ahí también.

Nunca antes había oído hablar de una escuela de gobierno. Tomé mi laptop y busqué en Google «Escuela Kennedy». Hice clic en la página del programa de Maestría en Políticas Públicas (MPP). Las palabras «Haz una diferencia en el mundo» saltaron ante mis ojos en una fuente en negritas.

Haz una diferencia. Eso era lo que había estado esperando hacer desde mis días de barrer las hojas con Abi. Solo no sabía cómo lo lograba una. ¿Había una escuela entera dedicada a encontrar maneras de hacer una diferencia?

—Esto es increíble. Dame mi lista —le dije a Robert, que sonrió al pasarme la hoja de papel.

Al final de una larga lista de escuelas de Negocios, escribí, «Escuela Kennedy de Harvard». Era un pase largo... y el programa con el que de pronto más emocionada estaba.

Si quería hacer una diferencia, era difícil pensar en algo más adecuado que estudiar política pública. Pero, ¿yo tenía madera para la Ivy League? Las imágenes en mi cabeza de genios ricos privilegiados en bufandas a rayas indicaban que no.

Unos meses más tarde, sentada en mi cubículo en la fundación, apareció un mensaje del sistema de admisiones de Harvard en mi bandeja de entrada. Contuve el aliento en lo que entraba a mi cuenta y leí la primera línea: «¡Bienvenida a la Escuela de Gobierno Kennedy de Harvard, Generación 2008!».

Al leer el resto del correo, lentamente me levanté de mi asiento; sentía el impulso de gritar o brincar o correr por el pasillo para contarles a todos los que quisieran escuchar. En cambio, solo me quedé ahí y absorbí la enormidad del momento.

Después de un gran esfuerzo, todo iba a cambiar drásticamente otra vez. Otra escalera social acababa de aparecer frente a mí, y esta era más alta y más impresionante que ninguna de las anteriores. Apenas un par de años después de aparecer en *Maxim* y estar lanzando crema de almejas en Malibú, tenía el boleto dorado… una carta de aceptación a Harvard.

CAPÍTULO 7

HOW TO SAVE A LIFE

Las primeras semanas después de recibir mi carta de aceptación me perdí en mis ensoñaciones de ir caminando a clase por Harvard Square, bajo las hojas del otoño color fuego, las manos en los bolsillos de una gabardina beige. Después de todo, sí podía ser Ali McGraw en la película *Love Story*. En toda mi vida nunca había logrado nada que fuera tan universalmente celebrado. Robert empezó a usarme de ejemplo en sus clases del GMAT (¡de mesera a Harvard después de tomar este curso!), mis compañeros en la fundación parecían verme como alguien más capaz y quizá más inteligente, y hasta mis tías dijeron «Guau» cuando les di la noticia. Mi mamá encontró la manera de meter el tema de mi aceptación en todas sus conversaciones (¿Ya conoces a mi hija Alejandra que va a ir a *Harvard*?). Cuando llegó en el correo un paquete blanco con el sello carmesí, lo abrí encantada, pasé mi mano por encima de la suave cartulina y respiré el aroma del elegante papel.

Pero mi euforia duró poco. Justo atrás de las fotos de alumnos estudiando en el césped recortado estaban mis documentos de ayuda financiera. O debería decir *documento*, porque no había mucho que decir. No había becas ni subsidios ni alojamiento según necesidades. Para poder asistir a la Escuela Kennedy tendría que sacar más de 150 000 dólares de préstamos estudiantiles. Sumado a los préstamos de la USC que todavía no había pagado, ir a Harvard implicaría que me cargara una deuda de más de 200 000 dólares. Más intereses.

Me mareé un poco al ver el desglose de mi colegiatura. Era mucho dinero. ¿Realmente podría hacerlo? Siempre había supuesto que una educación en Harvard refrendaría para siempre el futuro de alguien, pero ahora cabía la posibilidad de que limitara el mío. ¿Alguna vez iba a poder comprar una casa, o siquiera un coche, con una deuda tan grande? Me mantenía a flote con mi salario de la fundación, pero ganaba menos de 40 000 al año, por lo que ahorrar era imposible. ¿Cuándo iba a poder ver el dinero que me permitiera reducir la enorme cantidad de 200 000 dólares?

Era saltar de un acantilado con los ojos vendados. Es la mejor manera que encuentro para describir cómo se siente tomar esa clase de riesgos. Mientras que todos deben sopesar y navegar cierto nivel de riesgo a lo largo de su vida, los primeros y únicos muchas veces enfrentamos decisiones difíciles con riesgos astronómicamente altos. Es por ello que es menos común que nosotros tengamos redes de seguridad (apoyo financiero de parte de la familia), paracaídas (redes de contactos profesionales integrados en nuestro sistema familiar) o cordones de bungee (ahorros) para que esos grandes saltos —como empezar un negocio o explorar un proyecto que te apasione— se sientan más manejables, aparte de acolchonar el aterrizaje después de cualquier caída o fallo natural. Y encima del peligro inherente a saltar de un acantilado, muchas veces lo hacemos a ciegas, sin ninguna idea ni expectativa de los próximos obstáculos mientras nos precipitamos directamente hacia ellos. Confiamos en la fe, la entereza y el valor.

Ir a Harvard implicaría apostar en grande al potencial de ingresos de una versión futura de mí, alguien en quien no estaba segura de poderme convertir. Miré mi recámara, cada posesión que tenía en el mundo —mi cama de la infancia con cuatro postes, una pequeña televisión, un clóset lleno de ropa de tiendas de descuento—; no parecía ser el tipo de persona que debiera tomar riesgos financieros de proporciones épicas. Y no ayudaba que tuviera otra opción perfectamente grandiosa (y más segura).

En un esfuerzo por ser minuciosa, o por pura paranoia, metí algunas solicitudes a escuelas de Negocios de dos dígitos. Además de la Escuela Kennedy, también me habían aceptado en varios programas de MBA, y todos venían con becas de alguna clase; Harvard fue la única escuela que no me ofreció ni un centavo. La USC incluso me había ofrecido una beca completa. Quedarme cerca de casa en LA, ir a mi *alma mater* y graduarme con cero deuda adicional era una opción increíble… y mucho menos riesgosa. Por no mencionar la cuestión decisiva: ¿mudarme al otro extremo del país para ir a una nueva escuela dispararía de nuevo mis ataques de pánico?

Para ese momento, la doctora Freeman y yo ya llevábamos nueve años trabajando juntas, haciendo un combo de terapia cognitiva conductual y de exposición. Y no había tenido un ataque de pánico desde el primer año de la universidad. Como parte de mi terapia de exposición, incluso empecé a volar otra vez —viajes cortos, todos de menos de una hora— al norte de California por trabajo de la fundación.

Pero mudarme a Massachusetts por mi cuenta sería una gran prueba, y no estaba segura de cómo me iría. ¿Y si me desmayaba en la orientación (otra vez)? ¿O si tenía que dejar la escuela unas semanas después porque no podía aguantar las clases enteras o hacer exámenes sin hiperventilar? Había muchas incógnitas y mi mamá estaba comprensiblemente preocupada.

—Si te vas a la USC, no tendrás deudas —decía mi mamá, mirando mi carta de ayuda financiera—. Y además estarás en casa. Cerca de nosotras.

No tenía que decir lo siguiente en voz alta para que yo supiera a qué estaba aludiendo. Estaba pensando en mi ansiedad. Se lo veía en la cara, cuando arrugaba la frente al devolverme los papeles.

—Solo me parece más viable.

Sin duda era más pragmático, pero mi mamá no podía captar el concepto entero de lo que podía significar un título de Harvard para alguien como yo. Cada vez más, los consejos de mi familia se sentían contradictorios. Como nos pasa a muchos primeros y únicos, mi mamá varias veces me animaba a querer alcanzar las estrellas. Al mismo tiempo, quería que me mantuviera cerca de forma segura y confiable. Parecía que su miedo a lo desconocido resurgía cada vez que yo enfrentaba una encrucijada importante.

Cuando recorté mis horas de trabajo como mesera para tomar las clases de preparación para el GMAT, mi mamá me advirtió que lo pensara dos veces antes de comprometer un ingreso tan confiable. Considerar Harvard versus la USC representaba un dilema similar. Ella quería verme tener éxito, pero sus miedos se erigían en directa oposición al riesgo financiero calculado que sería necesario para llegar ahí, y expresaba esos miedos justo en los momentos en que más me hubieran servido unas palabras de aliento. Hay un enfoque en la inmediatez de ganar dinero que suele acompañar a las familias de los primeros y únicos. Es una mentalidad formada en reacción a sus propias experiencias, pero en ocasiones las reservas que expresan suenan, de todas maneras, hirientes.

Harvard no era solo una escuela; para mí representaba algo mucho más grande. Sí, una educación de clase mundial, pero también veía un título de Harvard como el «validador» profesional más poderoso que podía obtener. Al ser primera y única, obtener una acreditación reconocida a nivel mundial que pudiera servir como testimonio de mi potencial me parecía particularmente decisivo. Solo podía conducirme a puertas abiertas.

Cuando llegué a la USC en mi primer año, no conté con ningún atajo que facilitara mi aceptación en espacios elitistas; no había crecido en Orange County ni tenía un padre que fuera una celebridad. Pero ahora tenía una oportunidad de nivelar el campo de juego. Yo creía que el hecho de que dijera Harvard en mi currículum legitimaría mi pertenencia de una manera que mis circunstancias de vida jamás podrían. Olvídate de las escaleras sociales; este era mi asiento en un cohete… *si* no me desmayaba en público primero. Sabía qué quería hacer, pero ¿podría hacerlo?

El día antes de la fecha límite para comprometerme, me temblaban las manos al revisar en línea los documentos del préstamo. La cantidad que estaba pidiendo era más de lo que había ganado en los últimos cinco años juntos. Debería la cantidad total de mi colegiatura más el costo total de mis gastos de vivienda durante dos años: alojamiento, comida, libros, todo. ¿Cuánto dinero estaba realmente dispuesta a apostar en mí? Ya había corrido riesgos en el pasado, pero ninguno incluía firmar un contrato legal con el Departamento de Educación de Estados Unidos para aceptar un préstamo estudiantil federal.

Para calmar mis miedos, se me ocurrió un plan de contingencia. Iría a Harvard para mi MPP, y luego, justo después, asistiría a la Escuela de Administración Kellogg de la Universidad Northwestern para mi MBA, un programa al que me habían aceptado con beca. Al tener ambas maestrías, aumentaría mi capacidad de contratación, cubriéndome la espalda ante la posibilidad de acabar con una deuda enorme y nada con que responder a ella.

Dos años en Boston y luego dos años en Chicago. Estaba retrasando mi entrada a la fuerza laboral, pero a cambio estaría preparada con dos redes profesionales donde buscar trabajo. Consideraba este plan un seguro personal. Me dije a mí misma que estaba siendo sensata.

Además, no aprovechar esta oportunidad y preguntarme para siempre «¿Y si...?» me parecía el escenario más aterrador de todos. De alguna manera, sabía que arrepentirme dolería un millón de veces más que fracasar. Si me echaba para atrás ahora, ¿cómo iba a saber de lo que en verdad era capaz?

«Te lo ganaste —me dije a mí misma—. Si dejas que el miedo o el dinero te detengan, siempre te vas a arrepentir». Respiré hondo y puse mi firma electrónica. Era oficial. Me iba a Harvard.

En el transcurso de los siguientes meses empaqué mi vida entera en cinco cajas grandes, organicé unas cuantas cenas de despedida con Alma y mis amigos más cercanos, y vendí mi Jeep Wrangler. Ahora que ya había firmado sobre la línea punteada, decidí que no iba a pensar más en mi deuda estudiantil y me preparé para mudarme al otro extremo del país.

Mi mamá accedió a volar a Boston conmigo como apoyo moral y llevar a Mónica para que pudiéramos convertirlo en una minivacación familiar. Y con la idea de prevenir la ansiedad que sin duda iba a salir a la superficie, la doctora Freeman y yo agendamos sesiones semanales en la sala de su casa. Me sentí muy agradecida por su taller intensivo; ella entendía que esta mudanza tenía el potencial de liberarme o arrebatarme mi progreso.

Pasé docenas de tardes nubladas recostada en su sofá con los ojos cerrados mientras me guiaba por cada segundo de mi vuelo a Boston antes de tomarlo.

—Ahora estás entrando al avión —decía suavemente—. Ves a la gente frente a ti en la fila. Ahora escuchas los anuncios de las asistentes de vuelo. Ahora alcanzas a ver tu asiento vacío y caminas hacia allá…

Me dijo que levantara un dedo cuando sintiera venir el pánico. Como relojito, levantaba el dedo índice y ella repetía mensajes de calma y consuelo para mi cerebro abierto e impresionable. Al menos por el momento, funcionaba.

En esa ocasión mi alojamiento quedó asegurado de inmediato. Contacté a futuros compañeros en el foro en línea de la Escuela Kennedy durante el verano y cinco nos apuntamos a rentar una casa azul clara en Harvard Square, a solo tres minutos caminando de la escuela. Éramos desconocidos, pero tan solo saber que no estaría completamente sola era un gran avance. Y tenía un botecito de Xanax además de tres recetas para resurtir. Intenté no pensar en la posibilidad real de que mi ansiedad sí se disparara con la mudanza.

Cuando el avión despegó de LAX rumbo a Boston (mi primer viaje al otro lado del país en quince años, desde mi ataque de pánico a medio vuelo a los once), apreté el rosario azul de mi abuelita en la palma de mi mano y mi mamá se acercó para hacerme la señal de la cruz en la frente. Recé: «Abi, acompáñame… Ayúdame a superar esto». Luego encendí mi iPod, elegí la lista de canciones que había creado para Boston con tal de tener la mente ocupada y escuché «Boston», de Augustana. En el coro, cerré los ojos y pretendí que la canción era sobre mí:

> Dijo creo que iré a Boston
> Creo que empezaré una nueva vida
> Donde nadie sepa mi nombre.

~

Harvard Square se veía exactamente como tenía que verse. Edificios históricos de ladrillo. Calles adoquinadas. Iglesias con chapiteles altísimos. Cafés encantadores. Un parque central con árboles de maple y de roble para estudiar a su sombra.

Un bar clandestino para servir tazas humeantes de cidra de manzana con ron. Equipos remando por el río Charles. Y en medio de todo, la icónica estación Harvard T blanca y roja, elevándose prominente y anunciándoles a un constante flujo de estudiantes y turistas que ya habían llegado, en más de un sentido. Solo bajarse del tren en la estación se sentía emocionante.

Cuando entré a la Escuela Kennedy para la orientación, lo primero que noté fueron las servilletas. Limpiarme el queso crema de la boca con una servilleta que traía el escudo de Harvard tenía algo de intimidad, como un amante que se inclina sobre la mesa para limpiarte una migaja de la cara. Me quedé al fondo del salón, viendo a doscientos y tantos estudiantes pulular mientras equilibraban el café y los pastelillos, muchos con sudaderas y gorras de Harvard nuevecitas (evidentemente yo no había sido la única que se fue directo a la librería al llegar).

Noté a un hombre del otro lado del salón con una camisa polo color salmón con el cuello levantado y zapatos náuticos Sperry, aunque en ese momento no hubiera podido decir de qué marca eran. Su vibra entera me pareció encantadora —un aire de niño *preppy* de Nueva Inglaterra—, y empecé a tomar notas mentales del «estilo Harvard». De nueva cuenta, mis puntos de referencia sociales se recalibraban ampliamente en tiempo real, y no quería pasar vergüenzas.

La USC me había enseñado lo poderosa que podía ser la ropa como símbolo de clase. No obstante, como nos pasa a muchos primeros y únicos, esos códigos de vestimenta implícitos no se me habían inculcado de niña y no siempre me daba cuenta de que los estaba rompiendo hasta que ya era demasiado tarde. ¿En qué consiste un estilo *business casual*? ¿Cuándo se espera que te pongas medias? ¿Cuál es el atuendo apropiado para un club exclusivo? En general había contestado muchas de estas preguntas viendo películas y programas de televisión. Y evaluando rápidamente mi ambiente y luego adaptándome sobre la marcha. En este caso, el estilo playero de Abercrombie de la USC quedaban descartados, mientras que las camisetas polo de Vineyard Vines eran lo de ahora.

Cuando alguien en un altavoz anunció que todos se sentaran, aproveché la oportunidad para tomar unas cuantas servilletas limpias de la mesa y meterlas en mi bolsa como recuerdo.

Un par de filas más adelante, uno de mis compañeros de casa me saludó.

—Ey, gracias —dije, cuando me señaló el asiento vacío junto a él—. Qué loco, ¿no?

—Seguro —dijo, pasando las hojas del programa. Nate estaba cercano a los treinta y se veía enteramente en su elemento: su portafolios de cuero estaba desgastado a la perfección y él ya había ido a Dartmouth. Miré a la blusa de raya diplomática que yo traía puesta, agradecida de haber sido lo suficientemente lista para planear mi atuendo en esa ocasión. «Por lo menos ya sé que no debo volver a vestirme toda de negro», pensé, estremeciéndome con el solo recuerdo de mi primer atuendo en el reclutamiento de la sororidad.

La jefa de admisiones empezó a hacer comentarios introductorios mientras se hacía el silencio en el foro John F. Kennedy Jr., un punto de encuentro donde se ha recibido a presidentes, jefes de Estado y líderes en varios campos, desde medios de comunicación hasta negocios. Habían pasado casi diez años desde mi orientación en la USC, y estaba de vuelta en un espacio con cientos de compañeros que, sin duda, estaban más preparados que yo. De nueva cuenta era la chica que tenía todo que perder si no estaba a la altura. Y en esta ocasión era todavía más vulnerable porque había contraído una deuda enorme.

Me llegaron varios pensamientos uno tras otro. «¿Esto es ansiedad? ¿Y si tengo otro ataque de pánico en público? ¿Y si no soy lo suficientemente lista? Mira lo bien arreglados que vienen todos. ¿Y si no puedo mantener el ritmo de las clases? ¿Y si...? ¿Y si...? ¿Y si...?».

Me enfoqué en mi respiración, como había aprendido a hacer en la terapia, luchando por acorralar mis pensamientos negativos, cuando anunciaron al decano de la Escuela Kennedy en el escenario.

El decano se acercó al micrófono dando grandes zancadas, con una sonrisa cálida entre su barba entrecana. Era un economista laboral que había presidido un grupo para una reforma social del presidente Bill Clinton. Nunca antes había visto en persona a alguien que hubiera trabajado para un presidente de Estados Unidos, y bien pudo haber sido una celebridad. Sentada en mi silla, de pronto estaba presente... en mi cuerpo y en el momento.

—Gracias a todos —dijo después de un largo aplauso—. Sé lo que están pensando —empezó—. Probablemente se están preguntando si deberían estar aquí, ¡o si alguien en admisiones se equivocó!

Se oyeron risas nerviosas del público. Yo miré alrededor a mis nuevos compañeros, la mayoría de veintitantos y treinta y tantos, y me pregunté si sería cierto. ¿Todos estaban pensando lo mismo que yo? Ahora que los veía más de cerca, tenía que admitir que no parecían embonar en el estereotipo privilegiado y reservado de Harvard. Los estudiantes a mi alrededor parecían accesibles y diversos, y la mayoría vestían de manera casual, con sudaderas y camisetas.

—Si eso es lo que están pensando, les voy a contar un secretito: *Harvard no se equivoca.* Si están aquí es porque *tienen* que estar aquí. Permítanme repetirlo… Harvard no se equivoca. Así que ya se pueden relajar.

Brotaron sonrisas por todo el recinto y el nudo en mi estómago se disolvió como una tableta de chocolate Abuelita en leche hirviendo. Su lógica tenía sentido. Si Harvard era la institución omnisciente que yo creía, entonces, por definición, eso también debía extenderse a sus decisiones de admisión. Quizá no sintiera la suficiente confianza en mi propia pertenencia todavía, pero pensé que podía confiar en que Harvard supiera algo que yo no.

Con esa seguridad y la ventaja de tener compañeros de casa con quienes caminar, terminé el día de orientación sin desmayarme. Luego fui a comprar libros en Harvard Coop y terminé mi primera semana de clases sin incidentes. Incluso logré dormir toda la noche. Tal vez nada de esto suene tan impresionante, pero para mí, cada pequeña victoria (sin Xanax) me daba una señal de que iba por buen camino para superar mi trastorno de pánico para siempre. Sintiéndome emocionada, me metí de lleno en la vida de la Escuela Kennedy, y resulta que me encantó.

Cambridge era una dulcería intelectual. Al entrar en Peet's Coffee, en Harvard Square, escuchaba a alumnos discutir de todo, desde las leyes de refugiados hasta las elecciones intermedias… a las ocho de la mañana. Los debates en clase terminaban en la calle, a la hora feliz. La gente se apuntaba emocionada para tener asesorías con sus profesores. Todos a mi alrededor parecían de lo más inquisitivos y dedicados. Y las estaciones discernibles hacían parecer que nuestro tiempo en la Escuela Kennedy se nos estaba yendo muy rápido, así que era mejor sacarle todo el provecho posible. Como nativa de LA, adoré experimentar un clima de verdad. Una de las cosas que más me gustaba hacer era caminar a finales del otoño las dos o tres cuadras de mi casa al campus pisando hojas secas con una taza de chocolate caliente en la mano.

Antes de mudarme a la Costa Este había visto nieve real un puñado de veces. Cuando tenía casi seis años, mi mamá nos inscribió en un viaje de la iglesia a la Villa de Santa, un parque de diversiones temático de Navidad cerca del Lago Arrowhead, al sur de California. Era una tierra de fantasía *kitsch* en tonos pastel, con atracciones como la Cocina de la señora Claus, pero la mejor parte para mí fue ver la nieve por primera vez. Desafortunadamente, mi mamá era igual de inexperta que yo en temas de climas fríos y olvidó empacarnos guantes, botas de nieve y chamarras aislantes, así que nos pasamos casi todo el viaje soplando aire caliente a nuestras manos ahuecadas para calentarnos los dedos helados.

Ahora tenía un abrigo largo nuevo, botas impermeables y una casa a pocas cuadras del campus. La nieve se sentía como una divertida novedad y una buena excusa para usar las bufandas y boinas que en mi clóset de LA solo acumulaban polvo. Tan solo ir a la lavandería con mi compañero de casa, escuchando a The Fray mientras la nieve caía en copos alrededor de nosotros, se sentía como si viviéramos en un domo de nieve navideño.

Durante mi primer año como estudiante de MPP, las clases eran bastante claras —teoría microeconómica, estadística, política económica—, pero fueron los oradores y los eventos lo que me impactó. Hubo días en que tuve que elegir entre escuchar una plática del senador Ted Kennedy y tener una conversación uno a uno con un miembro del Parlamento británico. Mi asesora académica —a quien iba a visitar a su despacho— era Samantha Power, ganadora del premio Pulitzer y futura embajadora ante las Naciones Unidas.

Pero incluso con expertos de clase mundial paseando por el campus a diario, lo que más me gustaba era sentarme en una de las mesas de madera del Foro JFK Jr., donde los estudiantes tomaban café o se reunían para estudiar en grupo. Bajaba las escaleras que recorrían el perímetro y absorbía el entorno: los líderes de organizaciones sin fines de lucro, los diplomáticos y los operativos políticos esparcidos por el lugar ahora eran personas con las que podía comer un sándwich entre clases.

Y las mujeres. Estaba a la vez impresionada y fascinada por sus historias, muchas de ellas poco tradicionales, como la mía. Rápidamente me hice amiga de una mujer llamada Tamara, nacida en Belgrado, que emigró con sus padres a Nueva

Jersey cuando tenía seis años. No hablaba una palabra de inglés cuando cursó su primer día en una escuela pública, pero para cuando llegó a la *high school* ya estaba ganando concursos de debate. A pesar del tibio apoyo de su consejero académico en la *high school* («Supongo que hasta las bolas de nieve tienen una posibilidad de sobrevivir el infierno»), Tamara se abrió camino hasta llegar a la Universidad de Harvard para estudiar la licenciatura. Su apariencia era la de algunas de las mujeres que había visto en el sistema griego de la USC —rubia y a veces con tacones de cuatro pulgadas—, pero ya había trabajado para el Centro Internacional de Capacitación para el Mantenimiento de la Paz Kofi Annan en Ghana cuando nos conocimos.

Y había muchas más. Varias gravitamos unas hacia otras, y muy pronto ya éramos un pequeño escuadrón: Tamara y yo, además de Theresa (la primera persona de su familia en ir a la universidad, quien luego sirvió como teniente en la Guardia Costera de Estados Unidos), e Ingrid (licenciada de Yale que venía de Houston, cuya familia era de México). Se me ocurrió que tal vez al fin había encontrado a mi tribu. Ellas también eran primeras y únicas, cada una con sus particulares motivaciones. Ya fuera que nos viéramos para desayunar tarde con una mimosa en UpStairs en Harvard Square o para tomar chocolate caliente en Burdick's, tenía una sensación de pertenencia que nunca antes había experimentado.

Pero en lo referente a la parte académica, no estaba tan segura. Estaba acostumbrada a sacar buenas calificaciones, ya fuera en la *high school* o en la USC, pero ahora me enfrentaba a compañeros con un ingente conocimiento de filosofía política y política extranjera. Casi siempre me sentaba hasta atrás en los salones de cátedras, tomando notas, mientras otros alumnos en las primeras filas recitaban teoría política con toda facilidad. Yo no tenía manera de saber si me estaba yendo bien en las clases o me estaba quedando rezagada. Ya que la mayoría de las calificaciones se calculaban con ensayos finales y exámenes, el indicador definitivo se vería al final del primer semestre.

El día que se publicaron las calificaciones, me despertaron los nervios antes de que amaneciera. Agarré mi laptop —me aseguraba de dormir con ella a mi lado — y tecleé mi matrícula de estudiante. No estaba segura de qué esperar. ¿Alguna A? ¿Solo pasar? Era una sensación que nunca había tenido en la escuela.

Mis calificaciones aparecieron en la pantalla y rápidamente subí y bajé la mirada buscando alguna D, F o materias incompletas. No había. Me había ido bien. Sin duda al mismo nivel que los demás. Exhalé una bocanada de aire, como un globo al desinflarse. Ni siquiera me había dado cuenta de que estaba aguantando la respiración. «Okey, sí puedo», pensé, asintiendo con la cabeza.

Y luego, cuando mi confianza se convirtió en orgullo, me senté aun más erguida en la cama, «Sí puedo».

Me sonreí a mí misma, me puse la bata y fui a la cocina a preparar el desayuno. Empecé a tener más confianza en mí misma después de eso. Tal vez no podía decir de un tirón citas textuales de John Locke como algunos de mis compañeros, pero iba muy bien.

~

Una tarde de primavera estaba acostada en mi cama individual leyendo un caso de estudio cuando me di cuenta de que ya había pasado mucho tiempo desde la última vez que había pensado en mi ansiedad o en tomar Xanax. De hecho, ya ni siquiera cargaba el pastillero en mi bolsa. Caí en la cuenta de que había tomado la decisión correcta llevándome al límite, con la mudanza al otro extremo del país y hasta con el hecho de tener una deuda estudiantil. Me sentía libre de las garras de la ansiedad y más feliz de lo que nunca había estado. Y por una vez realmente lejos de mi familia, ya tenía espacio (y permiso) para ponerme a mí misma como prioridad.

La geografía creó barreras emocionales con mi familia, algo que antes me había costado trabajo establecer y aplicar... como en ocasiones suele pasarles a otros primeros y únicos. Sin las diarias descripciones detalladas de los problemas de todos, ya no sentía que necesitara abalanzarme al rescate. Por primera vez desde el fallido viaje a París con mi mamá, me quedé dormida imaginando todos los lugares lejanos a los que quería viajar.

Como era tradición en la Escuela Kennedy, en las vacaciones de primavera había múltiples viajes internacionales planeados para y dirigidos por estudiantes, incluyendo al Medio Oriente. En la licenciatura, y desde entonces, yo había empleado cuanta excusa tuve a la mano para rechazar invitaciones para viajar con amigos. ¿Un viaje de fin de semana a Cabo San Lucas? «No, gracias —decía—... tengo otros planes». Ahora no podía esperar para subirme al avión.

Me uní a un viaje a Israel y Cisjordania, guiado por algunos de nuestros compañeros israelíes y palestinos. A lo largo de dos semanas, una docena más o menos de nosotros pasamos la mitad del tiempo en Israel, visitando políticos en Knesset, recorriendo una base de las Fuerzas de Defensa de Israel y la Iglesia del Santo Sepulcro dentro de la Ciudad Vieja de Jerusalén. Luego nuestros compañeros israelíes nos dejaron en un puesto de control militar en Cisjordania, donde pasamos el resto de la semana.

Cruzamos a pie, arrastrando nuestras maletas por caminos de tierra, pasando frente a soldados con armas automáticas. Del otro lado nos esperaban nuestros compañeros palestinos y un autobús que nos llevó al palacio presidencial, a través de un campo activo de refugiados y en un recorrido por la ciudad dividida de Hebrón.

Habíamos estudiado el conflicto israelí-palestino en la escuela, pero al registrarme en mi hotel, en el interior de un palacio ornamentado en Ramala (por menos de veinte dólares la noche), pensé lo diferente que era tener una perspectiva *in situ*. Había pasado menos de un año desde que llegué a Cambridge y ya estaba cambiando drásticamente mi marco de referencia para el mundo, lo mismo que mi mentalidad sobre mi lugar potencial en él.

En la Escuela Kennedy, incluso las cosas que hacíamos por diversión se veían sumamente distintas de lo que yo estaba acostumbrada. Seguro, había fiestas temáticas y nos íbamos de bar en bar, pero en lugar de centrar nuestro calendario social alrededor de partidos de futbol americano de la conferencia Pac-10 o ver los *MTV Movie Awards*, agendábamos nuestras fiestas alrededor del calendario político. Y en un acto de precisión divina, empecé mi segundo año estudiando política pública en 2007, durante uno de los procesos electorales presidenciales más extraordinarios en la historia de Estados Unidos.

Nunca había tenido un sentido de agencia en lo que respecta a la política. Mi familia emigró a Estados Unidos pocos años antes de que yo naciera, y no creo que nunca hayamos comentado nada sobre las elecciones cuando era chica. En la mesa definitivamente no había debates sobre las votaciones. Cada quien tenía su propio horario y todos trabajaban muchas horas, así que no recuerdo que alguna vez nos hayamos sentado todos juntos en la mesa. Mi familia estaba enfocada en mantenerse a flote cada día, y el destino de los políticos de Washington, DC, o siquiera de los locales, no parecía trascendental ni relevante para ellos.

Como adolescente en LA a principios de la década de 1990, vi la Proposición 187 a través de los ojos del activismo. Todavía demasiado joven para votar en aquel entonces, me uní a las marchas en las calles y puse un pin en mi mochila que decía NO A LA 187. Pero de cualquier manera, no sentía que hubiera un lugar para mí en el proceso político, al menos en ningún grado significativo.

Sentada en el Foro JFK Jr., ver los debates presidenciales de 2008 con docenas de mis compañeros cambió todo eso. No había nada fuera de mi alcance ni inaccesible al respecto. Comíamos palomitas y tomábamos cerveza. Aplaudíamos y le gritábamos a la televisión como si estuviéramos viendo un partido de los Troyanos, especialmente porque los candidatos estaban discutiendo las mismas cuestiones de política con las que lidiábamos en clase. Pero sobre todo, yo escuchaba con atención lo que los candidatos decían y —algo desconocido para mí hasta entonces— consideraba si estaba de acuerdo con ellos o no, sopesando mi propia opinión como un factor real digno de consideración.

Durante el primer debate de las primarias de los demócratas, en la Universidad de Carolina del Sur en abril de 2007, me sentí cada vez más interesada en el entonces senador Barack Obama. Él hablaba de una «nueva clase de política» y de «organizar a la gente ordinaria para hacer cosas extraordinarias». Para alguien que siempre se había sentido en la periferia de la política, me sorprendió la conexión tan profunda que sentí con sus palabras. Cuando se refería a su campaña como un «movimiento» para cambiar el sistema de salud, la educación y la política energética, miraba la pantalla con toda atención. Nunca antes me había sentido motivada por un discurso político, y sentí que un imán me estaba jalando hacia algo. Todavía no estaba segura de a qué exactamente.

~

Durante mi segundo año en la Escuela Kennedy me enfoqué en buscar clases sobre incidencia política y generar poder en las comunidades. Me sentía decidida a aprovechar al máximo el tiempo que me quedaba: participé en la simulación de una campaña para el Congreso; canté la versión de Selena de «Tú, solo tú» en el concurso de talentos de la Escuela Kennedy acompañada del mariachi del MIT, y editaba una publicación sobre política. Al mismo tiempo, a lo largo del día refrescaba las noticias políticas en línea mientras el campo de candidatos demócratas se reducía. Nunca le había puesto tanta atención a una elección ni seguido las primarias, los debates, las encuestas.

Obama, un primero y único como el primer presidente de color de la *Harvard Law Review*, estaba superando las expectativas al embarcarse en su propia versión de saltar de un acantilado con los ojos vendados. Y él iba a saltar del pico más alto del mundo. Me sentí inspirada a nivel profesional y personal. Sentía que él y yo —y millones de otros jóvenes de primera generación que compartían su autoidentificada «audacia de esperanza»— éramos almas gemelas.

Para la primavera de 2008, mi último semestre en el posgrado, parecía cada vez más probable que Obama ganara la nominación demócrata para las elecciones presidenciales. Y luego, casi llegado el día de mi graduación, lo hizo.

Mi mamá y Mónica no habían regresado a Boston desde que me acompañaron en la mudanza dos años atrás en sus papeles de consuelo emocional. Qué diferencia habían hecho estos dos años. Llegaron unos cuantos días antes de la graduación para encontrarme en mi elemento. Les presenté a mis amigos y las llevé a Darwin's a comer los mejores sándwiches de Cambridge, y luego a Faneuil Hall por gruesos rollitos de langosta.

La ceremonia de graduación reunió a cada estudiante de la generación saliente en el Harvard Yard —un mar carmesí formado por miles—, aunque la sección de la Escuela Kennedy estaba lejos de ser el centro de atención. A todos nos habían entregado globos terráqueos inflables de camino, como un guiño a nuestro enfoque en la política. Aun si no alcanzábamos a ver el escenario por las incontables filas de estudiantes en togas y birretes —ni a escuchar mucho de lo que decían los oradores—, me quedé ahí sentada radiante, con el mundo en las manos. Aunque una parte de mí siempre había vivido alerta, esperando que explotara la siguiente bomba, me daba valor saber que ahora nadie me iba a poder quitar mi título de Harvard. Sin importar qué pasara, lo mala que fuera mi suerte, a quién o qué perdiera, esto era mío para siempre. Era lo más cercano que había tenido a una salvaguarda personal en toda mi vida.

Después de la ceremonia regresamos al foro para tomar una foto, en el mismo lugar donde el decano había dicho esas palabras de aliento el día de la orientación. Cuando mi mamá me entregó un bouquet de rosas de tallo largo, sentí una oleada de culpa. Rosa pálido y atadas con un listón del mismo color, eran impresionantes, pero probablemente caras. Mi mamá había gastado dinero que no tenía en unas flores extravagantes, además del vuelo y el cuarto de hotel, por mí. Era una sensación familiar... arraigada en la preocupación de lo escasas que seguramente eran sus finanzas. Pero antes de que mi culpa pudiera escalar, me repuse. «Este es un evento importante —me dije a mí misma—. Dará frutos. Disfruta tus flores».

~

Faltaba un verano antes de empezar todo de nuevo en la Escuela Kellogg de Northwestern para mi MBA, y sabía exactamente cómo quería pasarlo: ayudando a que Barack Obama fuera elegido presidente. Nunca se me había cruzado por la mente trabajar en una campaña política y tenía una oferta de pasante bien pagada para el verano, pero después de dos años mirando cómo cobraba forma el movimiento del que Obama había hablado, ya era una creyente. Y al parecer, también miles de jóvenes más por todo el país. Encontrar la manera de «entrar» no sería sencillo considerando que no tenía experiencia previa.

Le pregunté a cuanta persona se me ocurrió si tenían algún contacto en la campaña de Obama. Volé a DC para marchar fatigosa en traje bajo el calor pantanoso de junio para tomar cafés (en su mayoría) infructuosos con varios empleados del Congreso y líderes de grupos expertos que me habían recomendado mis compañeros de la Escuela Kennedy.

—Cuéntame de ti —me dijo un político latino tomando un café en el hotel Hay-Adams.

Empecé a contarle mi vida y a explicar por qué quería trabajar en la campaña, pero a los pocos minutos de haber empezado, detecté en sus ojos una mirada que ya conocía muy bien. Creyó que era ingenua. Continué, pensando que tal vez él podría ayudarme a encontrar un puesto, pero el café terminó tal como había temido.

—Bueno, es prácticamente imposible entrar ahora, pero te aviso si sé de algo.

Fue perfectamente amable, pero claro: nadie sabía de ningún puesto disponible, dado que medio mundo clamaba por unirse a la campaña.

Luego, después de días de juntas similares, mi último café en DC rindió frutos. Un amigo de un amigo de un compañero de clase dijo que *podría* saber de una oportunidad en las oficinas de campaña de Chicago… *si* estaba dispuesta a volar para allá de inmediato y trabajar gratis. Acababa de gastar lo último de mi préstamo de Harvard, mi seguro de gastos médicos estudiantiles había expirado y tenía menos de 100 dólares en mi cuenta de banco. Pero también tenía una tarjeta de crédito, con un límite de 15 000, y la certeza instintiva de que Obama era un líder como nadie hubiera visto. Eso era suficiente para mí. Dije que sí. Una semana después estaba subiéndome a un avión rumbo a Chicago.

~

Aterricé en O'Hare con una maleta de ropa y la promesa de que me darían alojamiento con un simpatizante de la campaña que ofrecía una recámara en su hogar. *Sí* había una posición para mí, pero seguía sin tener idea de lo que iba a hacer. A pesar de todo, estuve segura de haber tomado la decisión correcta en el momento en que entré en el rascacielos de Michigan Avenue donde estaban las oficinas centrales de la campaña de Obama.

El inmenso edificio, el viaje en elevador a la expectativa, la energía efervescente una vez que entré… se sentía como si mi vida hubiera cambiado a un tipo de frecuencia vibracional más alta. Incluso el icónico logo rojo, blanco y azul de la campaña esparcido por las paredes parecía estar en Technicolor. Solo había visto esta clase de intensidad coreográfica en las películas de Wall Street o en ajetreadas salas de prensa. Había un auténtico murmullo en el cuarto por las docenas de manos que tecleaban decididamente en laptops y las múltiples llamadas telefónicas que se hacían al mismo tiempo.

Me reporté al cubículo de operaciones, donde una joven que no parecía tener más de veinte años me dio una credencial de acceso para entrar al edificio y al piso privado, me indicó dónde estaba el baño y me asignó una silla entre los cubículos retacados y las mesas comunales. Quedé sorprendida al ver que, con la excepción de casi todo el personal de nivel sénior, la edad promedio de mis nuevos compañeros de trabajo parecía ser de veintitantos.

Tan pronto como me senté, mi nuevo supervisor me propuso ir al café de la planta baja para discutir mi puesto. Estaba determinada a aprender rápido y llevé mi laptop para anotar mis responsabilidades, que incluían hacer llamadas y registrar el apoyo relacionado con obtener el voto latino a nivel nacional.

De vuelta en mi escritorio, minutos después, apenas me senté, noté que un número desconocido había estado llamando sin parar a mi celular. Lo último que quería hacer era excusarme para ir a hacer una llamada durante mi primera hora en el trabajo, pero quien fuera ya había dejado tres mensajes de voz. ¿Y si mi mamá o Mónica habían tenido un accidente?

Me fui a un pasillo ruidoso por donde pasaban otros miembros del personal y, pegándome el teléfono a la oreja, escuché uno de los mensajes.

—Señorita Campoverdi, le hablo de la alerta de fraudes de Visa. Hemos notado actividad inusual en su cuenta. ¿Puede devolvernos la llamada lo más pronto posible por favor?

Me quedé helada. ¿Y mi bolso? Sí, estaba en el piso, abajo de mi escritorio. Pero, ¿y mi *cartera*?

Corrí de vuelta a mi escritorio y abrí mi bolso. Estaba vacío. Alguien debió tomar la cartera cuando colgué el bolso atrás de la silla en el café. Y quien la tomó no perdió tiempo: gastó miles de dólares en electrónicos y en ropa en tiendas de Michigan Avenue en cuestión de minutos. La buena noticia era que no tendría que pagar ninguna de sus compras. ¿La mala noticia? Esa tarjeta de crédito era mi *único* medio para pagar cualquier cosa, desde comida hasta pasta de dientes. El saldo de mi cuenta de cheques ya marcaba cinco dólares, y el reemplazo de la tarjeta tardaría entre tres y cinco días hábiles en llegar.

Sentí que se me enrojecía la cara cuando me di cuenta de que ni siquiera tenía suficiente dinero para tomar el tren a casa esa noche. Pero como no quería parecer distraída ante mi nuevo jefe, me dije a mí misma que ya más tarde vería qué hacer y abrí mi laptop para ponerme a trabajar.

Al acercarse el final de mi primer día en la campaña, empecé a repasar mis opciones: podía dormir en la oficina (de ninguna manera). O les podía pedir a mi nuevo jefe o a mis compañeros veinte dólares (totalmente humillante). A alguien que hubiera crecido con una relación segura con el dinero, tal vez no le perturbaría pedir prestados veinte dólares. Pero a mí me acomplejaba la idea de parecer necesitada y en bancarrota. Me daba vergüenza pedirle caridad a quien fuera.

Luego me acordé. Uno de mis excompañeros de la Escuela Kennedy también estaba trabajando en la campaña. Si estaba en la oficina, tal vez pudiera sobrevivir esto con mi dignidad intacta.

Tecleé en la aplicación tipo Messenger que el personal de la campaña usaba para comunicarse rápidamente:

—*Oye, Cody, ¿estás en las oficinas centrales?*

Le di ENVIAR y recé por que viera mi mensaje.

Pasaron agonizantes minutos sin respuesta y la oficina se empezaba a vaciar rápido. Pronto, mis opciones serían todavía más limitadas. De pronto, apareció en mi pantalla una ventana de chat.

—*¡Hola! ¡Sí, aquí estoy! ¿Tú también?*

Me dio un brinco el corazón. Estaba salvada.

—*¡Sí! Me da pena pedirte esto, pero ¿me puedes prestar $20? Me robaron la cartera y no tengo efectivo para llegar a casa :(*

No podía darme el lujo de andarme con rodeos.

—*¡Por supuesto! Pero primero tienes que acompañarnos a tomar algo. Yo invito.*

Estar sentada en un bar con Cody y sus amigos después de que me hubieran robado no era como había imaginado el final de mi primer día. Después de una copa de vino, estaba tan agotada emocional y físicamente que le agradecí la invitación y tomé mi bolso vacío para irme.

—Ah, espera. Toma —dijo, entregándome generoso cuarenta dólares, inconsciente, lo más seguro, de que había estado incómodamente esperando que se acordara.

El día entero había sido una manera brutal de estrellarme contra la realidad —como si lo necesitara todavía más— de que para mí, como para muchos primeros y únicos, era muchísimo lo que estaba en juego. Había muy poco margen de error, o incluso para casualidades.

En los días que siguieron, y una vez que llegó el reemplazo de mi tarjeta, pude establecer una rutina en la oficina, si es que existe tal cosa en una campaña política. Tomaba el tren durante una hora hasta la ciudad desde los suburbios (donde dormía en el sótano de la casa del presidente del senado estatal) y realizaba cuanta tarea me pedían, lo cual incluía investigar en línea, proponer estaciones de radio en español o crear listas de medios para la campaña.

Los demás jóvenes a mi alrededor estaban motivados, eran ambiciosos y dedicados, y trabajaban con la absoluta certeza de que estábamos a punto de cambiar el mundo. Era contagioso. Muchos de ellos habían trabajado por años para varias campañas políticas o en el Congreso, y de nuevo me volví muy sensible a la necesidad de demostrar que pertenecía a ese lugar, como con las cholas en la *high school*, las chicas de la sororidad en la USC y los chicos prodigio en Harvard. Saltar entre mundos se estaba volviendo mi norma sin querer. Era desgastante y desorientante, pero como primera y única, era la única manera como sabía ser.

Ayudaba mucho que hubiera una creciente sensación de familiaridad y camaradería entre los miembros de la campaña, promovida por largas horas y un objetivo conjunto. Los prolongados días de verano en las oficinas de la campaña acababan en tragos con los compañeros en los bares de Chicago. Sacábamos vapor los fines de semana tocando «More Than a Feeling», de Boston, en Rock Band. El aire de posibilidades a mi alrededor hacía que llenar hojas de cálculo se sintiera prácticamente profundo. Después de mi fiasco con la tarjeta de crédito, había empezado a comprar sándwiches de cinco dólares de Subway para limitar mis gastos, comiendo la mitad de almuerzo y la otra mitad de cena. No obstante, aunque el saldo de mi tarjeta de crédito subió a los cinco dígitos, estaba segura de que me encontraba exactamente donde debía estar.

Al llegar septiembre, me sentí devastada ante la idea de abandonar la campaña. Aunque siempre había sido mi plan ir a Kellogg en el otoño, ahora parecía inimaginable. Estábamos en la recta final para las elecciones en noviembre, y era cuando cada llamada, correo electrónico y contacto con la comunidad más contaba. Era difícil reconciliar mi lealtad a la campaña con el hecho de que tenía algo seguro esperándome. Una MBA con beca, reclutadores de empleo de las principales firmas de consultoría y banca empezándome a buscar, y un contrato firmado con compañeros para rentar juntos un departamento en Evanston, el suburbio de Chicago donde se localiza el campus principal de Northwestern. Además, tenía una montaña de préstamos estudiantiles y la deuda de mi tarjeta de crédito. Estaba a punto de cumplir veintinueve y ya parecía que se me acababa la pista para seguir ciegamente mis pasiones. Era un privilegio reservado para los que podían costearlo, y yo era la definición de *agotado*. Hay personas que no pueden fallar; yo no era una de ellas.

Floté todo mi último día en la oficina, sintiéndome adormecida y desconectada. La gente a mi alrededor seguía trabajando como siempre: tecleaban en sus laptops, tomaban llamadas en cualquier esquina privada que pudieran encontrar y se servían enormes tazas de café en la cocina. Yo, por otra parte, me sentía una desertora.

—Escuché que es tu último día —dijo una voz mientras vertía agua caliente en mi taza de té.

Levanté la vista y reconocí a una mujer como de veinticinco años que se sentaba unos cubículos más adelante de mí.

—¿Te vas a uno de los estados?

—Eh, no —dije, sintiendo cómo se me ruborizaba la cara—. Voy a empezar una maestría en negocios.

—Oh —dijo, levantando las cejas con genuina sorpresa. Nadie abandonaba una campaña dos meses antes de las elecciones.

Quería explicarle que había sido un plan al que me había comprometido tres años antes y que no quería ir, pero sentía que no tenía opción. Mejor no dije nada porque estaba segura de que si dejaba salir cualquiera de esas palabras empezaría a llorar.

—Buena suerte.

Me regaló una sonrisa desganada y yo sonreí igual, volviendo a mi escritorio con la garganta hecha nudo.

Ganáramos o perdiéramos, todos habíamos estado juntos en eso: una pelea optimista por algo más grande que nosotros. Pero ahora me tenía que ir. De lo contrario, cabía la posibilidad real de acabar en la bancarrota y desempleada, sin MBA, seis meses después de graduarme de la Escuela Kennedy. Me parecía muy injusto, y sin embargo ya se estaba volviendo algo a la vez predecible. Como primera y única, mi experiencia había demostrado que cada nueva puerta que se abría traía consigo un riesgo correlativo todavía más alto que era necesario calibrar. Era el cuento de nunca acabar.

Cuando llegó el momento de irme, les dije adiós a mi jefa y a mis compañeros de mesa y guardé mi laptop por última vez. Me cruzó por la mente al levantarme para salir que alguien más se sentaría en mi silla muy pronto, sin duda extático ante la oportunidad. ¿Quién sería? ¿Cómo se sentiría la noche de las elecciones mientras yo la veía por televisión?

Todavía debía entregar mi credencial de acceso antes de irme y decidí tomar el camino largo, a través del otro lado de la oficina. Nunca iba para allá, sobre todo porque no estaba de camino y había rutas más cercanas al baño y a los elevadores, pero también porque era donde trabajaban los miembros de mayor jerarquía en la campaña. Me latía el corazón con fuerza mientras apretaba la credencial de plástico duro y caminaba lento frente a las oficinas con paredes de vidrio donde se encontraban algunas de las mentes políticas que yo más admiraba.

Me preocupaba meterme en problemas por estar ahí, pero cuando miré alrededor, nadie parecía haberme notado. Este era el momento. Mi última oportunidad de echar un vistazo a los genios que habían construido la campaña de Obama, antes de aceptar que pronto estaría de nueva cuenta mirándolos desde afuera. Apuré el paso, registrando con los ojos cada pulgada de espacio. Y luego, derrotada, seguí caminando hasta la salida. Por azares del destino, las oficinas estaban vacías. Me abrí camino hasta el cubículo de operaciones cerca de la entrada principal y entregué mi credencial, consciente de que ya no podía volver a entrar a las oficinas de la campaña si quería. La misma joven que me la había entregado al principio sonrió y me deseó suerte.

—Gracias —dije con voz ronca, la garganta apretada y seca.

Intenté no desmoronarme mientras apretaba el botón del elevador repetidas veces para poder bajar. Por fortuna no había nadie adentro cuando llegó. Tan pronto como se cerraron las puertas, me puse a llorar.

Como buena soldado, seguí adelante, y en los días subsecuentes tomé un tren de ida a Evanston, me registré para mis clases, compré mis libros del curso y me instalé en mi nueva vida como estudiante de Negocios, compitiendo por un trabajo en Goldman Sachs o McKinsey. La idea de trabajar en cualquiera de esos lugares no me parecía atractiva, pero me dije a mí misma que ya era suficiente. Esto era lo que *debía* hacer para poder tener estabilidad en mi vida, proveer para mi familia y ser práctica por una vez. En eso consistía ser *responsable* y aceptar que ayudar a que eligieran a Obama presidente no era opción. Me dije a mí misma que estaba lista para aprender un poco de contabilidad.

A las dos semanas de haber empezado el semestre de otoño, estaba cien por ciento segura de haber cometido el error más grande de mi vida.

¿Conoces el juego de alberca llamado Marco Polo, donde una persona cierra los ojos y se desplaza a ciegas por el agua mientras escucha la proximidad de las voces a su alrededor para saber si se está acercando —«caliente, caliente»— o alejando —«frío, frío»— de su objetivo? Cada día que estuve en la escuela de Negocios se sintió como un juego de Marco Polo, con mi propia voz interna desvaneciéndose más y más, y yo me sentía más alejada de donde debía estar. Me sentaba a tomar clases de finanzas incapaz de desprenderme de esa constante sensación de haber dado un giro equivocado y de que la ventana de oportunidad para corregir el rumbo se estaba cerrando muy rápido. Tenía la fortuna de estar en una de las mejores escuelas de Negocios del país, no cabe duda, pero en el fondo sabía que ese no era mi camino.

El sentido común, la razón y la seguridad indicaban que me quedara ahí. Ya tenía tarea y se acercaba la fecha de pago de la renta. La alternativa era volver a vivir de mi tarjeta de crédito y tratar de regresar a una posición que definitivamente terminaría el 4 de noviembre, aun si *ganábamos* las elecciones. Pero por un lado estaba la lógica y por el otro mi instinto. Y mi instinto me gritaba.

Sabía que a cualquiera que le pidiera consejo seguramente trataría de detenerme, así que no hablé de mis planes. Lo que hice fue sacar una cita con la jefa de admisiones con un solo objetivo: dejar la escuela de Negocios.

—No sé cómo decírselo, pero necesito dejar Kellogg y volver a la campaña de Obama —le dije.

Su expresión seria al verme retorcerme las manos no reflejaba ninguna reacción en lo absoluto. ¿Estaba arruinando mi vida?

—Me siento fatal por haber tomado un lugar en el curso, y espero que puedan encontrar a alguien que lo aproveche. La verdad es que mi corazón está en la campaña.

La directora de admisiones, una elegante mujer de color en un traje de falda, me escuchó atenta mientras yo le explicaba mis razones. Pareció ablandarse un poco, asintiendo, cuando le dije por qué creía tanto en Obama.

—Entiendo que te sientas así. Voy a ver la manera de liberarte de tu compromiso —dijo finalmente—. No es muy ortodoxo, y normalmente respondería de una manera muy distinta. Pero reconozco que estamos viviendo un momento único en la historia.

Era como si de pronto me hubieran quitado un gran peso de encima. Pude volver a respirar.

—Tampoco te haremos responsable de pagar toda tu colegiatura por estas pocas semanas ni por los dos años restantes.

Me quedé impactada. Nunca se me había ocurrido que había firmado un documento legal comprometiéndome a hacerme responsable del costo entero de mi colegiatura y mis becas. De ninguna manera hubiera podido dejar la escuela de Negocios si me hubiera visto obligada a pagar una maestría que no iba a cursar.

Ahora, con la bendición de Kellogg, rápidamente llamé a la campaña, pidiendo volver en calidad de lo que fuera. La respuesta fue sí. Para la semana siguiente ya estaba de vuelta en las oficinas de la campaña, trabajando en el acercamiento a diversos distritos electorales.

No quiero hacer que esto suene fácil. Fue otro gigantesco salto a un acantilado con los ojos vendados, en particular para alguien sin una red de seguridad. En esa ocasión me asignaron un lugar justo afuera de los baños de los hombres, que no eran las mejores condiciones para comer en el escritorio. Me quedaba sentada en la silla todo el día, me levantaba solo para estirarme cuando ya me dolía la espalda de estar inmóvil. Los ojos se me fatigaban mirando hojas de cálculo y mi ojo izquierdo a veces brincaba.

Pero nada de eso importaba. Cada tarea, cada llamada y cada hoja de cálculo, por pequeña que fuera, se sentía como algo significativo. Y cuando Obama mismo tuvo una llamada con el personal de la campaña en las últimas semanas antes de las elecciones, nos instó —de la manera como solo él podía— a aguantar hasta el final, seguir trabajando y atrevernos a creer. Y lo hice. En ningún momento cuestioné mi decisión de dejar Kellogg y en ningún momento deseé estar en ninguna otra parte del mundo.

En la noche de las elecciones, en el Grant Park de Chicago, estaba de pie en el área de personal, anonadada, mirando al presidente electo Barack Obama tomar el podio para dar su discurso de la victoria frente a una multitud inmensa que le aplaudía. Miré a cientos de miles de personas en todas direcciones, absorbí la escena entera, segura de que sería uno de los momentos más significativos de mi vida: el aire oliendo a pasto fresco, el titileo de las luces en el horizonte de Chicago, mejillas y mejillas empapadas de lágrimas a mi alrededor.

—Nunca fui el candidato con más posibilidades para este cargo —declaró Obama a la multitud.

Tanto yo como otros primeros y únicos entendimos cómo se sentía. Comprendíamos qué significaba que de todas maneras lo hubiera logrado. Su victoria ilustraba para nosotros el «Sí podemos» de muchas maneras distintas.

Yo también lloré mis propias lágrimas de felicidad cuando nos exhortó a «reclamar el sueño americano», y en ese momento todo parecía posible.

Cuando terminó el acto, la celebración se desbordó en las calles, inundando cada estación del metro, cada banqueta y cada esquina con rostros extáticos, gritos y cláxones. Era una expresión colectiva de alegría a una escala que te quitaba el aliento.

Al día siguiente, volví a la realidad.

Si bien nuestro país tenía un nuevo presidente electo, yo ahora debía 16 000 dólares a la tarjeta de crédito, tenía seis dígitos de deuda estudiantil, no tenía departamento, seguro de vida, auto, trabajo ni efectivo. Nada de esto era una sorpresa, por supuesto, pero no había pensado en eso durante la campaña. Ahora, sin un lugar adonde ir en la mañana, no podía ignorar cuánto me la había jugado. Estaba viviendo con tiempo (y dinero) prestado.

Fuera del personal sénior de la Casa Blanca, nadie estaba seguro de tener trabajo llegada la toma de posesión, en especial el personal joven de la campaña. Y nadie parecía saber cuál era el proceso para conseguir un puesto. Tácitamente se consideraba de mal gusto que alguien empezara a hacer maniobras para conseguir trabajo antes del día de las elecciones, pero ahora que ya habíamos ganado, nadie hablaba de otra cosa que no fuera unirse a la administración de Obama. «¿Ya sabes qué vas a hacer?», se les preguntaba a los demás, y también uno mismo se hacía la pregunta. A fin de cuentas, miles de empleados, voluntarios y pasantes de todo el país habían trabajado en la campaña, y no habría suficientes puestos administrativos para todos.

Yo sabía muy poco de cómo funcionaba Washington en aquel entonces, pero no quería otra cosa que no fuera ser parte de la creación del cambio que había propuesto Obama. Un empleo en la misma Casa Blanca parecía una completa imposibilidad para mí; sin embargo, me habría quedado contenta con cualquier puesto en la administración. Escuché rumores de que la mayoría de los puestos de nivel júnior se asignarían en el último minuto. Así se hacía siempre, según dijeron mis amigos de la campaña. Habría hambruna en los meses siguientes, durante la transición, y luego un festín en los últimos días antes de la toma de posesión.

—Podrías ir a DC y esperar —me dijeron.

Después de todo lo que ya había arriesgado, no me parecía la idea más loca. Así que abrí otra línea de crédito, esta vez con un límite de 10 000 dólares, y reservé un vuelo de ida a Washington.

En la superficie probablemente parecía que estaba yo en mi apogeo. Mis amigos de la Escuela Kennedy, y hasta algunos excompañeros de Kellogg, me felicitaron por haber decidido volver a la campaña. Volé a LA para las fiestas decembrinas, y mi mamá me organizó una gran fiesta para celebrar mi retorno triunfal después de esos vertiginosos dos años y medio que estuve lejos. Todos querían saber si había conocido a Obama (no) y si había estado en la Casa Blanca (nop). Pero yo sabía la verdad: yo seguía en una lucha para ganar o morir. Solo en una que parecía más elegante.

Intenté no pensar en el hecho de que no tenía plan B cuando volé a DC en enero. Cuando me sentía abrumada de niña, Abi me solía decir: «Paso a paso… un pie enfrente del otro», así que me dije a mí misma: «Concéntrate nada más en el siguiente paso», que era llegar a Washington. Fue como aprendí a tolerar la ambigüedad —y hasta sentirme cómoda con ella—, una habilidad que los primeros y únicos muchas veces desarrollamos por necesidad. Mi novio de aquel entonces (a quien conocí en la campaña) me ofreció quedarme temporalmente en su casa mientras trataba de conseguir empleo, y aunque no estaba segura de hacia dónde iba nuestra relación ni mi vida, elegí tener esperanzas para ambas.

Mis amigos de la campaña estuvieron en lo correcto respecto a la hambruna. Transcurrieron semanas en las que supuestamente estaban pasando mi currículum para su consideración, pero nadie me había llamado. Cada día, la cuenta regresiva hasta la investidura se hacía más ensordecedora. Había una cobertura informativa en todos los medios analizando qué esperar de los primeros cien días del presidente Obama. Se estaban anunciando los nombramientos de más alta jerarquía y muchos de mis amigos de la campaña estaban consiguiendo trabajo. Nada me distraía. Yo trataba de actuar despreocupada, pero por dentro era un manojo de nervios y refrescaba mi bandeja de entrada constantemente.

Hasta que un día, no más de una semana antes de la toma de posesión, recibí un correo de la Oficina de Asuntos Intergubernamentales de la Casa Blanca para solicitar una entrevista para un puesto de asistente. Y luego otro similar de la Oficina de Asuntos Legislativos de la Casa Blanca.

—Ay, Dios —tartamudeé, tapándome la boca con las dos manos. Esa era mi oportunidad.

Días más tarde, en medio de una de mis entrevistas en la Oficina de Transición Presidencial, una impactante mujer de color de cuarenta y tantos años, con cabello ondulado hasta el hombro, asomó la cabeza por la puerta y pidió hablar conmigo un momento.

—Prometo que te la devuelvo de inmediato —le dijo, con una sonrisa amistosa, a la persona que me estaba entrevistando.

Yo seguí a la mujer hasta otra habitación y se presentó como Mona, la próxima subjefa de gabinete en temas de política.

—Vi tu currículum y quería hablar contigo sobre la posibilidad de que fueras mi asistente especial —dijo casualmente, como si no fuera la cosa más emocionante que yo hubiera oído en mi vida.

Pasamos un rato hablando de mi experiencia, el trabajo y lo que ella esperaba, y de inmediato quedó claro que teníamos un flujo natural muy bueno y había afinidad entre nosotras. Era obvio desde el principio que ella era sensata y brillante, pero completamente con los pies en la tierra.

—Okey, entonces... ¿Te gustaría el puesto? —dijo, agarrándome por completo en curva.

No podía creer que esto estuviera pasando. ¿Iba a trabajar para una mujer de color que gestionaba la política en la Casa Blanca, en la presidencia de Obama? Decir que era un sueño implicaría que alguna vez podría haberlo imaginado para mí misma, pero esto superaba todas mis esperanzas.

—Sí, claro —dije rápidamente, antes de que ella pudiera cambiar de opinión.

—Fabuloso. Estaremos en contacto pronto para los siguientes pasos —dijo, acompañándome a la puerta.

En el viaje en metro de vuelta al departamento de mi novio, miré a mi alrededor con nuevos ojos. Al otro lado del pasillo estaba el desaliñado joven, pasante en el Congreso, leyendo un libro. Un hombre de traje que parecía cabildero, sosteniéndose del barandal. Y ahí estaba yo. Próxima empleada de la Casa Blanca que pudo haber tomado un camino poco convencional hasta DC, pero que de todas formas llegó. Ahora este sería mi hogar.

Poco después recibí un correo de la Oficina de Transición para indicarme que me presentara a trabajar temprano en la mañana del 21 de enero de 2009.

Mejor conocido como el primer día de la administración de Obama.

~

Esa época de mi vida quedó definida por una serie de decisiones de «todo o nada» que tomé sin tener un plan B, a las cuales me he estado refiriendo como saltar de un acantilado con los ojos vendados. Es fácil, en retrospectiva, ver cómo al final todo embonó, pero las decisiones que tomé pudieron ser desastrosas; todo pudo haber tomado fácilmente una dirección contraria. Y ese es el punto. Como primeros y únicos, los riesgos que a veces debemos tomar para subir de nivel nuestra vida y nuestra carrera son apuestas grandes, intimidantes, que incluso pueden parecer insensatas.

Cada vez que me acercaba a una encrucijada crítica, no tenía puntos de referencia ni la tranquilidad de saber si lo que estaba viviendo era típico o predecible. Había visto primeros y únicos en las listas de *Forbes* y de las 100 personas más influyentes de *Time*, y destacados en redes sociales; sin embargo, a pesar de que algunas veces mencionaban circunstancias difíciles de su infancia, las descripciones no incluían muchos detalles sobre lo que *realmente* les costó tener éxito. Sus caminos parecían más planos y menos sinuosos que el mío. Y muchas veces me pregunté qué estaba haciendo mal.

Dicen que si no puedes verlo, no puedes serlo. Pero esa idea no solo aplica al éxito. También aplica a los riesgos calculados, los obstáculos y las caídas en picada. Si no podemos ver los desplomes de otros, es más difícil armarte de valor cuando enfrentas el terror de los tuyos.

Cuando me mudé a DC sin una promesa ni una pista, habría sido muy importante para mí que alguien me asegurara que no era una tontería. Que, de hecho, estaba haciendo lo que los primeros y únicos muchas veces tienen que hacer: operar por mero instinto. Fui recompensada cuando confié en lo que me decía mi intuición, pero fue más temible de lo necesario. Nadie había validado lo extraordinariamente importante que es para alguien de primera generación canalizar y seguir su intuición. Que nuestro conocimiento interno, de hecho, sí puede ser sabio. Cualquier confirmación a ese efecto hubiera hecho que todos mis saltos del acantilado con los ojos ventados de los últimos años —endeudarme para ir a Harvard, unirme a la campaña, dejar la escuela de Negocios, mudarme a DC— se sintieran menos precipitados.

Después de vivir en modalidad de supervivencia desde que tuve uso de razón, quedé convencida de que ahora ya había alcanzado algo que se podría llamar cúspide. Había ido de Gladstones hasta la Casa Blanca en menos de cinco años. Estaba segura de que se trataba de la cima donde podía al fin respirar, aunque fuera por un momento.

Me equivoqué.

CAPÍTULO 8

EVERLONG

No hay nada como saber que el FBI está revisando cada pulgada de tu pasado para disparar un buen caso del clásico síndrome del impostor.

En mi primer día en la Casa Blanca me enteré de que necesitaba un pase de seguridad altamente secreto para poder hacer mi trabajo. Ya que estaba trabajando directamente para la subjefa de gabinete, tendría acceso a documentos sensibles de seguridad nacional a diario. Eso implicaba pasar por una examinación rigurosa; en otras palabras, el FBI investigaría mi vida entera hasta ese momento.

Ningún detalle era insignificante. Tuve que listar todos los lugares donde había vivido, cada trabajo que había tenido, información personal de mi familia, salud física, salud mental, medicamentos, novios, amigos, todo. Y para cada cosa también tenía que dar nombres de varias personas que pudieran corroborar que lo que decía era cierto. Llené con mucho cuidado el cuestionario SF86 de 127 páginas, con más de veintiséis secciones; mis colegas me advirtieron que era mejor revelar de más que de menos. Si el FBI se enteraba de que escondías algo, incluso el detalle más minúsculo, estabas frito, me dijeron.

Retrocedí hasta mi nacimiento y expuse paso a paso un mapa de mi vida. Sentía que era un folioscopio de las partes más personales, y más criticables. Los cupones de comida, la complicada historia de migración de mi familia, el paradero desconocido de mi padre y sus negocios cuestionables, la medicación que tomaba para la ansiedad (dosis incluidas), los terapeutas que había visitado, los empleos vergonzosos que tomé para ganar un par de dólares, los trabajos de modelaje… todo tenía que estar ahí. Había una sección entera sobre mi padre y su historia familiar que no tuve más opción que dejar casi en blanco. Incluso me pidieron que revelara cualquier cosa indecorosa o humillante que hubiera experimentado, así como el tamaño de mi deuda financiera. Así era como el FBI averiguaría si yo era un riesgo de chantaje… mirando debajo de cada piedra en mi historia.

«¿Soy la clase de persona que el FBI quiere sentada a diez pasos de la oficina oval?», me pregunté al marcar la casilla donde admitía haber tomado benzodiazepinas.

No quiero que se malinterprete. De ninguna manera estaba avergonzada de mi crianza, de mis decisiones, de mis luchas o de mi vida. Pero también era realista en cuanto a que una persona con mi historia no era el típico habitante de 1600 Pennsylvania Avenue. Claro, no era la heredera de una dinastía política de buena cuna, pero ni siquiera era una chica con dos padres, una crianza de clase media y veranos en el lago. Estaba aterrada de que la persona que fui *pudiera* ser utilizada en mi contra, y *fuera* a serlo. Todo el alcance de mi calidad de «impostora» estaba a punto de ser iluminado con reflectores enfrente del gobierno federal.

No ayudaba que todo esto estuviera pasando justo después del enredo de *Maxim*, cuando me sentía particularmente frágil, expuesta y estúpida. Ya había experimentado la cruel realidad de que a veces las decisiones que tomas en tu fase de ajetreo solitario se podrán usar en tu contra en el futuro. La juventud de los primeros y únicos no siempre es lineal y yo estaba bastante segura de haber comprometido mi carrera en el transcurso de una sesión de fotos de cuatro horas seis años atrás.

Durante los siguientes ocho meses, más o menos, agentes del FBI llamaron o visitaron a casi todos, desde mi vecino de junto en la década de 1990 hasta el gerente general de un restaurante donde apenas había trabajado; no me enteré de esto hasta haber recibido varias llamadas de mi mamá apanicada. Por lo visto estaban llamando a mis contactos agentes que no les explicaban el contexto de sus cuestionamientos, excepto para decir que yo era una «persona de interés».

Y luego ya no dijeron nada.

Parecía que los resultados de la revisión de mis antecedentes estaban tomando más tiempo que los de todos los demás, cosa que tomé como una mala señal. «De seguro algo salió mal», pensé.

Llamé a la oficina de autorizaciones con el pretexto de asegurarme de que tuvieran todo lo que necesitaban, pero en realidad estaba buscando cualquier señal de que no me hubieran señalado como denegada. Unos cuantos meses más pasaron, y al final recibí noticias: me darían una autorización de altamente secreto/información sensible compartimentada (SCI).

No lo podía creer. Altamente secreto era el nivel máximo, y la SCI estaba un milímetro por encima de eso, ya que requería un proceso de evaluación adicional. Sentí que mi vida acababa de recibir un sello de aprobación del gobierno de Estados Unidos. Después de inspeccionar cada pulgada de mi vida, al parecer el FBI pensó que yo era lo suficientemente buena. Ahora, solo tenía que creerlo yo.

Me recordó un encuentro que tuve unos meses después de empezar mi primer año en la Escuela Kennedy. Un compañero mío estaba sentado solo en una mesa, en el foro vacío. Normalmente actuaba con mucha seguridad en sí mismo, pero ese día tenía la mirada baja y los hombros un poco caídos. Me deslicé en el asiento frente a él y le pregunté si le pasaba algo.

—No sé si este sea mi lugar, ¿sabes? En casa ayudaba a la gente de mi vecindario todos los días. Y ahora los dejé a todos, ¿y para qué? No hay nadie como yo en este lugar —dijo. Él era el primero de su familia de clase trabajadora en ir a la universidad, ya no digamos por un posgrado.

Me tomó por sorpresa su confesión, aunque tal vez no debió ser así. Había escuchado variaciones del mismo tema de otros primeros y únicos a lo largo de los años. Ya me empezaba a dar cuenta de que el concepto del síndrome del impostor era mucho más complejo de lo que antes había pensado. Desde cualquier punto de vista, mi compañero era una de las personas más exitosas en su comunidad y no le faltaba confianza.

A finales de la década de 1970 dos psicólogos acuñaron el término *fenómeno del impostor* en un artículo que exploraba la «experiencia interna de farsa intelectual» de las mujeres exitosas. Desde el inicio, el síndrome del impostor (como ahora se conoce más ampliamente) se exploró como una experiencia que ocurría en el *interior* de una persona por sus *propios* sentimientos de insuficiencia, sin importar su éxito. A través del tiempo, la frase se empezó a soltar en contextos no solo de mujeres, sino de primeros y únicos, y gente de color. Recuerdo la advertencia de mis maestros de que desarrollaría síndrome del impostor… y luego me culparía por no tener más confianza en mí misma.

Pero me faltó algo crucial en mi comprensión inicial del síndrome del impostor… y en la forma como muchas veces se nos introduce el concepto siendo jóvenes. La definición convencional implica que hay algo mal en *nosotros*, que solo exacerba cualquier historia que podamos estarnos contando a nosotros mismos sobre no ser lo suficientemente buenos. Pero ¿qué hay de las formas en que nuestros ambientes *externos* incrementan nuestras sensaciones de inadecuación? ¿No será que *cualquier* persona —sin importar la seguridad que tenga en sí misma— pueda experimentar sentimientos legítimos de distanciamiento en la misma situación, cuando se ve confrontada por sistemas sociales que la dejan en desventaja y favorecen a los individuos privilegiados y con conexiones que controlan dichos sistemas? No es solo síndrome del impostor; es síndrome del impostor plus.

Una vez vi una viñeta que ilustraba una carrera entre personas de color y personas blancas (aunque la analogía también se puede aplicar a otros primeros y únicos). Todos los corredores están alineados uno junto al otro al inicio de la pista, pero en los carriles de la gente de color hay varios obstáculos camino a la meta: rocas grandes, un foso con un caimán y picos saliendo del suelo. Los carriles de los corredores blancos estaban libres y despejados. En la imagen, uno de los corredores blancos le dice a otro: «¿Ves? Todos vamos a correr la misma distancia». Si miras de cerca los rostros de la gente de color, se estremecen en anticipación. ¿La gente de color tenía síndrome del impostor? Tal vez. Pero ¿no tienen también una sensación racional de aprensión porque, a pesar de la similitud de su talento y su trabajo duro, es posible que no puedan llegar tan lejos ni tan rápido?

Los sentimientos de inadecuación no aparecen de la nada ni surgen exclusivamente por nuestra propia inseguridad. Las dudas sobre uno mismo no se dan en el vacío. Sin importar qué tanta confianza podamos sentir, los primeros y únicos muchas veces recibimos mensajes externos sutiles (y no tan sutiles) de que somos diferentes, no enteramente a la altura de nuestros pares, o nos falta experiencia, exposición o pedigrí. Y con cada logro, estos mensajes tienden a darse *más* seguido, no menos. Sin duda, esta dinámica no me era ajena. De hecho, ya se había dado durante mi primer año en la Escuela Kennedy.

Después de terminar mis clases de otoño, cuando ya me empezaba a sentir como en casa en Cambridge, sentí más confianza de todo este asunto de estar en Harvard. Así que, cuando escuché que había un curso de liderazgo competitivo que solo daban durante el trimestre de invierno y otros estudiantes consideraban «transformador», no podía esperar para inscribirme. La clase se anunciaba como un gran experimento social destinado a revelar cómo otros nos ven, permitiendo que los miembros del grupo se diseccionen en un foro público, usando «dinámicas de clase en tiempo real». Supuestamente, esa retroalimentación nos permitiría volvernos líderes más fuertes.

Sonaba interesante, aunque sí recibí una advertencia. Una amiga mía —latina de primera generación que tiene parálisis cerebral y usa muletas para caminar— ya lo había tomado y dijo que tuvo una muy mala experiencia.

—Entonces, ¿eres lisiada? —recordó que le dijo el profesor, en voz alta, delante del salón entero. Había pedido que le reservaran un asiento al inicio de cada clase.

—No, no me gusta esa palabra —dijo, temblando—. Soy una persona con una discapacidad.

El profesor siguió refiriéndose a ella como «lisiada» desde ese día en adelante —con supuestos propósitos educativos—, lo cual hizo que el resto de la clase se sintiera alentado a llamarla así también. Incluso hubo un ejercicio de análisis en grupo sobre si su identidad estaba exclusivamente vinculada con su discapacidad. Tiempo después presentó una queja y empezó terapia debido a esa experiencia.

Debí haber reconocido la clase como un ambiente hecho a la medida para señalar la «otredad» de la gente que está afuera de la jerarquía de poder y el privilegio... o simplemente un campamento de entrenamiento para una mentalidad de masa. Pero adquirir las herramientas para ser una mejor líder me parecía exactamente la clase de trabajo que debía estar haciendo, así que me enlisté en el curso y me preparé para «liberarme para liderar» (como decía el plan de estudios).

Una mañana, durante un receso, le pregunté a un compañero qué opinaba sobre lo que era un buen líder. Él era *ese* tipo en la clase, el que levantaba la mano regularmente para retar al profesor y dominar todos los debates en grupo. Por su apariencia podía haber sido un extra en la película *Dead Poets Society*.

—Bueno, muchas cosas. La capacidad de motivar e inspirar a las personas —dijo—. Pero la gente solo escuchará lo que *tú* tengas que decir porque te vistes como una zorra —añadió de una manera casual.

Sentí cómo mi cuerpo entero se contraía. *¿Acababa de decir lo que creía que acababa de decir?*

Antes de que pudiera responder, el profesor nos llamó de vuelta a nuestros asientos. Al caminar rumbo a mi escritorio, mareada y respirando entrecortadamente, miré mi ropa. Llevaba puesto un blazer a cuadros rojos y blancos, jeans y botas (era enero en Boston). ¿Qué tenía de malo mi ropa?

Aún aturdida, levanté la mano y compartí con la clase lo que acababa de pasar. Se supone que estábamos deconstruyendo dinámicas relativas a la identidad, ¿no?

De inmediato, una mujer con una cola de caballo bien alisada alzó el brazo al aire con fuerza, tratando de atraer la atención del maestro.

—Yo también solía ser modelo, pero no me ves a *mí* tratando de usar mi apariencia para nada —dijo la mujer, apretando los labios juntos para darle énfasis. Era una exoficial militar y todos escucharon atentamente lo que decía. Yo siempre la había admirado… hasta ahora.

—*Preferiría* que me conocieran por mi mente y mis pensamientos que por mi cuerpo —dijo, con un tono equivalente a un empujón fuerte.

«Yo también», quise gritar del otro lado del salón. Sentí que se me llenaban los ojos de lágrimas sentada ahí, humillada. Mi círculo inmediato de amigos sabía cuál era mi historia y que alguna vez había trabajado como modelo, pero no tenía idea de que eso fuera ampliamente sabido en el campus. De cualquier manera, yo me había ganado mi derecho a estar en Harvard junto con los demás. ¿Qué tenía que ver cómo me vistiera?

Se desató un debate en clase sobre usar tu apariencia como ventaja. Estamos hablando de una docena de manos en el aire —mujeres y hombres— mientras se lanzaban por el salón lugares comunes sobre género y sexualidad, todo en nombre del análisis. «El tipo de mujer que elige su cuerpo por encima de su cerebro» fue una frase que no fue cuestionada por el profesor, como si tuviera que ser una cosa o la otra. Yo observaba en silencio. Era mi pesadilla: un salón lleno de gente diseccionando mi apariencia y mis decisiones desde una postura de juicio. Ya ni siquiera estaban hablando de mí, sino de una caricatura de mí.

Me quedé esperando el momento pedagógico, cuando el profesor mostrara liderazgo, detuviera la arremetida y nos revelara lo que deberíamos aprender de la naturaleza de la discusión. Pero no. Se recargó en su respaldo pasivamente y no dijo una palabra. No se marcaron límites, no se replanteó nada, no hubo un retorno al punto del sesgo implícito que se había apoderado del salón. Terminó la clase y todo lo que me llevé fue vergüenza. ¿La gente en verdad me había visto con esos ojos todo este tiempo? Antes de eso no me había sentido como una impostora en el posgrado, pero ahora seguro que sí. Era como Mike Wallace juzgándome de niña otra vez.

Unos años después, la mujer que ese día empezó el ataque quedó públicamente expuesta en la primera plana de todos los periódicos por tener un escandaloso amorío extramarital con un general cuatro estrellas cuya biografía estaba escribiendo, lo que le daba acceso a documentos de seguridad nacional que de otro modo no habría podido ver. Eso acabó siendo la moraleja para mí: algunas personas hablan proyectándose y acaban diciendo más de sí mismas que de ti.

Pero en aquel momento sus palabras me destruyeron, porque en ese entonces me tomaba muy a pecho toda humillación. Apenas estaba reconciliándome con la magnitud de la resistencia sexista que enfrentan las mujeres cuando encarnan algún nivel de multidimensionalidad. Qué incómodos se sienten otros cuando las mujeres no embonan a la perfección en una caja arquetípica. Y cuando esto pasa, cómo muchas veces la sociedad elige nuestra caja *por* nosotras, sin importarle cómo nos percibimos. Y suele ser la caja más estereotipada, sin dar paso a la complejidad, la contradicción o siquiera a nuestra propia humanidad.

Era cierto que no tenía un pasado típico, pero descartar las contribuciones o motivaciones de una mujer por su apariencia, su ropa o su sexualidad es el colmo de la misoginia.

¿Y cómo influía el hecho de que yo fuera primera y única, las decisiones que había tomado, las opciones que sentía que estaban disponibles para mí? Ahora veo cómo los múltiples elementos de mi identidad como mujer de color entraron en juego. No me sentí empoderada para defenderme en la clase porque no estaba segura de que lo que hubiera hecho fuera defendible. A lo mejor me había abaratado, como dijeron, y yo no pertenecía a ese lugar. Básicamente me estaban diciendo que era una impostora, al presentarme como mujer decente y como estudiante de Harvard, ¿y quién era yo para contradecirlos? Ojalá hubiera calmado mi voz y hubiera señalado sus sesgos tóxicos con autoridad. Pero, desafortunadamente, en ese momento no lo entendía. En mi futuro todavía quedaban años de lidiar con ese síndrome del impostor plus.

~

Nadie era mejor para torturarse que yo durante mi primer año en la Casa Blanca. Llevaba seis meses en el trabajo cuando me contactó un reportero del *New York Times Magazine* para preguntar si estaría interesada en participar en una historia sobre cómo era ser una persona joven en la Casa Blanca de Obama. La invitación me dio acidez. Después de la revelación de *Maxim*, recibí docenas de peticiones para entrevistas, y aun cuando me hubieran dado la oportunidad de defenderme, las rechacé todas.

Como cualquier asistente de político te puede decir, volverte una distracción es lo último que quieres hacer y el camino más corto a perder tu trabajo. Sin embargo, de acuerdo con el reportero del *Times*, varios de mis pares ya habían aceptado. Después de hablar con mi jefa y preguntar en la oficina de prensa de la Casa Blanca, accedí a la entrevista, diciéndome que sería una buena oportunidad para empezar a reescribir la falsa narrativa que se había apoderado de mis resultados de búsqueda en Google.

Sentada bajo luces brillantes para la sesión de fotos del artículo, recargada en el brazo de un sillón de cuero rojo, estaba distraída pensando qué escribiría el reportero sobre mí y si acabaría empeorando todo. Pero cuando salió el número de la revista, la historia era más sobre un grupo de chicos idealistas. Humanizador, en todo caso. En la foto que eligieron, traigo un *blazer* abotonado hasta la clavícula y una falda hasta la rodilla, y estoy sentada junto a tres colegas que tenían mi respeto. Compré dos ejemplares, uno para mí y otro para mi mamá. Quería que viera que su hija no había manchado su vida de una forma inconmensurable. Que mi abuela no tendría motivos para avergonzarse. Empecé a esperar que todo eso ya hubiera quedado atrás, por fin.

Al día siguiente de que la revista llegara a los puestos, estaba sentada en mi escritorio cuando escuché dos jóvenes voces de mujer justo afuera de mi puerta. Mi jefa y yo compartíamos un pequeño espacio sin ventanas; nada nos separaba más que una pared falsa, y yo podía escuchar todo lo que estaban diciendo en el pasillo.

—¿Viste ese artículo de *New York Times Magazine*? —la mujer A preguntó, fuera de mi vista, pero a pocos pasos de mi escritorio.

—Ah, sí, lo vi —contestó la mujer B—. Qué estrambótico, ¿no?

Cuando las oí mencionar el artículo dejé de teclear.

—¡Totalmente! —dijo la mujer A—. O sea, ¿puedes creer la clase de gente que incluyeron en la historia?

—Bueno, nadie realmente *legítimo* quería hacerlo —contestó la mujer B—, ¿qué esperabas? —las dos se empezaron a reír.

Me dieron ganas de vomitar. Me di cuenta, por lo fuerte que estaban hablando justo a un lado de mi escritorio, que tenían un público en mente: yo.

Siguieron despedazando el artículo. De pronto, ya no pude quedarme sentada ni escuchar una palabra más. Salí de mi oficina y quedé frente a frente con mis dos compañeras.

—¡Oh! —dijo la mujer B, actuando sorprendida de verme. Se alejaron abruptamente.

Parecía que no iba a superar mis emociones de inadecuación con mera voluntad (ni autoestima). A pesar de animarme cada mañana de camino al trabajo, una mirada de reojo en la tarde destrozaba por completo mi confianza otra vez.

Superar mi síndrome del impostor iba a requerir mucho más que echarme porras. Para los primeros y únicos, para la aceptación total en los sistemas sociales que no están destinados a nosotros suele hacer falta un defensor de lo más alto de la jerarquía, una señal para el grupo en general de que pertenecemos. Yo tuve la fortuna de trabajar en una Casa Blanca que tenía gente de color en los más altos niveles de poder, desde el presidente y sus asesores sénior hasta directores de consejos políticos y mi propia jefa. Sin embargo, las dinámicas predominantes en la mayoría de los sistemas siguen siendo las mismas. Tienden a ser hombres blancos los que tienen la sartén por el mango para decidir qué primeros y únicos reciben legitimidad, y por ende, promociones, acceso y oportunidades. Yo sentía la necesidad de un defensor y protector, pero encontrar uno no estaba bajo mi control en lo absoluto.

El primer atisbo de esperanza apareció en la cena de la Asociación de Corresponsales de la Casa Blanca. En ocasiones invitaban a los asistentes especiales a sentarse en las mesas del personal al fondo de la deslumbrante gala exclusiva, pero no me sentía particularmente optimista de entrar en la lista. Cuando nos ofrecieron boletos de último minuto a un grupo de nosotros, salté ante la oportunidad y tomé un tren nocturno al centro comercial para comprar un vestido formal en Marshalls. Se hacía cada año en un gigantesco salón de baile en el Washington Hilton, y la cena de corresponsales era la noche en que coincidían DC y Hollywood. Lo más destacado era un discurso cómico que daba el presidente. Me hubiera emocionado ser una mesera ahí, ya no digamos estar sentada en una de las mesas.

Al abrirme paso entre la ruidosa multitud, pasé junto a la élite de las celebridades que buscaban la manera de hablar con expertos de Washington y presentadores de noticias de la televisión vestidos de etiqueta. Estaba al fondo del gran salón, absorbiendo el esplendor del momento, cuando noté que un funcionario de alto nivel de la Casa Blanca me estaba mirando. Me hizo señas para que fuera al frente del salón, donde Ben Affleck estaba platicando casualmente con una secretaria del gabinete. Me sentí tentada a mirar atrás. ¿Seguro me estaba hablando a mí?

Hasta ese momento, no estaba segura de que ese funcionario sénior supiera siquiera quién era yo. Tranquilo y seguro de sí mismo, Michael era miembro del círculo interno de partidarios de Chicago al que todos admiraban, además del jefe de personal de Valerie Jarrett.

—Ey, ¿qué tal? Está genial, ¿no? —dijo, abarcando con un gesto el salón. Cada persona a diez pasos de nosotros era famosa en el mundo entero.

—Sí, realmente lo es —dije. Alguien chocó contra mi espalda, y cuando volteé a ver, era una estrella de pop.

—Me dio gusto toparme contigo —continuó Michael—. Hay algo que te he querido decir desde hace tiempo —se inclinó hacia mí.

Yo contuve la respiración.

—Lo estás haciendo bien. Solo quería que fueras consciente de que la gente lo nota, y estás haciendo todo bien. Sigue así —me ofreció su puño.

—¡Gracias! —dije, chocando su puño con el mío—. Lo haré. En serio, gracias.

No sabía de qué «gente» estaba hablando, pero no era importante. Tan solo saber que las autoridades me estaban observando —y aprobando— fue como un empujoncito cuando más lo necesitaba.

Lo estaba haciendo. Demostrando que no era una impostora y demostrando poco a poco lo que valía. Tal vez incluso un paso más cerca de tener un mentor, además de mi jefa. Mona me cuidaba las espaldas, pero su protección tenía un límite. Al final de nuestra primera semana en la Casa Blanca, me aseguró que, mientras hiciera mi trabajo, estaría bien. Pero ¿seguiría siendo así si ella no estaba?

Después de dos años juntas, estaba a punto de descubrirlo cuando Mona anunció que dejaba la Casa Blanca. Aunque su inminente salida me dejara pronto sin trabajo, me consolaba saber que había cumplido con ella y había estado a la altura de sus expectativas, sobre todo desde que me apoyó en mi momento más vulnerable.

«Hubiera sido lindo que durara más tiempo —pensé—, pero fue una buena racha».

Una cosa era cierta: no tenía ganas de tratar de encontrar otro trabajo en Washington y tener que demostrar mi valía desde el principio otra vez.

Pero días más tarde un asesor sénior del presidente, de cabello cano, se acercó a mi escritorio y me preguntó si quería discutir mis planes para el futuro. Pete era conocido por su inigualable experiencia política y por ser una persona directa y práctica. Yo lo respetaba inmensamente.

—Entonces, ¿*tú* qué quieres hacer? —dijo cuando nos sentamos en su oficina. No me habían hecho esa pregunta en mucho tiempo.

Postergué la respuesta.

—¿A qué te refieres?

—Bueno, no deberías irte de la Casa Blanca. Has trabajado arduamente. ¿Ahora qué quieres hacer?

Me quedé anonadada. No estaba acostumbrada a tener una oportunidad abierta. Había estado haciendo lo que fuera necesario para llegar al siguiente paso —y al siguiente después de ese— durante más de veinte años. Escalar, transformar, demostrar, sobrevivir, escalar, transformar, demostrar, sobrevivir. ¿En serio me estaba dando espacio para detenerme a considerar lo que yo quería de verdad? ¿Y yo aún sabía lo que quería?

Miré las fotos del presidente Obama en la pared mientras lo pensaba. ¿Qué me había motivado todos esos años? Pensé en el refrigerador vacío de mi infancia, en el césped exuberante y verde de la *high school* que no podíamos costear, el pasillo de hospital donde perseguí al distraído médico de mi mamá durante su tratamiento de cáncer en Kaiser, las crueles calcomanías antiinmigrantes durante la era de la Proposición 187.

Siempre me había sentido inspirada por mi familia, mi comunidad y cualquiera que estuviera marginado o desempoderado de modo similar.

—¿Y bien? —preguntó Pete, trayéndome de vuelta al momento presente.

—Quiero hacer algo relacionado con la comunidad latina, en comunicaciones.

Para ese momento, pude haber tomado cualquier dirección —política interna, política extranjera, asuntos legislativos—, pero yo quería volver adonde había empezado. Así como había separado la muñeca rusa de los patrones generacionales de mi familia, quería separar las capas de las identidades incompletas que había asumido en un esfuerzo por ser aceptada: la hija perfecta que no tiene necesidades, la heroína valiente de la familia, la *wannabe* chola ruda, la chica divertida de la sororidad, la mujer seria en la Ivy League, la empleada incansable en la campaña, y ahora la asistente estoica de la Casa Blanca. Quería recordar quién había sido antes de empezar a creer que esa mujer no era suficiente.

Así que poco tiempo después empecé el trabajo de mis sueños: directora adjunta de medios hispanos. Junto con el director de medios hispanos, fuimos el primer equipo dedicado exclusivamente a las comunicaciones enfocadas en los latinos en toda la historia de la Casa Blanca. Estoy segura de que mi ascenso no habría sido posible sin el respaldo y la defensa de Pete, lo que envió la señal de que yo tenía algo valioso que aportar. Su apoyo fue el puente firme que crucé hacia mi propio poder. Una vez del otro lado, al fin me sentí lo suficientemente segura para aparecer como mi auténtica yo. Había trabajado duro y por fin lo había asimilado: merecía estar ahí.

A lo largo de los siguientes dos años desarrollé e implementé la estrategia de medios de la Casa Blanca enfocada en la comunidad latina de Estados Unidos, tanto en inglés como en español. Dado que todos los asuntos son asuntos latinos, mi trabajo abarcaba todos los temas, desde el sistema de salud hasta la economía. Y ya no me sentía aislada. Un pequeño grupo de personas cuyo trabajo se enfocaba en los latinos empezamos a reunirnos con regularidad en la oficina del ala oeste de la latina de más alto nivel en la Casa Blanca. Poco después, las reuniones de solidaridad y camaradería con Cecilia estaban entre lo más destacado de mis semanas.

Sigo sin poder creer algunas de las experiencias que tuve durante mi tiempo en la Casa Blanca: brindé desde el Balcón Truman por la aprobación de la Ley del Cuidado de Salud a Bajo Precio, trabajé en la cumbre G20 en México y la Cumbre de las Américas en Colombia, llamé a mi mamá a bordo del Air Force One, vi los fuegos artificiales del Cuatro de Julio desde el jardín sur mientras los Foo Fighters tocaban «Everlong» y estuve en un vehículo de una caravana presidencial cruzando la Ciudad de México. Las partes de mí que habían sido la base de mi síndrome del impostor en el pasado —ser primera generación, ser latina, crecer en circunstancias difíciles— se habían vuelto las perspectivas que me estaban ayudando a realizar mi trabajo con éxito. Mis diferencias eran ahora mis superpoderes.

Esas mismas cualidades fueron lo que me llevó a la oficina oval una tarde de agosto de 2011, con el presidente Obama.

Estaba sentado en una silla de cuero café, con un busto de Abraham Lincoln visible a la derecha de su cabeza y uno de Martin Luther King, Jr., a su izquierda, mientras le daba mi informe personalmente para prepararlo para una entrevista en la revista *Latina*. Las palabras salían de mi boca, pero mi mente estaba enteramente en otro canal. Pensaba: «¿Cómo acabé sentada junto al presidente de Estados Unidos mientras se prepara para hablar directamente con nuestra comunidad?».

Minutos más tarde, mientras lo veía desde el costado del escritorio Resolute hablar por teléfono con el reportero, me transporté de inmediato a lo inspirada que me sentía sentada en la Escuela Kennedy cuatro años antes, viéndolo en la pantalla grande al debatir en el escenario durante las primarias.

Pero el momento que más atesoraré por siempre fue cuando tuve la oportunidad de presentarle al presidente Obama a mi mamá y a mi hermana. Fue un ciclo completo que tardó generaciones en formarse: lo único que deseé fue que Abi estuviera ahí.

Cuando las tres caminamos a la oficina oval juntas y vimos al presidente ponerse de pie para saludarnos, me invadió una oleada del conocido síndrome del impostor Plus. ¿En verdad me había ganado este momento? Y luego me aparté y vi a una mujer nacida en México en la pobreza tomada de la mano del primer presidente de color de Estados Unidos. Platicaron de la experiencia de ella iniciando una carrera como maestra en escuelas públicas de comunidades marginales a la edad de cuarenta y cinco.

¿Ella era una impostora? ¿Lo era yo? No, ninguna lo era. Pertenecíamos a una tribu de pioneros, inherentemente valiosos *por* nuestras batallas, no a pesar de ellas. Nuestras habilidades de supervivencia y nuestra renuencia a darnos por vencidos pavimentaron nuestro camino tanto como cualquier logro, los cuales a su vez volvieron significativas las partes más difíciles de nuestro pasado. Cuando el fotógrafo de la Casa Blanca se colocó para tomar una foto, los cuatro nos abrazamos afectuosamente. Esa foto —ahora enmarcada en casa de mi mamá— está firmada así: «Para Cecilia, lo mejor... ¡y gracias por Alejandra! Barack Obama».

Durante mis años en la Casa Blanca fue crucial recordarme la perspectiva que yo llevaba a la mesa, pero mi camino estuvo igualmente pavimentado por el ánimo, la defensa y la protección de quienes se encontraban dentro de la estructura de poder. Esos dos factores se alimentaban mutuamente, y encontré un sentido de pertenencia en Washington porque fui afortunada de poder experimentar ambos. De hecho, cuanto más claro veía cómo el síndrome del impostor plus era un fenómeno entrante *y* saliente —cómo nos sentimos sobre nosotros mismos *y* cómo nos reciben los sistemas de los que formamos parte—, menos sentía su efecto.

Después de cuatro años en la Casa Blanca, cuando me reclutaron para lanzar un proyecto de medios enfocado en latinos tomé la decisión de irme con la seguridad de que lo estaba haciendo porque era lo que yo quería. Entré a mi fiesta de despedida en el salón de recepciones diplomáticas del edificio de oficinas ejecutivas Eisenhower y me quedé sorprendida de verlo lleno hasta el tope de colegas que ahora se habían vuelto buenos amigos. Mis antiguos jefes y compañeros tomaron turnos para compartir reflexiones de nuestro tiempo juntos, y luego me entregaron una foto grande enmarcada del presidente y yo en la oval, con notas escritas a mano en cada pulgada del borde blanco. A muchos niveles, fue la culminación de aquello por lo que había rezado esa primera semana en la Casa Blanca.

Luego crucé hacia el ala oeste para tomar mi foto de despedida con el presidente Obama. Antes de posar frente a su escritorio, respiré hondo, nos tomamos de las manos y me lancé a compartir apurada, entre lágrimas, lo que siempre había querido que supiera: que los últimos cuatro años habían alterado no solo mi vida, sino la de mi familia y la todas las generaciones que vendrían.

Me apretó las manos y su rostro se iluminó —un OG primero y único como no hubo otro— al asentir sabiendo a qué me refería.

Fue innegable que mi tiempo en la Casa Blanca representó un pináculo de primera y única en mi vida y en mi carrera. La cima de la montaña más alta que había estado escalando desde que tenía uso de razón. Cuando salí por las puertas de hierro negras como funcionaria una última vez, se me puso toda la piel de gallina. Me sentí orgullosa de lo que había logrado. Redimida.

Entonces ya estaba curada, ¿no?

No tan rápido.

CAPÍTULO 9

LA TRENZA

Estacionarme junto a la casa de mi tía Nannette en Santa Mónica para la cena de Acción de Gracias dos años después de dejar la Casa Blanca fue como volver a visitar Main Street en Disneylandia, pero ya de adulta. Ni el pasto parecía haber cambiado desde que me fui ocho años antes, pero ahora todo parecía de menor escala y menos grandioso. Era el mismo exterior blanco de la casa, en la esquina de un pintoresco vecindario residencial. Los escalones de piedra que subían hacia la puerta de entrada todavía necesitaban remozarse y su barandal despintado se veía a punto de caerse, igual que siempre.

Al luchar por mantener el equilibrio en cada escalón con botas de tacón de aguja y una pila de carísimos pays de calabaza de Urth Caffé en los brazos, mi equilibrio emocional se sentía igual de desenfocado. Me había mudado meses antes de vuelta a LA, y la nostalgia de los recuerdos de haber subido esos mismos escalones en Acción de Gracias los últimos veintitantos años me atravesó bramando: cargar a Mónica de bebé en su asiento de coche por los escalones, darles detalles a viejos novios mientras se preparaban para conocer a mi familia, sentirme adulta porque siempre se suponía que yo me sentaría en la mesa de los adultos para cenar mientras todos mis primos tenían que sentarse en la mesa de los niños.

Y ahora estaba oficialmente de vuelta... otra vez en el redil. Sin embargo, esta vez algo se sentía distinto. Al tocar la puerta, me dolió el estómago con una pulsación sorda, similar a como me sentía después de devorar demasiada crema de almejas durante mi descanso en Gladstones. Pero eso no era un caso de consumo excesivo de mantequilla o crema. Era culpa. ¿Pero de dónde venía?

La tía Nannette abrió la puerta en delantal, con el cabello recogido y unos aretes dorados que le colgaban hasta la mitad del cuello.

—¡Hola! —dijo, dándome un beso en la mejilla—. Tengo que ir a ver el pavo. Siéntate —desapareció en la cocina.

Los sillones color beige y las pinturas mexicanas de la Virgen en la sala seguían exactamente donde habían estado siempre.

En la esquina había una mesa lateral, donde se mostraban con orgullo las fotos enmarcadas de la sesión de fotos de Nannette para *Vogue* México y vacaciones en Cancún. También había una foto de la boda de Nannette, con sus tres hermanas con vestido de dama de honor color rosa pálido con tul estilo ochentero saliendo dramáticamente de sus hombros. En el centro de la mesa había una foto vieja y arrugada de Abi de joven, sola, con los brazos llenos de niños.

Mientras esperaba que llegara el resto de la familia, me acerqué a la mesa y pasé los dedos por los fríos marcos plateados. Las hermanas Medellín ya estaban en sus cincuenta y sesenta; ya no eran las jovencitas de esas fotos, que dominaban las pistas de baile en Marina del Rey. Sin embargo, aunque hubieran pasado décadas, pronto llegarían mi mamá, la tía Elizabeth y la tía Sofía, y estaríamos todas juntas en un mismo lugar otra vez. Tantas cosas habían cambiado desde que vivíamos hacinados en el departamento que compartíamos todos. Y tanto seguía siendo igual.

Por un lado, mi mamá y mis tías seguían rezando novenas, y sus peticiones —dinero y salud— no habían cambiado. Seguía habiendo un aire de caos constante. Alguien había perdido su trabajo, alguien había recibido un diagnóstico de cáncer mamario (cuatro mujeres en mi familia para ese momento), alguien tenía problemas para llegar a fin de mes. Y yo todavía tenía ganas de arreglarlo todo. Pero había una tremenda diferencia. Mi vida ya había salido de la modalidad de supervivencia, y las de ellas no.

Esa reunión de Acción de Gracias, mi tía Sofía entró por la puerta viéndose más cansada y abrumada que nunca, después de criar a cuatro hijos sola con una sucesión de trabajos que pagaban salarios miserables. Luego sonó el teléfono y era mi tía Elizabeth, llamando para avisar que iba tarde porque estaba varada esperando el autobús en algún lugar que quedaba a millas de distancia. Afuera ya estaba oscureciendo.

Tomé las llaves de mi coche para ir a recoger a mi tía y me sentí fatal. ¿No era salir de un ciclo de lucha lo que me había propuesto hacer? ¿No debería sentirme bien de volver a casa siendo una mujer exitosa? Si así era, ¿por qué me sentía tan conflictuada?

Cuando Elizabeth y yo llegamos a la casa media hora después, todos se metieron en sus papeles, como actores que ensayan una obra de teatro por millonésima vez. Las cuatro hermanas se interrumpían constantemente al recordar sus infancias en México, a sus exnovios y a mis abuelos. Y sin falta, en algún momento mi mamá empezaría a jugar con el estéreo, llenando la sala con el sonido *staccato* de los cencerros y los bongós... una escena salida directamente de nuestro departamento en Marine Street.

Siempre la instigadora, mi mamá comenzó a dar vueltas en su sitio en cuanto empezó la música, meneando la cadera, mientras mis tías se unían, una tras otra, los pies en un ritmo sincopado. Rápido rápido lento, rápido rápido lento. Bailaban juntas como profesionales, turnándose para realizar solos, como si estuvieran en *Soul Train*. La tía Nannette, cortando el aire con las manos. La tía Sofía, tomándose un poco de tiempo para calentar, pero luego girando el cuerpo de un lado a otro cuando menos lo esperabas. La tía Elizabeth reviviendo sus días de *belly dance* moviendo la cadera en largos círculos continuos. Radiaban carisma y magnetismo sin esfuerzo, como siempre, y yo las miraba con el mismo asombro de mi infancia. Me reía mientras grababa todo en mi teléfono, y les gritaba «¡Guaaaau!» para animarlas. Sí, *realmente* estaba en casa.

Había pasado los últimos dos años en Miami, después de mudarme ahí por un trabajo como ejecutiva en una cadena de televisión en español. Era el lugar perfecto para vivir después de cuatro años trabajando en el horario de la Casa Blanca, el cual dio lugar a que mi doctor me prescribiera megadosis de vitamina D (para combatir la seria deficiencia por nunca ver el sol). En Miami fue donde llegué a la meta que me había propuesto cuando servía mesas en Gladstones. Ganaba un sueldo de seis dígitos y vivía en un departamento en el piso veinticuatro de un rascacielos con ventanas de piso a techo y vista al mar. Nadaba cada fin de semana en el agua color turquesa y manejaba un BMW plateado. Sentía que al fin había logrado la clase de estabilidad financiera que me había eludido durante tanto tiempo.

Cuando mi mamá y Mónica me fueron a visitar, las llevé al club privado al que me había inscrito para pasar los días calurosos recostadas en sillas de playa rayadas y las invitaba a desayunar a esos elaborados *buffets* con estaciones de crepas y montañas de camarones en hielo. Me encantaba consentirlas y ver a mi mamá recargarse con los ojos cerrados en el cuarto de vapor del club. Yo suponía que ahora la vida de todas sería diferente. Más fácil. Sin embargo, cuando volví a casa —después de haber vivido en Boston, Chicago, DC y Miami— fue innegable que mi vida era la única que había cambiado radicalmente.

El orgullo que tenía por haber creado una nueva vida para mí misma estaba entrelazado con el trauma económico que había experimentado en mi infancia. Como suele pasarnos a los primeros y únicos, el estrés crónico de la carencia había codificado mi sistema nervioso, y ahora, rodeada de mi familia, hacía que brotaran esas viejas heridas. Sentía que los estaba abandonando solo por establecer límites y tener autonomía financiera.

Cuando viajaba a otros países de vacaciones o me quedaba en hoteles bonitos, siempre pensaba cuánto disfrutaría mi mamá estando ahí, aunque probablemente nunca podría. Cuando agendaba una cita con un especialista y el doctor se tomaba el tiempo de responder a todas mis preguntas con respeto, sabía que mi mamá y mis tías no experimentaban lo mismo. Los médicos muchas veces le restaban importancia a su dolor y minimizaban sus síntomas. Incluso comprar en Whole Foods se sentía pesado a veces, sabiendo que tenía familiares que apenas si podían comprar comida.

¿Cómo podía reconciliar la culpa que sentía por estar mejor económicamente que mis mayores? Era como cuando era niña y abría el refrigerador y veía todo vacío menos la sección marcada COMIDA DE ALI. Yo no quería ser la única. Agudizaba esta desorientante dinámica el hecho de que mi familia estaba verdaderamente feliz por mí.

—Mándame fotos. Vivo indirectamente a través de ti —solía decirme mi mamá con una sonrisa orgullosa en el rostro.

El sentimiento era hermoso, pero yo siempre le devolvía la sonrisa a medias. Yo no quería que experimentara las cosas a través de *mí*; quería que las experimentara *ella*.

Estaba en una tierra intermedia común para los primeros y únicos. Lo suficientemente exitosa para respirar mejor y empezar a ahorrar dinero, pero no lo suficiente para traer a toda mi familia conmigo. Quería darle a la gente que amaba una vida más fácil. Algunos primeros y únicos tienen familias que incluso lo esperan de ellos.

Lo que vuelve la presión todavía más real es que de hecho es posible comprar un cierto grado de felicidad para tu familia. Un estudio de dos premios nobel en 2010 descubrió que el dinero no compra la felicidad… a menos que tu ingreso sea menor a 75 000 al año. Antes de esa cantidad, el bienestar emocional *sí* aumenta con el ingreso porque existe un trauma por vivir a una quincena, un gasto inesperado o una enfermedad de la ruina financiera. Para citar a la banda de rock de la década de 1990 Everclear, «odio a la gente que te dice que el dinero es la raíz de todo lo que mata; nunca han sido pobres, nunca han tenido la alegría de una Navidad en la beneficencia». Para los primeros y únicos, saber que técnicamente tenemos la capacidad de ayudar a disminuir el dolor emocional de los miembros de nuestra familia puede hacer que gastar nuestro dinero en nosotros se sienta egoísta.

La brecha creciente entre mis experiencias y las de mis familiares no habían sido tan obvias cuando vivía en la Costa Este, pero cuando me mudé de vuelta a casa, estaba ahí sentada en medio de la mesa entre nosotras, justo al lado del pavo de Acción de Gracias. Me aplastaba la culpa de la separación, la angustia corrosiva y muchas veces persistente que a veces sentimos por tener acceso a oportunidades, experiencias o recursos que otras personas de nuestras familias simplemente no tienen. Y mi culpa de la separación no solo se extendía a mi familia.

~

Una semana después del Día de Acción de Gracias, mientras buscaba listados de departamentos en renta en el centro de LA, cambié mi búsqueda y empecé a buscar en Google organizaciones sin fines de lucro. Mudarme a casa y manejar con regularidad por Pico Boulevard en Santa Mónica me estaba despertando toda clase de recuerdos: cuando visitaba el

Virginia Park, conocí a Spider y —la primera encrucijada de mi vida— escribí una obra de teatro con el Virginia Avenue Project. Si rememorara la época en que más necesitaba apoyo emocional (y cuando habría significado la mayor diferencia), fueron mis años de adolescencia, cuando buscaba una forma de sobrellevar las cosas. En aquel entonces me había volcado en relaciones unilaterales y en un perfeccionismo extremo, que al final solo empeoraba las cosas.

Últimamente tenía un abrumador deseo de pasar tiempo con jóvenes que estuvieran frente a las mismas encrucijadas. Mi grandiosa bienvenida había traído a la superficie flashazos de cómo se sentía tener su edad, y quería darles lo que yo hubiera querido tener. Sobre todo, la idea de que no tenían que destruirse a sí mismos para sobrevivir el dolor emocional… como casi hice yo. Me encontré con la organización sin fines de lucro InsideOut Writers, que ofrece clases de escritura creativa a jóvenes encarcelados en LA. Al leer sobre su labor «healing-informed» (basado en sanar), supe que era exactamente lo que estaba buscando.

Dos meses más tarde, después de que tomaran mis huellas dactilares y pasara una verificación de antecedentes de parte del Departamento de Libertad Condicional del Condado de Los Ángeles, empecé a trabajar como maestra sustituta en un reformatorio en el centro de LA. En las noches que daba clases, alrededor de una docena de niñas de entre doce y diecisiete años, casi todas de color, entraban en una sola fila improvisada a mi salón, vestidas de gris de pies a cabeza. Yo las guiaba a través de una variedad de ejercicios, desde llenar hojas de cálculo que reforzaban su autoestima hasta escribirle cartas a su yo de seis años y compartir su «rosa» y su «espina» de la semana anterior. Al final de la clase alguien estaba llorando, sin excepción.

Kendra, de quince años, era una pandillera de tercera generación del lado sur de LA. Cuando asistió por primera vez a mi clase, con trenzas cortas en la cabeza y los ojos cafés fijos en el suelo, siempre mantenía los brazos cruzados, desafiante. Me di cuenta de que las demás niñas la respetaban por la forma como la miraban periódicamente buscando su aprobación. Cuando llegó el momento de que las niñas formaran un círculo y compartieran lo que habían escrito, no esperaba que Kendra hubiera escrito gran cosa. Había estado mirando la pared durante casi toda la hora y solo había levantado la pluma cuando le avisé que quedaban diez minutos de clase. Pero cuando llegó su turno, se aclaró la garganta y murmuró un poema lleno de alma, crudeza y cadencia.

Cuando terminó, las chicas se quedaron inmóviles un momento, atónitas y en silencio, antes de estallar en aplausos. Kendra negó con la cabeza tímidamente.

—Te lo puedes quedar —dijo, entregándome el papel con una sonrisa.

Al guardarlo en mi bolsa, pensé: «Esta chica tiene talento».

Al final de la clase recolecté cada una de sus plumas, contándolas para asegurarme de tenerlas todas, como me instruía cada semana la guardia que me escoltaba al salón.

—Ojalá vuelvas la próxima semana, Kendra. Eres una muy buena escritora —le dije cuando la guardia la estaba escoltando fuera del salón, las manos juntas detrás de la espalda.

Yo era solo un par de años más joven que Kendra cuando Leigh, del Virginia Avenue Project, puso una pluma en mi mano la primera vez… la que condujo a mi primera obra y a las palabras de aliento de Angela Bassett. Esa pluma bien pudo haber sido un remo cuando me encontraba sola en el mar, a la deriva; fue así de significativo. Ahora yo tenía las plumas.

Kendra miró hacia atrás y asintió con la cabeza antes de salir.

Al final de cada clase podía ver a las guardias encerrando a las niñas de nuevo en sus celdas de confinamiento solitario mientras yo era conducida a la reja de salida, fuera del reformatorio. La pesada puerta se azotaba tras de mí, dejándome libre en el aire fresco de la noche y a las niñas adentro, atrás de múltiples puertas. Y luego, todas las veces sin excepción, me llegaba la culpa de la separación. Para cuando llegaba a mi coche ya me daba vueltas el estómago, imaginando la noche que les esperaba a ellas mientras yo me iba a casa para pedir algo de cenar.

Yo había sido como ellas alguna vez. Emocionalmente endurecida para sobrevivir a mis circunstancias y a un mal paso del reformatorio. ¿Por qué yo había podido evitar ir al reformatorio y ellas no? Kendra me recordaba a mí misma.

Me sorprendió lo arbitrario e injusto que parecía todo, y no quería ser una persona más que entrara y saliera momentáneamente de sus vidas. Tenía la opción de continuar sustituyendo maestros siempre que mi agenda lo permitiera, pero quería hacer un compromiso real con esas niñas. Así que me volví maestra regular en uno de los módulos penitenciaros para jovencitas y empecé a dirigir mi propia clase de escritura semanal. Los miércoles en la noche se volvió un espacio sagrado en mi calendario.

Había algo inesperadamente reconfortante en compartir la escritura —y una docena de donas con chispas— entre nosotras cada semana. Reconfortante para todas. Podía haber una guardia parada justo afuera de la puerta, pero en el salón que se había dispuesto para nuestras clases, los sentimientos, los pensamientos y las palabras de todas importaban. Poco a poco, las chicas (y las guardias) se encariñaron conmigo, y las inclinaciones de cabeza como despedida empezaron a quedar desplazadas por abrazos. La idea de que yo pudiera hacer por cualquiera de ellas lo que el Virginia Avenue Project hizo para mí —aportar un sentido de posibilidad— hacía que nuestra clase fuera lo mejor de mi semana.

~

Dos años después, en 2016, yo seguía dando mi clase cuando eligieron presidente a Donald Trump. La escena política de California se tuvo que recalibrar rápidamente por el efecto dominó del proceso electoral: Kamala Harris había ganado la carrera al Senado de Estados Unidos y designaron a Xavier Becerra, que representaba mi distrito de LA en el Congreso, para ocupar su silla, próximamente vacía, como nuestro siguiente fiscal general, que después daría inicio a una elección especial para ocupar *su* asiento legislativo. Postularme para un cargo nunca había estado en mi radar hasta que llegué a la Escuela Kennedy, e incluso entonces lo guardé muy hondo en la carpeta «Quién sabe qué depare el futuro» de mi cerebro.

Pero cuando oí a Trump llamar a revocar la Ley del Cuidado de Salud a Bajo Precio —una medida que impactaría el acceso de millones a los servicios de salud—, sabía que tenía que hacer algo.

Casi nadie en mi vida sabía que, estando en Miami, me había hecho una prueba genética de cáncer hereditario en la oficina de mi ginecólogo por un impulso. Estaba buscando respuestas a por qué tantas mujeres de mi familia desarrollaban cáncer mamario. Cuando la enfermera me entregó mis resultados en un sencillo sobre manila, que revelaban que yo tengo la mutación genética BRCA2 y 85 por ciento de probabilidad de desarrollar cáncer de mama, decidí ser proactiva.

Sin embargo, la única razón de que yo tuviera opciones de cirugías preventivas para disminuir mi riesgo era porque tenía acceso a un buen servicio de salud. Y ahora millones de personas estaban en riesgo porque les estaban quitando sus opciones, una jugada que afectaría particularmente a gente con afecciones preexistentes.

Cada día las noticias que llegaban de Washington eran más deprimentes. Y cada día yo consideraba mi mejor manera de unirme a la pelea. Al mes siguiente, cuando se convocó a una elección especial para llenar el puesto de mi distrito en el Congreso, reconocí esa sensación en mis entrañas otra vez. La que había seguido para llegar a Boston y luego a DC. Me decía: «Así puedes ayudar. Postúlate para el Congreso». No importaba que fuera el salto de un acantilado con los ojos vendados más grande que hubiera intentado hasta entonces.

Rápidamente aprendí por qué presentar una candidatura suele ser un privilegio reservado para unos cuantos. Había una razón por la que solo el 2 por ciento de los estadounidenses se habían postulado para un cargo público y por la cual la mayoría de esos candidatos habían sido hombres blancos. Querer postularse y *poder* postularse eran dos cosas muy distintas. ¿Una razón? Dinero.

—Si quieres demostrar tu viabilidad como candidata ante nuestra organización y al campo en general, necesitas recaudar cien mil dólares en diez días —me dijo el director político de una red bien respetada de donadores. Yo no sabía cómo calibrar la viabilidad de mi candidatura y buscaba una medida que me ayudara a determinar mi capacidad.

—¿Diez días? —jadeé. Básicamente era recaudar lo equivalente a una educación universitaria.

—Mi consejo es que pongas a trabajar los teléfonos de inmediato —dijo el director político—. Avísame cómo te va.

Le quemé la batería a mi teléfono celular en los siguientes diez días, haciendo todas las comidas en mi escritorio, casi sin dormir, y llamando a todas las personas que se me pudiera ocurrir para pedirles una contribución para mi campaña. Antes de cada llamada me quedaba mirando el teléfono ansiosa. Como alguien que había estado trabajando para mantenerse económicamente a sí misma desde sus primeros años de adolescencia y que se enorgullecía de su independencia, odiaba pedirle a la gente dinero. Sin embargo, me seguía recordando a mí misma por qué lo estaba haciendo y continuaba.

—Esta es la ronda de amigos y familia —dijo uno de mis amigos de la Escuela Kennedy mientras discutíamos cómo abordar mi recaudación—. No te preocupes. Apuesto a que tu familia sola te llevará casi del otro lado.

Me le quedé viendo, muda.

Ahí estaba yo, recaudando decenas de miles de dólares al día para una campaña política, y mi tía, a sus sesenta años, seguía viviendo en un estudio de cien pies cuadrados sin aire acondicionado ni calefacción. Yo no sabía cómo explicarle a mi amigo que antes de pedirles a mis familiares que donaran a mi campaña, *yo* debería estarlos ayudando a *ellos*. Ahí estaba otra vez esa culpa de la separación.

El décimo día todavía me faltaban unos cuantos miles de dólares. Atrincherada en mi departamento, revisé frenética todos los contactos de mi teléfono. ¿Quién creía en mí? ¿Quién estaría de mi lado cuando más lo necesitaba? Hacer llamadas a donadores se sentía como visitar a los fantasmas de mis vidas pasadas, *Un cuento de Navidad de primera generación*. Estaban la amiga cercana y hermana de la sororidad de USC que rehusó donar porque no compartía mis «creencias políticas», la compañera de la Escuela Kennedy que amablemente interrumpió mi perorata para decir: «Solo dime qué necesitas», y el senador estatal en cuyo sótano viví durante la campaña de Obama que ofreció hacer una recaudación de fondos para mí.

Al tratar de encontrar a alguien nuevo a quién llamar, pasé por el nombre de un productor de cine que hacía poco me había presentado un amigo mutuo. Normalmente no me hubiera sentido cómoda invitándolo siquiera a comer, pero de todas maneras crucé los dedos en el aire al marcar su número. *Un último intento.*

—Donaré dos mil setecientos dólares —dijo el productor en el teléfono.

Articulé emocionada un *¡Sí!* para mis adentros antes de responder, lo más profesional posible:

—Muchas gracias.

Con su contribución, ya había cruzado la línea. Lo había logrado. Recaudé más de cien mil en diez días. Estaba en la carrera.

Más o menos.

Pronto aprendí que los cien mil dólares habían sido solo el primero de muchos aros esperando a que los saltara. Todavía necesitaba contratar un equipo de campaña, hacer una página web y, por supuesto, anunciarlo públicamente.

Gracias a las recomendaciones de amigos y de antiguos colegas de la Casa Blanca, rápidamente contraté un pequeño equipo de personal y consultores políticos, y nos propusimos presentar mi candidatura en el *Los Angeles Times*. El periódico había entrevistado a cada uno de los candidatos que ya se habían sumado a la carrera, lo que había dado lugar a un corto reportaje. Me puse en modo de preparación con mi equipo, estructurando mi plataforma y redactando respuestas a las típicas preguntas que me pudieran hacer.

El día de la entrevista para anunciar mi candidatura tenía una pila de tarjetas con notas frente a mí. Me había acostado tarde la noche anterior, estudiando detenidamente noticias relevantes, y había escrito una «declaración de propósitos» de por qué me postulaba. Cuando llegó el momento de hablar con la reportera, mi personal de comunicaciones estaba escuchando en una línea conectada para asegurarse de que estuviera lista para abordar cualquier cantidad de preguntas de política que pudiera hacerme.

La entrevista empezó bien, y luego salió el tema.

—Quiero preguntarte del hecho de que posaras en *Maxim*. ¿Quieres comentar al respecto?

Apreté con fuerza el teléfono y traté de sonar indiferente.

—No estoy segura de qué tiene que ver eso con mi candidatura —le dije a la reportera. Ya había pensado que podían sacar eso a colación.

—¿Entonces no tienes nada que comentar?

Me sentí atrapada otra vez. Si le decía algo más, le iba a dar nueva vida al asunto. Pero si no decía nada, me sentía estancada en donde siempre había estado: en una modalidad defensiva, como si hubiera hecho algo malo. Deseaba poder señalar su irrelevancia y, al mismo tiempo, oponerme al sexismo en la política. Pero cuando le advertí a mi equipo de candidatura que esto podría pasar, acordamos que era mejor no responder ninguna pregunta sobre *Maxim*, así que me quedé callada. Colgué el teléfono sintiéndome derrotada. Hola de nuevo, *síndrome* del impostor plus.

—¡No puedo creer que te preguntara eso! —exclamó mi consultora de medios cuando me llamó momentos después.

—Solo espero que no lo incluya en mi anuncio —le dije.

A finales de esa semana, mi anuncio salió en el periódico sin ninguna mención de *Maxim*. En nuestra llamada diaria con todo el equipo, todos estaban felices de que hubiéramos esquivado una bala y ahora pudiéramos volver a trabajar en lo que en verdad importaba.

Sin embargo, siguió saliendo. Con una líder comunitaria, tomando té («Las fotos van a ser un problema, ¿sabes?»), y con un miembro del Ayuntamiento de Los Ángeles que me estaba ofreciendo consejos bienintencionados («Prepárate para hablar de ello en el próximo debate»). Volvía a un departamento vacío después de esas conversaciones y pasaba el resto de la noche rumiando por qué nunca sería suficiente. Todo lo que había hecho, cada validador que había asegurado. Incluso después de años en la Casa Blanca, *yo* nunca sería suficiente.

Una tarde, durante mi horario de llamadas, mi consultora de recaudación de fondos me entregó una hoja de cálculo que había creado con la lista de contactos de mi teléfono.

—Vamos a llamar a todos estos hoy —dijo sentada frente a mí en la sala de conferencias del edificio donde yo vivía.

El nombre de un restaurantero de Beverly Hills que había tenido una amistad con mi mamá encabezaba la lista. Su ego era del tamaño de los candelabros que iluminaban el comedor de su restaurante, y yo miré a mi consultora como diciendo «¿En serio tengo que hacerlo?».

—Tienes que llamarles a *todos* —dijo, asintiendo—. Recuerda por qué lo estás haciendo.

Me quedé en espera diez minutos mientras su asistente trataba de ponerlo en la línea, y cuando al fin contestó, apenas había empezado a compartir la noticia de mi candidatura cuando me interrumpió, diciéndome lo ocupado que estaba.

—Veme hoy en la noche en el *lobby* del Hotel Beverly Hills para beber algo, y ahí discutimos todo —dijo, colgando el teléfono antes de que tuviera oportunidad de responder. Era un hombre acostumbrado a hacer las cosas a su manera.

Sentada en la hora pico del tráfico, desde el centro de LA hasta Beverly Hills esa tarde, seguía repitiéndome las palabras de mi recaudadora. «Recuerda por qué lo estás haciendo». Había pasado por cosas mucho peores. Sin duda me podía sentar a tomar algo con un hombre desagradable si eso significaba tener más recursos para poder tocar puertas.

Pero cuando llegué al *lobby* del hotel, él no estaba ahí. Crucé el *lobby* entero y me asomé en el restaurante, pero no lo vi por ningún lado. Busqué el teléfono en mi bolso y marqué su número.

—Hola, aquí estoy. ¿Dónde estás? —dije, esperando que estuviera sentado en algún lugar donde no hubiera buscado.

—Estoy terminando una junta en mi habitación. Ven a verme aquí. Te mando el número por mensaje.

Sonaron todas las alarmas en la cabeza. Cautelosa, no respondí.

—Tengo una suite, así que hay una linda salita donde nos podemos sentar a hablar. Escucha, necesito acabar una junta, así que solo veme aquí en la habitación y luego bajamos al *lobby* en unos minutos —colgó abruptamente otra vez.

Su tono implicaba que mi duda era ridícula, y me dije a mí misma que tal vez lo era. Era la clase de cosas que pasaban en los sillones de *casting* de Hollywood, no en las candidaturas al Congreso de Estados Unidos.

Cuando entré en la habitación a media luz, estaba caminando con el teléfono en la oreja, en medio de una conversación acalorada, pero me indicó que me sentara en el sofá. Estábamos en una sala, como él había dicho, y sentí que mis hombros se relajaban un poco. Al sacar un fólder con los materiales de mi campaña, me indicó que me sirviera una copa de vino. Mejor tomé una botella de agua.

—Discúlpame. Entonces, quieres ser política, ¿eh? —dijo, acercándose y sentándose junto a mí en el sillón. Estaba incómodamente cerca y yo me hice hacia atrás para crear más distancia entre nosotros.

—Sí. Quisiera hablarte de mi campaña y de lo que espero hacer en Washington. Apreciaría mucho tu apoyo —dije, tratando de ignorar la intensidad atrás de sus ojos.

Me miró con una sonrisa de suficiencia en el rostro.

—No tenemos que perder el tiempo con eso —dijo—. Te apoyo, claro.

—No sabes lo mucho que eso significa para mí. Gracias —le dije, sacando una hoja de donador para que la llenara con la información de su tarjeta de crédito.

—De hecho, te puedo ayudar muchísimo —continuó, poniéndome la mano en la pierna.

«Esto no puede estar pasando —pensé—. ¿Cómo me salgo de aquí y, al mismo tiempo, protejo el ego de este hombre para que no me castigue por ello?».

Era una táctica de supervivencia que había aprendido con los años, una dinámica que es desafortunadamente muy familiar para muchas primeras y únicas. Cuanta menos autonomía tienes, más tonterías y acoso sientes que tienes que soportar.

—Si tú y yo pasamos la noche juntos, te recaudaré un millón de dólares. ¿Qué te parece? ¿Eso te ayudaría a ganar? —al mirarme con lujuria, el fuerte olor de su colonia hacía que me ardiera la garganta. Traté de no dar arcadas.

«Finge creer que está bromeando», me dije a mí misma.

—Ay, qué chistoso eres. ¡Basta! —dije, levantándome para irme—. Tengo otra junta a la que ir, pero gracias por tomarte el tiempo.

Corrí por el pasillo y hasta la puerta del hotel, tratando de dejar atrás mi vergüenza y su penetrante olor. Yo sabía que no había hecho nada malo, pero aun así me sentía sucia y expuesta. Entre la fascinación de la reportera con *Maxim* y la propuesta indecorosa que acababa de recibir, tenía ganas de levantar las manos y decir: «Tú ganas, me rindo».

Cuando llegué a casa esa noche estaba demasiado cansada como para dormir. Me quedé acostada en la cama, quedándome dormida, pero mis pensamientos ansiosos y el corazón acelerado me despertaban cada cierto tiempo. Me habían advertido que presentar una candidatura pone cada aspecto de ti bajo la lente del microscopio más implacable del mundo. Con eso, combinado con dormir poco (menos de cinco horas cada noche) y no comer bien (había días que solo comía un puñado de Kisses de Hershey's), la presión sería constante e insoportable. Sin dormir e inquieta, entré al baño, prendí la luz y miré mi rostro en el espejo.

De todas las cosas que había experimentado en mi vida, lo que el restaurantero había hecho no era la peor, pero como en el juego de Jenga, mover un bloque (emocional) bien colocado puede tirar la torre entera. De pronto, algo muy dentro de mí se rompió. Empezaron a correrme lágrimas calientes por las mejillas mientras trataba de mantenerme en pie agarrándome del lavabo, pero mis piernas cedieron. Me caí al piso frío, haciéndome bolita encima del tapete del baño. Un grito ronco hizo eco en mi departamento, una voz que no reconocía como la mía. Me latía el corazón todavía más fuerte que antes, pero sentía el cuerpo entero paralizado.

No era un ataque de pánico, era algo peor. Era el hoyo negro que se había abierto en mi pecho cuando Mario me lanzó las costillas a la cara, pero ahora estaba en todas partes alrededor de mí. Tragándome. Años de dolor y penas enterradas que alcanzaban la superficie al mismo tiempo, como si el estrés de la campaña hubiera despedazado el dique a un pozo de emociones que había reprimido. «Por favor, Virgencita… Abi… ayúdenme».

Todo salió. Lo que se había estado acumulando en mi interior durante tanto tiempo. Las heridas paralelas de mi bisabuela, mi abuela y mi madre. Los intentos que había hecho de niña de salvar a todos los demás a expensas mías. Las maneras exasperantes en que traté de compensar por mis identidades supuestamente incongruentes. La prisa por superar mi falta de pertenencia. El aislamiento no reconocido. El terror que me tragué junto con aspiraciones y ambiciones. El eterno estatus de extranjera. Y la responsabilidad que aún sentía de usar mi vida como mecanismo para que los sacrificios de mi familia valieran la pena.

En el proceso de romper ciclos, de forjar un nuevo camino y tratar de pertenecer, me había hecho a mí misma justo aquello que más temía. Una y otra vez… había contenido mis sentimientos, mis necesidades, a mí misma. Me había abandonado *a mí misma*. Por décadas. ¿Y para qué? ¿Para sobrevivir? ¿Para agradar? ¿Para ser querida?

Pensé que había estado trabajando durante años para procesar mis sentimientos y neutralizar mi ansiedad. Sin embargo, lo cierto era que, mientras mantenía a raya mi ansiedad, seguía viviendo en un estado constante de pelea o huida. No había hecho el trabajo *más profundo*. No había reconocido ni validado la totalidad de mi propia experiencia. Y ahora la campaña estaba excavando la evidencia de mis heridas. Esa vez no podía mirar para otro lado.

La rabia y la tristeza se desbordaban fuera de mí como un exorcismo, y lloré hasta quedar exhausta. ¿Había valido la pena? ¿Y qué tanto más estaba dispuesta a renunciar por esa validación externa si implicaba perderme a mí misma para siempre? Si sacrificaba más de mí, no quedaría nada. Extinguiría mi luz definitivamente. Mientras miraba el techo del baño, al fin entumecida y hueca, me quedé dormida con la primera luz de la mañana.

Desperté a media mañana, aún en el piso del baño, y me pulsaban las sienes. La luz del baño se había quedado prendida toda la noche y me tapé los ojos adoloridos con el dorso del brazo. En mi cabeza empezó a escucharse un diálogo que conocía muy bien: «Estás bien. Párate. Déjalo ir. Sigue adelante».

Acostada ahí de espaldas, consideré volver a meter todo al pozo, como siempre había hecho, y persistir, pero sentía que ya no podía hacer eso. En el pasado me había dado miedo defenderme a mí misma, y eso había limitado mi capacidad de defender a los demás. Ya no. De ahora en adelante, tendría el valor de no agradar y recobraría mi propia historia. Me daría a conocer. Hablaría en voz alta.

Me limpié el rostro con una toalla y busqué a tientas mi teléfono. Luego, levantándome del suelo, las piernas sólidas de nuevo, de inmediato le marqué a uno de mis asesores de campaña para decirle que había decidido escribir un artículo de opinión.

—Genial. ¿De qué? —preguntó.

—*Maxim*.

—No sé si sea una buena idea —dijo con suavidad—. Tal vez sea mejor no decir nada más y dejar que se muera solo —yo sabía que su intención era protegerme. Era un profesional experimentado con años de trabajo en campañas nacionales, y su experiencia le indicaba cautela.

—Mira, he tenido algo que decir por los últimos diez años, y esta vez lo voy a decir —le dije. Ya era hora de defender a mi yo de veinticuatro años.

Solía pensar que tenía que limar las asperezas de mi pasado, de mis decisiones, de mi apariencia, de mi familia, de mi dolor y de mi vida en general, hasta que quedaran lisas y les resultaran cómodas a todos los demás. Por fortuna, ya no tenía ganas de hacerlo. Al fin había entendido que caminar una «línea perfecta» como primera y única haría que jugara para siempre en los términos de otros. Ya había demostrado todo lo que tenía que demostrar, ya había enfrentado cada obstáculo que se me había puesto enfrente, y todavía me seguían tratando como una impostora. Era tiempo de salir de las sombras de mi propia vida y hacer las cosas de otra manera. Una que me devolviera mi propio poder.

Mi consultor de comunicaciones sugirió que le vendiéramos la idea a *Cosmopolitan* por su alcance, y una editora en la revista de inmediato dijo que sí, pidiéndome un borrador de ochocientas palabras en cuestión de días.

Pronto me quedó claro qué tanto había estado guardándome; cuando me senté a escribir, el artículo entero brotó de mí en pocas horas. Lo que empezó como una misiva sobre mi propia experiencia con el sexismo, se transformó en un manifiesto celebrando a las mujeres complejas y multidimensionales y nuestras yos no lineales y a veces contradictorias.

Después de entregar mi borrador a la editora de *Cosmopolitan* a la semana siguiente, me empecé a preguntar si lo que había escrito resonaría en alguien más. Tal vez mi historia era solo eso… *mi* historia. Pero cuando el artículo se publicó en línea cuatro días después, mis menciones en redes sociales de inmediato explotaron.

Cientos y luego miles de mujeres levantaban la mano diciendo que ellas también habían experimentado dinámicas similares en sus vidas y lugares de trabajo. Hasta Emily Ratajkowski y Olivia Wilde twittearon el artículo a sus millones de seguidores con palabras de solidaridad. Cuando se hizo viral el artículo de opinión, quedé asombrada de ver cuántas mujeres se relacionaban con una experiencia por la que me había estado castigando en repetidas ocasiones, pensando que era la única imperfecta.

Fue la misma lección que Angela Bassett me había enseñado en la *middle school* y que ahora resurgía: la vulnerabilidad puede transformar el dolor emocional en conexión.

Esa vez de verdad me quedó claro.

~

Al acercarnos al día de las elecciones, el número de candidatos se infló a más de veinte personas (dieciocho de ellos demócratas). Ya que muchos de nosotros teníamos posturas similares sobre las cuestiones, los debates políticos ofrecían raras oportunidades para diferenciarnos de nuestros oponentes y yo me dediqué a participar en cada debate al que me invitaban.

Desafortunadamente, dado que había tantos candidatos, cada uno apenas si tenía tiempo para responder solo una, quizá dos, breves preguntas. En uno de los primeros debates, me senté en el escenario durante dos horas y solo hablé por dos minutos. No estábamos llegando exactamente al fondo de ningún problema en el distrito. No obstante, estaba ansiosa por hacer mi alegato final a los votantes en el último debate antes de las elecciones. Luego vi la fecha.

Una vez al año, InsideOut Writers, la organización sin fines de lucro donde era voluntaria, hacía una presentación de escritores en el reformatorio donde yo daba clase. Era la única oportunidad que tenían nuestras estudiantes de leer sus escritos ante un público, y para muchas de ellas sería la primera vez que hablaran en público, de pie en un escenario, con un micrófono. El incentivo para participar incluía sándwiches de Subway, papas fritas, donas, un DJ y la oportunidad de sentirse como una niña normal en un concurso de talentos en la *high school*, aunque fuera por una tarde nada más.

Como maestra, mi trabajo era preparar a nuestra clase para que presentaran su poesía, un proceso que requería más de un mes. Animar a las chicas a no rendirse con su redacción, ayudarlas a elegir uno de sus poemas y luego, durante la última clase antes del acto, ensayar el orden de la presentación con ellas cuando ya tenían los nervios de punta.

Dado que ya llevaba tres años enseñando ahí, sabía por experiencia propia que algunas chicas estaban en riesgo de no presentarse en el último minuto. En las semanas previas a la presentación, buscaban en mis ojos la seguridad de que no iban a hacer el ridículo. Estaban asustadas (cosa rara en ellas), haciendo bola poemas inconclusos en frustración y arrojándolos a la basura.

Tenía sentido que se sintieran tentadas a no participar. Sus poemas eran honestos y sensibles; exponían historias de abuso, negligencia y dolor. Y desde el escenario, su vista serían los rostros inexpresivos de cientos de pares, incluyendo rivales de otras pandillas. Mantener su reputación de dureza era importante para ellas, tanto ahí como en sus vecindarios, adonde tarde o temprano volverían. Yo necesitaba estar ahí para la clase final antes de la presentación, para calmarlas y evitar que renunciaran ahí mismo y se perdieran de una experiencia que tenía el potencial de ser transformativa. Por aras del destino, nuestro ensayo final era la misma noche que el debate final de los candidatos. Menos de dos semanas antes de las elecciones.

Intenté decirme a mí misma que perderme el debate no era una opción. Que una maestra sustituta podía ir por mí y que las chicas estarían bien. Pero en el fondo sabía que no era así. Tracé la distancia manejando entre el reformatorio y el auditorio del debate en mi teléfono, tratando de cronometrar el tiempo con toda precisión para poder ir de un lado al otro sin perderme nada. Era imposible. Si daba mi clase esa noche, llegaría más de una hora tarde al debate.

Estaba luchando contra la posibilidad de defraudar a las chicas para conservar mis propias ambiciones, pero me di cuenta de que en realidad no se trataba de elegir entre la clase y el debate. Tenía que determinar qué quería hacer en verdad y luego no ir en contra de ello por el impulso de agradar a alguien ni por culpa ni por miedo. No buscar la aprobación ni la validación de nadie que no fuera yo. Y una vez que eliminé la influencia de lo que sentía que *debía* hacer o lo que se esperaba de mí, no tenía dudas de qué quería hacer.

Mis chicas ya se sentían descartadas y juzgadas por mucha gente en sus vidas y por la sociedad en general. Estar ahí para ellas era como estar ahí para mi yo de trece años, cuando estaba recuperándome del colapso del matrimonio de mi mamá y buscando formas de insensibilizarme. No iba a abandonar a ninguna. Daría mi clase completa y llegaría tarde al debate, enfrentando cualquier consecuencia que se presentara.

Enseñar en correccionales y participar en un debate político eran dos mundos opuestos si hablamos de mentalidad y vestimenta; sin embargo, necesitaba correr de uno directamente al otro, sin pestañear. Como maestra, me pedían que usara zapatos y ropa sin logos, suelta, casual, y por lo general llegaba con cola de caballo, sin rastro de maquillaje. En la noche del debate me puse mis habituales jeans desgastados, una playera blanca lisa y tenis.

Después de pasar seguridad y varias bardas alambradas de camino al salón, me senté con un grupo de chicas que se turnaron para recitar sus pensamientos más profundos mientras comíamos hamburguesas con queso (un permiso extraordinario que tuve que acordar con las guardias de antemano). Una chica en particular se paró firmemente, sosteniendo su poema en el aire como si fuera un papiro. Al leer cada palabra con convicción, no pude más que sonreír. Sabía que había tomado la decisión correcta.

—Hoy estuvo genial, chicas. Todas hicieron un gran trabajo. ¿Se sienten listas para el sábado? —pregunté al final de la clase, quitando las envolturas de hamburguesa de la mesa.

Muchos «sí» y asentimientos con la cabeza llenaron el salón. Ninguna se echó para atrás.

Nunca sabré si tener la oportunidad de articular en el escenario sus sentimientos, de otra manera silenciados, tuvo el mismo efecto para ellas que para mí a su edad. Pero tener un lugar seguro donde pudieran experimentar cómo se sentía decir la verdad esa noche fue una carta de amor a las mujeres que sabía que ellas podían (y yo podía) ser.

Cuando volví a mi auto, manejé lo más rápido posible directamente al auditorio del debate. Me estacioné lejos de cualquier luz, me arranqué la ropa de calle y me giré hacia el asiento trasero, donde había guardado un overol negro elegante y botas negras de tres pulgadas. Mi mamá me dijo una vez que la razón de que siempre usara el mismo tono de labial magenta intenso era porque los colores fuertes hacen que tu rostro se vea arreglado. Sin un minuto que perder, me puse labial rojo, me pasé las manos por las raíces del cabello y corrí hacia la doble puerta de la entrada.

Desde el fondo del auditorio podía ver a mis compañeros candidatos sentados en un medio círculo en el escenario, con micrófonos en mesas plegables frente a ellos. Alguien estaba a la mitad de una respuesta y tenía toda la atención del resto del lugar en silencio. Empecé a maquinar en mi cabeza cómo me iba a subir al escenario, al asiento que quedaba notoriamente vacío, sin hacer una escena. No había manera. Tendría que caminar justo enfrente del espacio y subir las escaleras a vista de todos.

Mis tacones resonaban contra la duela del piso al bajar por el pasillo central. Podía sentir los ojos del auditorio observándome mientras tomaba mi asiento, casi hora y media tarde. Con la esperanza de ver un rostro amistoso, miré a mis compañeros candidatos, erguidos en sus asientos, con trajes y vestidos elegidos con todo cuidado. Muchos también eran primeros y únicos, haciendo lo mejor que podían para hacer malabares con sus propias versiones de la carga del pionero.

El moderador, notando mi llegada, miró sus notas. Sabía que la siguiente pregunta estaría dirigida a mí.

«Todas estas personas deben de creer que soy una irrespetuosa —pensé—. O que no me importa».

—Señorita Campoverdi, esta pregunta es para usted —dijo el moderador, trayéndome de vuelta al momento presente.

—Gracias. Antes de responder su pregunta, quisiera disculparme con todos por llegar tarde y, si me permiten, explicar la razón. Doy una clase de escritura creativa a niñas encarceladas en un reformatorio y hoy era una noche muy importante para ellas. Tenía el compromiso de estar ahí y no podía defraudarlas. Espero que puedan ver mi decisión como un reflejo de por qué sería la mejor persona para representarlos en el Congreso.

Y luego respondí su pregunta sobre política.

El debate terminó poco después, y cuando el lugar empezaba a vaciarse me uní al resto de los candidatos en el piso del auditorio, donde miembros de la comunidad se habían rezagado para hacer más preguntas. Mientras que otros candidatos estaban rodeados por pequeños grupos, yo me quedé parada sola, sin duda como resultado de mi retraso.

—Disculpe, señorita —dijo una joven latina al acercarse a mí, sosteniendo a una niña tímida en los brazos. La mujer tenía ojeras y traía el cabello agarrado en un chongo hecho a la carrera y descuidado.

—Sí, hola. Mucho gusto —dije, extendiendo la mano para tomar la suya.

—Solo quería decirle que hizo lo correcto.

Fruncí el ceño, insegura de a qué se refería.

—De las niñas... en el reformatorio. Fue la decisión correcta estar ahí con ellas —dijo—. Que tenga una buena noche —añadió antes de alejarse.

Mi pecho se inundó de calidez al verla irse. No tuvo idea de cuánto me conmovió lo que dijo.

Estaba segura de que no había ganado ningún voto esa noche; de hecho, era más probable que hubiera perdido algunos. Pero había estado ahí para mis chicas *y* había estado ahí para mí. Era una probada de cómo se sentía hacer eso, y me gustó.

Cuando llegué a casa esa noche, me tiré en el sillón de cuero blanco que era un remanente de mi vida en Miami y encendí CNN para relajarme. Estaba contenta, pero exhausta, y todo lo que quería hacer era buscar cosas en mi teléfono sin pensar mucho y luego irme a dormir. Entonces escuché una voz familiar: «Este debate no es sobre política; es personal. Para millones de estadounidenses».

Levanté la vista a mi propio rostro, serio y apasionado, hablando de la posible revocación de la Ley del Cuidado de Salud a Bajo Precio en mi primer anuncio de campaña, que estaba transmitiéndose en todo el país. De inmediato me transporté a unas semanas atrás, cuando estábamos filmando el comercial. De pie, frente a una pared lisa y blanca, en un estudio de sonido en LA. Sentía los reflectores brillantes en el techo iluminarme la parte superior de la cabeza y los hombros. Me secaba la humedad del labio superior con el dorso de la mano, diciéndome a mí misma: «Anda, tú puedes».

Lo que no se alcanzaba a ver en los primeros momentos del anuncio era a mi mamá. Atrás de mí y hacia la izquierda, sentada en un banco alto, apretando una fotografía sepia con quizá demasiada fuerza, y esperando la señal del director. Se había puesto un suéter negro conservador y los aretes de perlas del día de su boda, e incluso había atenuado su labial magenta a un rosa malva más políticamente correcto. Sin embargo, se veía completamente cohibida.

Llegó a este país con sueños de convertirse en una artista, y tenía el don del escenario, pero le ponías una cámara enfrente y se congelaba más rápido que una charola de paletas. Al ver su evidente incomodidad, me empecé a sentir mal por haberle pedido que participara en mi anuncio de campaña. Hacía frío en el lugar, y ella odiaba el frío. El banco donde estaba sentada se veía duro y rígido. Probablemente eso estaba irritándole la fibromialgia. Se ponía nerviosa al manejar y yo le había pedido que manejara desde Inglewood hasta el Valle. Ese no era su mundo, era el mío, y me sentí culpable por imponérselo.

Entre tomas, seguí mirando hacia ella. Sus ojos fijos en la fotografía entre sus manos. La vi limpiarse discretamente la comisura del ojo, esperando que nadie se diera cuenta y que no arruinara su maquillaje cuidadosamente aplicado.

En la fotografía que tenía en las manos estaba Abi, de veintitantos años, con el cabello castaño corto y rizado, labial oscuro y un vestido de rayas de la década de 1950 con mangas cortas y esponjadas. Está sonriendo amorosamente, inclinando el rostro con forma de corazón hacia la bebé —mi mamá— en sus brazos.

Me impactó que justo en ese instante mi mamá estuviera sosteniendo a mi abuelita que sostenía a mi mamá. Y ahí de pie, mirando hacia el lente oscuro de una videocámara, de repente sentí que los brazos de las dos me sostenían a mí también.

Miré mis propias manos, al rosario azul cielo entrelazado en mis dedos, fuera de cámara —el rosario por el que Abi salió de su lecho de muerte para poder regalármelo—; su generoso y bello espíritu estaba acurrucado entre los pliegues de mi vida. Había tenido esas cuentas (y a ella) entre las manos al graduarme de la *high school*, de la USC y de Harvard, en mi primer y último día en la Casa Blanca, y en cada meta que alcancé como primera y única. Abi era mi ángel de la guarda protegiéndome, y estaba tan presente ahora. En las manos de mi madre, en las mías, en el diálogo de mi anuncio al hablar del cáncer mamario que le quitó la vida. Su bondad me había dado una brújula interna. Ella me había dado su luz.

Miré de nuevo a mi mamá, sentada ahí, obviamente inquieta, pero apoyándome de todas maneras. Luego alcancé a verle un destello dorado alrededor del cuello. Era la medalla de la Virgen que mi mamá se había puesto cuando estaba embarazada de mí, como ofrenda para asegurar mi salud y mi seguridad. «Virgencita, protégenos». Nunca se la había quitado. Por casi cuatro décadas, así como siempre había estado imperfecta pero consistentemente atrás de mi hombro en un segundo plano —ligeramente fuera de cuadro—, en todos mis impulsos y mis saltos de altura a lo largo de los años. Me llamaba su «estrella» y creía que yo estaba destinada para algo genial porque había sido su niña milagrosa.

Quizá en el pasado no había visto su apoyo, pero en últimas fechas había empezado a apreciar lo influyente que su actitud proactiva y su inventiva habían sido en mi vida. «Siempre estaremos bien. Siempre encontraremos una forma», me dijo un día, cuando las cosas se habían puesto particularmente difíciles. Su espíritu osado me había inspirado a seguir adelante. Ella me había dado su fuego.

Y luego estaba mi hermana Mónica, en pantalones de camuflaje y Converse, mirando desde atrás del camarógrafo. Ya tenía veinticuatro años, pero yo todavía sentía que apenas minutos atrás la podía cargar en la cadera. Podía sentir sus ojos absorberlo todo. Lo que yo decía, lo que hacía. Nuestra mamá, nuestra abuela. Absorbía todo, tal y como yo lo había hecho. Esperaba estarle dando un buen ejemplo. Que tuviera un sentido de posibilidad y de valía.

La verdad —mi verdad— era que yo no sería quien era sin mis dos madres. Abi, la generosa, la que ayudaba, la de una fe inquebrantable. Y mi mamá, la soñadora, la incesante, la que siempre encontraba la manera. Sí, técnicamente estaba alterando sus ciclos como primera y única, pero al final del día, en realidad los estaba integrando. Como las dos colitas que mi mamá me trenzaba en el cabello de niña o la canción que dice que le recuerda a nosotras, «La trenza», de Mon Laferte. Abi y mi mamá seguían moviéndose a través de mí continuamente, no como patrones que necesitaran ser descartados u olvidados, sino como la evolución de la historia de nuestra familia, reconstruida y renovada. Comprender que estábamos todas juntas en esto me sirvió de contrapeso para la persistente culpa de la separación. La idea de que podemos ser un monumento viviente de nuestros ancestros.

Éramos las tres grabando ese día; juntas como habíamos estado alguna vez en el vientre de mi abuela, cuando Abi estaba embarazada de mi mamá, cuyo ovario contenía el óvulo que se convertiría en mí. Nos transmitíamos bendiciones, como las cruces que siempre habíamos dibujado en las frentes de las otras. A lo largo de tres generaciones, habíamos estado conectadas de muchas formas conocidas y desconocidas, la más reciente que, al estar sentada ahí en mi sillón, viendo el anuncio de la campaña, un cáncer no detectado se estaba formando en uno de mis senos. Me lo diagnosticarían al año siguiente, con lo que me convertiría en la cuarta generación de mujeres de mi familia en presentar la enfermedad. Y, con mucho, la más joven.

Sentada en el sillón esa noche, pensaba en cómo mi vida cambiaría drásticamente —de nueva cuenta— si me elegían al Congreso. Ir a Washington durante un tiempo tan divisorio me pondría a prueba de todas las formas posibles, y sin duda iba a enfrentar los mismos factores adversos del sexismo y la subestimación de antes. Sin embargo, el hecho de que estuviera siquiera en la competencia parecía algo digno de reflexión. Acababa de ver mi anuncio de campaña salir en CNN. Había recaudado cientos de miles de dólares en menos de cuatro meses. Había tocado puertas, había debatido con mis oponentes y me había reunido con líderes comunitarios. En un giro hilarante, hasta *Maxim* había sacado un anuncio para validar públicamente mi candidatura. Ganara o perdiera, estaba en la arena.

Cuando era mesera en Gladstones, antes de que un posgrado siquiera se me cruzara por la mente, un hombre de negocios con una mandíbula cuadrada y cincelada llegó un día a almorzar solo. Siguió a la *hostess* a través del restaurante; su traje negro destacaba entre los turistas de cangurera, y yo pensé: «Por favor, que lo sienten en mi sección». Y así fue. No podía creer tanta suerte.

Al acercarme a tomar su orden me sonrió, mostrando un par de hoyuelos, y mi estómago dio un salto. Llené su copa de agua, arrepintiéndome por no haber hecho más con mi cabello que peinarlo en una cola de caballo desarreglada. Después de ordenar un sándwich y un té helado, platicamos un poco y me dijo que estaba en la ciudad por trabajo.

—Ahora trabajo en negocios en el extranjero, pero mi meta es un día ser senador de Estados Unidos —me dijo, con la clase de seguridad en sí mismo que yo deseaba tener. Desde donde estaba yo parada, parecía muy posible que lo lograra. Mencionó que había ido a una escuela de la Ivy League, y traía mocasines de piel en el sol de Malibú.

Cuando se fue y recogí su cuenta de la mesa, no solo me había dejado una generosa propina, sino su tarjeta de presentación, donde había escrito su número de celular en la parte de atrás.

«Yo quiero ser la esposa de un senador», me dije a mí misma, metiendo la tarjeta en mi bolsillo trasero. Quería estar junto a alguien que cambiara el mundo para bien. Intercambiamos unos cuantos mensajes en los meses subsecuentes, pero nunca nos volvimos a ver.

En aquel entonces, ser la esposa de un político era lo más cerca que me imaginaba de la política. Y ahora, ahí estaba yo, legítimamente compitiendo para ser miembro del Congreso. Me llenó una inesperada sensación de calma, y me di cuenta de que todo por lo que había pasado sí importaba. Las lecciones, la memoria muscular, las cicatrices, todo. Me preguntaba si ese hombre de negocios alguna vez había presentado su candidatura y cómo reaccionaría al saber que yo también. La mujer que limpió su cátsup.

Apagué la televisión y me fui a mi recámara para lavarme los dientes. Vi mi rostro en el espejo otra vez y en esta ocasión sentí paz. Me di cuenta de que, si bien el día de las elecciones sería monumental, no tenía prioridad por encima de todo lo demás que había visto, experimentado y construido. La forma como había empezado a volver a mí misma y a defenderme a mí misma.

Mis primeros y únicos —los días de las elecciones, las graduaciones y los premios— habían estado en primer lugar, pero esos días solo conformaban alrededor del 5 por ciento de mi vida. El otro 95 por ciento representaba quien yo era. Había estado en una carrera contra el tiempo para romper ciclos/lograr/demostrar casi toda mi vida. Ahora, a los treinta y siete años, decidí que ya no importaba qué pasara en las boletas, yo elegiría pasar el resto de mi vida saboreando ese otro 95 por ciento. Me daría permiso de enfocarme en la alegría y la paz.

En muchos sentidos, mi ascenso como primera y única fue una carrera rápida hacia la pertenencia. Lo que estuve dispuesta a sacrificar para conseguirlo. Lo que intercambié. Lo que abandoné. Cómo me retorcí y me silencié para embonar en las distintas versiones de mí que me ponía como disfraces que no me quedaban. Todos queremos ser aceptados; todos queremos pertenecer. Pero durante muchos años no entendí que, mientras siguiera perdiéndome a mí misma en el proceso, nunca sería suficiente y yo tampoco. Tal vez poseía toda la parafernalia externa del sueño americano, pero nunca tendría la sensación de estar completa que toda la vida había estado buscando.

La pieza clave que me faltaba era reconocer y nombrar mis propias cicatrices emocionales. No porque tuviera un chip en el hombro ni porque necesitara a alguien a quien culpar, sino porque nuestro más grande poder es conocernos plenamente a nosotros mismos. Es así como sabemos dónde nos falta sanar, para que, cuando alcancemos nuestras metas, podamos recibir sus regalos con un corazón, una mente y un cuerpo en equilibrio. Es así como aprendemos a celebrar quiénes somos en vez de lo que hemos logrado.

Es probable que siempre haya una parte de mí condicionada a registrar mi pertenencia en los espacios que habito, así como es probable que siempre sea alguien que se inclina hacia el lado de la ansiedad y sienta un grado de culpa de la separación, pero cuando al fin me permití dejar ir la necesidad de Pertenecer (con P mayúscula), me di cuenta de que siempre he pertenecido.

A un linaje de mujeres que tuvieron la audacia de existir en lugares donde no las aceptaban tradicionalmente. A una comunidad de primeros y únicos cuya sola presencia es un acto radical. Y lo más importante, a mí misma. Era suficiente.

La carrera, el sueño y el currículum nunca fueron el punto. Mi historia —nuestra historia como primeros y únicos— nunca se ha tratado de *llegar* a ningún lado. De hecho, esta historia termina en mi baño, la noche anterior a una elección que acabaría perdiendo.

Les prometí que iba a ser sincera, y esto es lo más real que hay: cuando se trata de fronteras —ya sean patrones familiares, clases sociales o paredes físicas—, el destino es secundario.

El honor está en *cruzarlas*.

NOTA DE LA AUTORA

IT'S ONLY LOVE THAT GETS YOU THROUGH

Traer a la superficie los recuerdos de este libro fue como enterrar las manos en las piedras al fondo de una pecera y luego revolverlas hacia adelante y hacia atrás. Toda la mierda salió a flote. En ocasiones, de manera silenciosa: en lágrimas catárticas al releer secciones o abrir una vieja caja de fotografías. Y en otras ocasiones, de manera explosiva: en enfrentamientos con mi mamá por nuestros recuerdos contradictorios o las noches en vela que pasé intentando parchar una herida que se había abierto de nuevo. Para centrarme, coloqué una veladora de la Virgen en mi escritorio y la encendía siempre que me sentaba a escribir. Su compañía me ayudaba. Lo mismo que rodearme de algunas fotos que incluí en este libro.

A lo largo de los años, he dedicado mucho tiempo a procesar el costo emocional y las dinámicas familiares asociados con ser primera y única —libros, webinarios, curación energética—, pero sigo recibiendo recordatorios de que, aun si nuestra mente comprende la raíz de nuestros traumas y quiere seguir adelante, nuestro cuerpo tiene recuerdos mucho más remotos. Quiere protegernos. Así, algo lo detona y reacciona de formas que juramos nunca volver a repetir; busca un cierre o el remordimiento que juramos nunca más necesitar. Si te pareces a mí, se puede sentir bastante desmoralizante verte metido en otro viejo ciclo familiar.

—Yo todavía bajo la cabeza —admitió mi mamá recientemente mientras hablábamos por teléfono, después de que una emotiva llamada para verificar datos se convitiera en un confesionario.

Me contó que durante sus peores años en México —cuando Abi tenía seis hijos de menos de doce años y Abito siempre andaba lejos— no tenían agua caliente en su casa, un cuarto de concreto en el que las babosas subían por las paredes. Abi bañaba a mi mamá en una tina de plástico con una cubeta, haciendo que inclinara la cabeza hacia adelante, como si estuviera en la iglesia mientras le echaba encima de la coronilla el agua que había calentado en una olla en la estufa.

—¿Sabes? Aun ahora, cuando estoy en la regadera, a veces me descubro inclinando la cabeza —me dijo mi mamá.

Yo entendí a qué se refería. En estos días, a mí también me parece frustrante cuando mi propia cabeza se inclina (figurativamente) hacia sus propias formas condicionadas.

Ya no vivo en un estado de pelea o huida, pero la carga del pionero y los ocho componentes que mencioné —las herencias invisibles, el niño parentalizado, el acto equilibrista bicultural, las serpientes y escaleras sociales, el ajetreo solitario, el saltar de un acantilado con los ojos vendados, el síndrome del impostor plus y la culpa de la separación— permanecen entretejidos en el tapiz de mi vida. Con los años, en este camino, he reunido conocimiento y herramientas para sanar, mucho de lo cual mencioné en este libro. No soy terapeuta, claro, ni una autoridad entrenada ni una experta en trauma —y sin duda no he encontrado todas las respuestas—, pero te comparto estos recursos aquí con la esperanza de que alguno o todos ellos resuenen en ti y te acompañen en tu viaje.

Primero, incluyo una plantilla en blanco para hacer un genograma de tres generaciones. Te invito a llenarlo para tu familia, a pesar de lo mucho que creas saber de tus herencias invisibles. Pedirles a nuestros seres queridos que se explayen sobre las dinámicas familiares puede provocar conversaciones difíciles, pero también podría ser una experiencia reveladora. También incluí un código con símbolos comunes de relaciones emocionales, pero los genogramas deben ser personalizados, así que siéntete libre de crear tus propios símbolos y personalizarlos como tenga sentido para ti.

El cuestionario de diez preguntas de las experiencias adversas en la infancia (ACE) que mencioné en el capítulo 3 se encuentra fácilmente en línea, y también incluyo un vínculo abajo. Por mucho tiempo no consideré los efectos físicos y emocionales de mis experiencias en la infancia, hasta que comprendí su demostrada relación con nuestra salud y nuestro bienestar. Sin embargo, la realidad es que más de 60 por ciento de nosotros experimentamos de niños alguna clase de trauma significativo, y casi uno de cada seis de nosotros experimentó cuatro o más tipos distintos de ACE; ese estrés tóxico tiene consecuencias. Las emociones reprimidas pueden enfermarte. La buena noticia es que nuestro puntaje de ACE solo es una parte de la ecuación, y hay estrategias de salud y técnicas de *mindfulness* que pueden revertir y reparar el impacto de las ACE. Encontrar mi propio puntaje fue revelador, pero también me llevó a actuar. Tómate el tiempo de saber cuál es el tuyo:

- Contesta el cuestionario de experiencias adversas en la infancia, y aprende qué significa y qué no:
  - npr.org/sections/health-shots/2015/03/02/387007941/take-the-ace-quiz-and-learn-what-it-does-and-doesnt-mean
- Recursos para sanar y prevenir:
  - numberstory.org/heal-myself

A continuación hay una lista de recursos que para mí fueron increíblemente valiosos:

- La labor de *reparenting*
  - «*Reparenting* en terapia» https://www.verywellmind.com/reparenting-in-therapy-5226096
- Terapia somática
  - «¿Qué es terapia somática?» verywellmind.com/what-is-somatic-therapy-5190064
- Meditación trascendental
  - Centro de Resiliencia davidlynchfoundation.org
- Para la ansiedad
  - Terapia cognitiva conductual «¿Qué es la terapia cognitiva conductual (TCC)?»

verywellmind.com/what-is-cognitive-behavior-therapy-2795747

- Terapia de exposición
  «¿Qué es la terapia de exposición?»
  verywellmind.com/exposure-tehrapy-definition-techniques-and-efficacy-5190514
- Libro *Panic Free: Eliminate Anxiety/Panic Attacks Without Drugs and Take Control of Your Life*, por la doctora Lynne Freeman

- Terapeutas culturalmente competentes para personas de color
  - Terapia para latinos: latinxtherapy.com
  - Terapia para niñas de color: therapyforblackgirls.com
  - Fundación Boris Lawrence Henson: borishenson-foundation.org
  - Terapeutas inclusivos: inclusivetherapists.com
  - Red Nacional de Terapeutas de Color Queer y Trans: nqttcn.com

Por último, una parte vital de mi viaje personal ha sido convertir en prioridad el bienestar y el hecho de sanar, así como deliberar más detenidamente al elegir dónde y con quién invertir mi energía emocional. Para mí, es una práctica diaria elegir paz, una y otra vez. Elegir el descanso, pasar tiempo en la naturaleza, practicar *mindfulness* y rezar, salvaguardar mi energía, salir a caminar, escuchar a mi cuerpo, confiar en mi intuición, dejar ir las relaciones que no son sanas y, sobre todo, darme un poco de gracia. Intentar no ser la «perfeccionista de la curación» y, en cambio, darme espacio para ser humana.

No hay duda de que enfrentar emociones que han estado embotelladas en nuestro interior, en ocasiones durante décadas, puede sentirse como algo desestabilizante. Por no mencionar que hacer el trabajo puede forzar a tus seres queridos a enfrentar su *propio* dolor, a veces de mala gana, lo que entonces podría provocar resistencia e incluso conflictos. Está bien sentirnos tristes por la falta de comprensión y apoyo que a veces sentimos de nuestra familia ante nuestro intento por sanar. Revisitar recuerdos puede ser intimidante e incómodo, y ha habido ocasiones en que me pregunté si dejar la tapa puesta en cierta vieja caja podría ser la decisión más inteligente de todas. Si acaso simplemente debería aceptar la mano que me tocó jugar y las historias que me he contado a mí misma sobre quién soy y de lo que soy capaz.

Al final, fue Abi la que me mostró una alternativa.

Era la mañana de Navidad de 1985, cuando tenía seis años y era una ávida fanática de los Ositos Cariñositos. En una foto que tomamos ese día, estoy sentada en primer plano con los brazos a los costados, con un vestido de sudadera gris con la orilla roja y corderos blancos en la falda. Hay un árbol de Navidad medio roto atrás de mí, hacia la derecha, decorado con ornamentos desiguales que representan ambos lados de la frontera de Estados Unidos y México. Es obvio por mi postura que me dijeron: «Párate enfrente del árbol», unos segundos antes. Pero mi cara es suave, con un toque de sonrisa detectable en mis labios. Recuerdo el sentimiento que tenía en ese momento como si fuera ayer: amor total e incondicional.

Atrás de mí, a la izquierda está la razón. Una chimenea hecha a mano, de tamaño real, descansa junto a la ventana, extendiéndose por toda la pared detrás de nuestro árbol de Navidad. Está hecha enteramente de cartón, hasta los ladrillos simulados, algunos de los cuales se habían oscurecido con «hollín» para darle un toque realista. Había líneas de oropel plateado decorando la repisa de la chimenea, donde mi calceta verde, blanca y roja estaba colgada con cuidado. Y había flamas rojo cereza, fabricadas con papel aluminio arrugado, que salían del hogar en nuestra modesta sala.

En aquel entonces, yo nunca había visto una chimenea en la vida real. Existían solo en las películas en blanco y negro de Shirley Temple que Abi y yo veíamos en las noches cuando mi mamá salía. Pero esas chimeneas en la pantalla representaban un mundo enteramente nuevo para mí. Cada mujer que vi cerca de una llevaba un vestido de seda y su cabello brillaba. Cada hombre que se inclinaba sobre la repisa traía un traje hecho a la medida y una copa de martini. Yo sabía que los hogares de leña pertenecían a casas con chimeneas altas y jardines de pasto muy grandes. Las familias con mamás y papás se juntaban enfrente de ella para abrir los regalos de Navidad con sus hijos. En lo que a mí concernía, una chimenea era un prerrequisito para la clase de vida que deseaba.

Abi me vio. Vio la parte de mí que no podía articular todavía lo que soñaba, pero que de todas maneras necesitaba las herramienta para llegar ahí. Por eso, en Navidad se quedó toda la noche construyéndome una chimenea elaborada de cartón y papel aluminio. Nunca olvidaré haber corrido a la sala para ver qué me había dejado Santa y pararme en seco. Abi estaba a un lado, mirándome avanzar lentamente hasta la chimenea, instintivamente extendiendo los brazos para sentir el calor de sus llamas en mi piel. No lo podía creer. Abi tomó mi deseo más profundo y lo hizo realidad.

Ese día aprendí algo fundamental, que ha sido un salvavidas a lo largo de mi viaje para sanar como primera y única. A veces, a pesar de todo el esfuerzo o el conocimiento que adquirimos, a pesar de nuestros logros o las parejas que tengamos, a pesar de los límites que marquemos con nuestra familia o lo exitosos que seamos en el rescate de todos los demás, la seguridad y la serenidad pueden seguir sintiéndose como porterías que se mantienen en movimiento.

El trabajo para sanar requiere que nos desentumezcamos a nosotros mismos, y muchas veces se siente peor antes de mejorar. Pero recurrir a la positividad a expensas de nuestra propia verdad emocional nunca es la solución. Como Abi demostró, somos más poderosos de lo que creemos. Todo lo que necesitamos para estar bien ya está dentro de nosotros. Irradia desde lo más profundo de nuestro ser. No hay nada que hayamos estado buscando afuera de nosotros mismos que no podamos crear con la misma facilidad. En especial nuestra propia paz y sanación.

Podemos construirla nosotros —y seguirla reconstruyendo una y otra vez— cada vez que sea derribada.

Con nuestras propias manos. De cartón si es necesario.

***Primera generación* en Spotify**

bit.ly/firstgenplaylist

«Fast Car»
Tracy Chapman

«Born on the Bayou»
Creedence Clearwater Revival

«Amor eterno»
Juan Gabriel

«Keep Their Heads Ringin'»
Dr. Dre

«Crash Into Me»
Dave Matthews Band

«On the Bound»
Fiona Apple

«How to Save a Life»
The Fray

«Everlong»
Foo Fighters

«La trenza»
Mon Laferte

«It's Only Love That Gets You Through»
Sade

Genograma

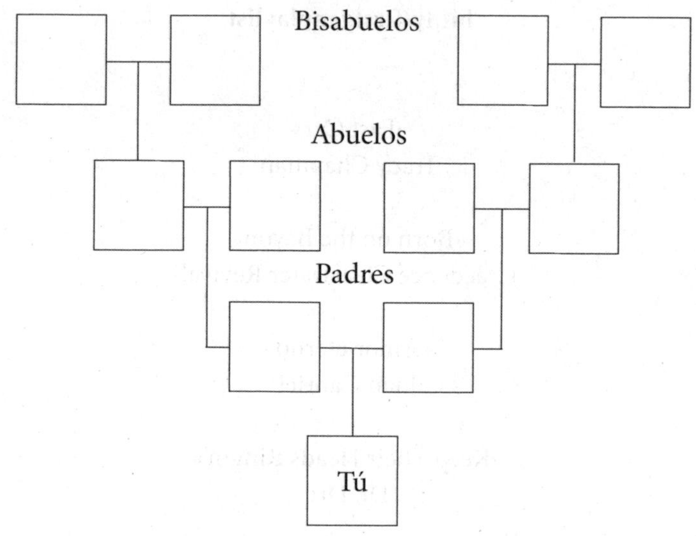

Símbolos de relaciones emocionales para el genograma

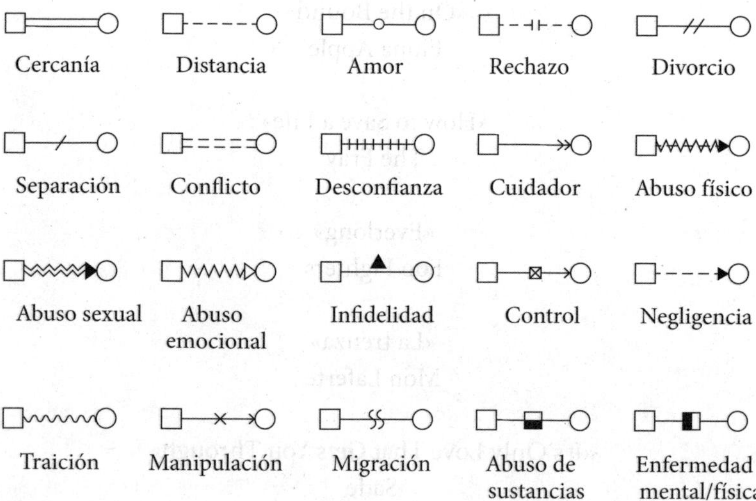

AGRADECIMIENTOS

A Abi y Abito, y todos mis antepasados, que mientras escribía este libro me hablaban todo el tiempo al oído. Los celebro.

A mi mamá, Cecilia, cuyas historias fueron contadas al contar la mía. Ni una vez me pediste que me guardara nada. Por eso te estaré agradecida eternamente. Gracias por tu valentía, por compartir tus recuerdos y por amarme tanto. Te amo con todo mi corazón.

Mi hermana Mónica, siempre serás mi bebé. Gracias por tu apoyo y tu fe inquebrantables, y por llevarme ese día a las flores. Estoy tan orgullosa de la persona en que te has convertido. Mario Uribe, mi tío abuelo, por ser tan generoso con tus recuerdos de Abi y de tu madre, María Elena. Te aprecio. Tías Nannette, Elizabeth y Sofía, siempre pienso en ustedes.

Leigh Curran, por usar tus dones para cambiar tantas vidas, incluyendo la mía. Doctora Lynne Freeman, este libro podría haber terminado en el capítulo 5 de no ser por ti. Dominique Sire, mi viaje hacia sanar no habría sido el mismo sin tu guía y tu labor transformativa.

Y a la gente sin la cual este libro no existiría: todos en Grupo Planeta USA y México, especialmente a Cristóbal Pera y Fernanda Martínez. Mi sueño de ver este libro cobrar vida en español en Estados Unidos y en México se hizo realidad gracias a ustedes. A mi maravillosa editora, Karyn Marcus, por tu confianza y tu cuidado. Te estoy profundamente agradecida. A todos en Grand Central (Hachette) y Grupo Planeta USA y México que trabajaron en la edición, la revisión, el diseño, la formación, y la promoción de este libro. Mis extraordinarias agentes, Andy McNicol y Liz Parker, y el equipo de Verve. Por creer desde el primer día y por andar a mi lado durante cada etapa del camino.

Un agradecimiento especial a Alejandra Espinosa y a mi mamá Cecilia por sus invaluables buenos consejos y apoyo para la edición en español.

Mama, qué placer volver a descubrir este libro juntas en nuestra lengua materna.

Y a todos cuyas vidas y lecciones tocaron estas páginas, gracias. No cambiaría nada.

ACERCA DE LA AUTORA

ALEJANDRA CAMPOVERDI es una reconocida defensora de la salud de la mujer, fundadora y productora, y exasesora del presidente Obama en la Casa Blanca. En 2024 Alejandra fundó el First Gen Fund, una organización sin fines de lucro que proporciona subvenciones por dificultades económicas a estudiantes de primera generación. Produjo y apareció en el revolucionario documental de PBS *Inheritance*, creó *Latinos & BRCA* en conjunto con el Centro Basser de Medicina de Penn, y se desempeñó como la primera directora adjunta de medios hispanos de la Casa Blanca. Alejandra tiene una maestría en política pública de la Escuela de Gobierno Kennedy de Harvard y se graduó *cum laude* de la Escuela Annenberg de la Universidad del Sur de California.